中國學術思想
研究輯刊

九 編

林 慶 彰 主編

第 **10** 冊

論《今文尚書》中的天命觀與政治哲學

劉 振 維 著

花木蘭文化出版社

國家圖書館出版品預行編目資料

論《今文尚書》中的天命觀與政治哲學／劉振維 著 — 初版
— 台北縣永和市：花木蘭文化出版社，2010〔民99〕
目 2+170 面；19×26 公分
（中國學術思想研究輯刊 九編；第 10 冊）
ISBN：978-986-254-276-7（精裝）
1. 書經 2. 天命論 3. 政治思想 4. 研究考訂
621.117   99014361

ISBN - 978-986-254-276-7

中國學術思想研究輯刊
九 編 第 十 冊   ISBN：978-986-254-276-7

論《今文尚書》中的天命觀與政治哲學

作　　者　劉振維
主　　編　林慶彰
總 編 輯　杜潔祥
出　　版　花木蘭文化出版社
發 行 所　花木蘭文化出版社
發 行 人　高小娟
聯絡地址　台北縣永和市中正路五九五號七樓之三
　　　　　電話：02-2923-1455／傳眞：02-2923-1452
網　　址　http://www.huamulan.tw 信箱 sut81518@ms59.hinet.net
印　　刷　普羅文化出版廣告事業
封面設計　劉開工作室
初　　版　2010 年 9 月
定　　價　九編 20 冊（精裝）新台幣 33,000 元

論《今文尚書》中的天命觀與政治哲學

劉振維　著

作者簡介

劉振維，生於臺灣宜蘭，祖籍遼寧海城。臺灣大學哲學學士（1993）、碩士（1996）、博士（2002）。碩士論文題《論《今文尚書》中的天命觀與政治哲學》，博士論文題《論先秦儒家思想中禮的人文精神》。現任朝陽科技大學通識教育中心副教授。研究包含中國人性論史、儒家哲學、道家哲學、臺灣書院與儒學精神，以及通識教育等領域。已出版《從「性善」到「性本善」——一個儒學核心概念轉化之探討》（臺中，2006）、《論佛教中國化之「佛性」概念對儒家人性論論述的影響——兼論中國哲學之哲學問題》（香港，2009）。先後參與臺灣、香港、中國大陸、瑞典隆德等舉辦之學術會議三十餘場，並發表學術研究論文；於學術期刊發表學術論文三十餘篇。

提　　要

　　《今文尚書》自有一哲學體系，這體系建立在三代之人對「天命」的崇敬，認為政權合理的來源即根源於此，但由歷史更迭的無奈中，產生對整個人間世應何踐行的思索；此稱之為「天命觀」與「政治哲學」。

　　對於「天命觀」的探討，首先指明「天」的本身不可知，但他代表著神聖而不可侵犯之公理正義的化身，是人間人倫庶物的提供者。人間的謀事者當依「天命」來行為政治民之事，故強調「天視自我民視，天聽自我民聽」等的自警之語。但改朝換代的歷史事實，促使某些謀事者自覺到為政治民之應有作為才是永保「天命」在身的動源；其中，周人所產生「天命靡常」觀，強調「無念爾祖，聿修厥德，永言配命，自求多福」，於是在「天命」變革的表面事實上（實則「天命」的公理正義性並未有絲毫的改變），建立起「以人事為天命之基礎」的認知。

　　由「天命觀」引出一個問題，即「天」等同於「上帝」嗎？按「上帝即天」的說法，最早的文獻僅及於西漢伏生的《尚書大傳・洪範》。但由《今文尚書》與其他史料的佐證，二者當為不同概念。其一、「上帝」是一被祭祀的對象，「天」則否；其二、人間政權的移轉根源在「天」，而非「上帝」。不過，周代殷立，出於政治或經濟上的考量，故而以懷柔為手段，將「天」與「上帝」混用。總之，「天」是當時氏族共同的信念，「上帝」則是殷人自人死鬼的習俗中演變出的獨特見解。

　　《今文尚書》的「政治哲學」，就是「為政治民之謀事者」思索「人事之應為」，可以「敬德保民」一語概括。「敬」為內心誠意的要求，「德」為具體的外在行為，各有其本義與意義轉化，入周合二者之意而為「禮」，自此可見西周封建政治的精神與良善。「人事之應為」的原則，即是〈皋陶謨〉所說的「知人」與「安民」，分析與論述，可以〈洪範〉一文為綱，其餘諸文為緯，便能勾勒出上古中國人的政治思維。

　　在「政治哲學」的探究中，有兩個旁支問題：一是「民之所欲天恐未必從之」，因為「民之所欲」並非「天」之「除惡樹善」；二是謀事者與「小人」（庶人）間的互動，所強調的主要是謀事者應將自身置立於「哲學王」的紛圍中，透過設官任人來達到安民之效，強調「萬方有罪，罪在朕躬」、「百姓有過，在予一人」的負責之語。由此，慢慢產生了「人」的普遍概念，「先人而後卜」的思維則被凸顯出來。

緒　言

一、溯源歸本的因緣

　　盛行近千年的宋明理學，在自家體貼出「天理」二字之後，〔註1〕闡微「天人不二」之說，「天理人欲」之辨，「理一分殊」之論。〔註2〕朱熹統結，而歸之為所謂的「十六字心傳」。他說：

　　　　書曰：人心惟危，道心惟微，惟精惟一，允執厥中〔按：此出自《偽
　　　　古文尚書・大禹謨》〕。聖人千言萬語，只是教人存天理，滅人欲。（《朱
　　　　子語類》卷十二）

〔註1〕程顥曾說：「吾學雖有所授受，天理二字，卻是自家體貼出來。」（見《河南
　　　　程氏外書》卷第十二；或見《伊洛淵源錄》卷三；《近思錄》卷一）
〔註2〕「天人不二」之說，始於張載，二程繼之。張載說：「天人異用，不足以言誠；
　　　　天人異知，不足以盡明。所謂誠明者，性與天道，不見乎小大之別也。」（《正
　　　　蒙・誠明》）程顥則言：「天人本無二，不必言合。」，（《河南程氏遺書》卷第
　　　　六）而在《河南程氏遺書》卷第二上，則直書「天人無閒」；卷第十一則言「天
　　　　人無閒斷」，可為另一明證。
　　　　「天理人欲」之辨，程頤最先言。他說：「人心，私欲，故危殆；道心，天理，
　　　　故精微。滅私欲則天理明矣。」（《河南程氏遺書》卷第二十四）；朱熹則言：
　　　　「人之一心，天理存則人欲亡，人欲勝則天理滅。未有天理人欲夾雜者。」（《朱
　　　　子語類》卷一三）。
　　　　「理一分殊」之論，此乃程頤在〈答楊時論西銘書〉（文見《河南程氏文集》
　　　　卷第九）時所提出的新命題，朱熹則更進一步的闡揚，言：「論曰：天地之間，
　　　　理一而已。然乾道成男，坤道成女，二氣交感，化生萬物，則其大小之分，
　　　　親疏之等，至於十百千萬而不能齊也！不有聖賢者出，孰能合其異而反其同
　　　　哉！西銘之作，意蓋如此。」（《西銘注》）在《朱子語類》卷九十四中，朱熹
　　　　以月為喻，說：「如月在天，只一而已；及散在江湖，則隨處可見。」譬喻可
　　　　謂明確。

誠然，「人心」、「道心」之別，即為「人欲」與「天理」之辨，宋明諸儒們曾費盡千言萬語，屢次論說此乃聖賢之傳，〔註3〕但總是令愚鈍的後學迷惘與難解。是以為求古人真義，故不得不溯史探尋之。

在天理人欲這條關係的脈絡下，我們可以追溯到西漢時期的董仲舒。他在對漢武帝進言的〈賢良對策〉中，揭示了「道之大原出於天，天不變，道亦不變」（《漢書・董仲舒本傳》）之「道依天成」的政治理念原則；在《春秋繁露》裏，則提出了「人副天數」（見〈天副人數〉）的論點，以及災異現象變化與人事因緣相類的關係（見〈同類相動〉）。然則，後學卻誤入讖緯、符瑞的迷茫之中，這種歧途，縱然董仲舒需負些責任，但此正是說明了原始的傳統精神遭到鉅大的曲解，而這種曲解亦如時人加之於董仲舒的「罷黜百家，獨尊儒術」、「天人感應的神學目的論」等罪名相類。〔註4〕

於此，我們發現了「天」與政治理念的原則（即「道」）之間，有一內在

〔註3〕　朱熹可為持此一論調者之代表。《四書集註・中庸章句序》云：「中庸何為而作也？子思子憂道學之失其傳而作也。蓋自上古聖神，繼天立極，而道統之傳有自來矣！其見於經，則允執厥中者，堯之所以授舜也；人心惟危，道心惟微，惟精惟一，允執厥中者，舜之所以授禹也。堯之一言，至矣！盡矣！而舜復益之以三言者，則所以明夫堯之一言，必如是而後可庶幾也！蓋嘗論之，心之虛靈知覺，一而已矣！而以為有人心、道心之異者，以其或生於形氣之私，或原於性命之正；而所以為知覺者不同，是以或危殆而不安，或微妙而難見耳！然人莫不有是形，故雖上智不能無人心；亦莫不有是性，故雖下愚不能無道心。二者雜於方寸之間，而不知所以治之，則危者愈危，微者愈微；而天理之公，亦無以勝夫人欲之私矣！」

〔註4〕　對於「罷黜百家，獨尊儒術」而造成學術思想的鉗制之歷史批判，近人總是歸咎於董仲舒，遂謂其哲學思想為「天人感應的神學目的論」。譬如馮友蘭的《中國哲學史》，頁486～487；任繼愈主編之《中國哲學史》，頁65；侯外廬主編之《中國思想通史》第二卷，頁84～98等。
　　然近來頗有翻案之說，如韓養民以為：「董仲舒的思想體系實是以儒學為綱，廣攻百家諸說，成為戰國到漢初百家爭鳴、文化融合的一次大總結。」見其著《秦漢文化史》，頁71；徐復觀在其《兩漢思想史》卷二，頁296～298，亦有相類之解。近來倡言以「經學模式」研究中國文化傳統的王葆玹，對此則作了一個更為詳密的翻案工夫，見其著《西漢經學源流》，頁103～153。而《兩漢思想史》卷一，頁191～194，則為董仲舒作了一個同情式的申冤。故董仲舒之地位，當非如勞思光所言「走入『宇宙論中心之哲學』之歧途」、「董氏論『性』，為漢儒惡劣思想之代表」（見其著《新編中國哲學史》，頁25及29）之批評；亦當非如張立文對其所言「天人感應論是沒世衰微時編造出來的」（見其著《中國哲學範疇發展史（天道篇）》）之論述。此外，史學家廓士元則曾舉證說明，「漢代崇儒抑制百家思想，非發自董仲舒」，此見《國史論衡》第一冊，頁185～186。

的理論關連；這內在理論的關連是，在於人們心中認定有個公理正義所化身的「天」，能引領世間的君主，導航人世的方向。在先秦諸子哲學的理念裏，我們不難發覺這種類似信仰，卻又不完全是信仰，但的的確確深邃於那身處兵燹亂世的部分諸子百家心中。於今，在歷經時空考驗而遺留下來的浩瀚典籍，我們可以從中發現，儒、墨二家顯學的論述最爲顯著。〔註5〕這種奇特的文化現象，尤其在西風東漸、價值混淆之際，更是值得我輩子孫好好關注的焦點。

　　東漢班固於《漢書·藝文志·諸子略》中，記錄著諸子出於「王官」之說，〔註6〕參之其他典籍，《莊子》有「六經，先王之陳跡」(〈天運〉)的說法，〔註7〕後學者如章學誠則言「六經皆史也」、「六經皆是先王之政典也」(《文史通義·易教上》)；〔註8〕因此，「六經」與諸子之間似乎有一必然性的關連，

〔註5〕　儒家譬之如孔子，其畏於匡時，言：「文王既沒，文不在茲乎！天之將喪斯文也，後死者不得與於斯文也；天之未喪斯文也，匡人其如予何！」(《論語·子罕》)這種對「天」的深層認定，亦表現於孟子所言的「盡其心者，知其性也；知其性，則知天矣！存其心，養其性，所以事天也；殀壽不貳，脩身以俟之，所以立命也」(《孟子·盡心上》)。因而，孟子對於歷史發展有著無限的期待，認爲「五百年必有王者興，其間必有名士者」(《孟子·公孫丑下》)。到了荀子，雖強調「明天人之分」，意旨卻在於凸顯「人」應有的作爲，他說：「故水旱未至而飢，寒暑未薄而疾，祅怪未至而凶；受時與治世同，而殃禍與治世異，不可以怨天，其道然也。」(《荀子·天論》)

　　墨家的墨子，對「天」的認定則趨近信仰，他講：「順天意者，兼相愛，交相利，必得賞；反天意者，別相惡，交相賊，必得罰。」(《墨子·天志》)

　　儒、墨俱爲顯學，此乃出自《韓非子·顯學》。

〔註6〕　《漢書·藝文志》記載：「儒家者流，蓋出於司徒之官」；「道家者流，蓋出於史官」；「陰陽家者流，蓋出於羲和之官」；「法家者流，蓋出於理官」；「名家者流，蓋出於禮官」；「墨家者流，蓋出於清廟之守」；「縱橫家者流，蓋出於行人之官」；「雜家者流，蓋出於議官」；「農家者流，蓋出於農稷之官」；「小說家者流，蓋出於稗官」。結論說道：「諸子十家，可觀者九家而已。皆起於王道既微，諸侯力政，時君世主，好惡殊方。……」

〔註7〕　《莊子》這段記載，乃孔子訪問老子時的對談。「孔子謂老聃曰：『丘治詩書禮樂易春秋六經，自以爲久矣，孰知其故矣！以奸者七十二君，論先王之道而明周召之跡，一君無所鉤用，甚已夫！人之難說也？道之難明也？』老子曰：『幸矣！子之不遇治世之君也！夫六經，先王之陳跡也，豈其所以跡哉？』……」

〔註8〕　章學誠另於〈原道中〉指出：「後世服夫子之教者自六經，以謂六經載道之書也，而不知六經皆器也。易之爲書，所以開務成物，掌於春官太卜，則固有官守而列於掌固矣。書在外史，詩領大師，禮自宗伯，樂有司成，春秋各有國史。」

然則這層關連在現有的資料中卻難以獲致明證。〔註9〕不過，司馬遷於《史記‧伯夷列傳》中曾言「夫學者，載籍極博，猶考信於六藝」諸語，彷彿可以作一說明，亦即先哲所以之憑藉而產生的理論架構，其依據必然訴之於「經書」（蓋司馬遷之「六藝」即是「六經」）。故在思古之幽情的心境下，筆者不得不躍過思想激盪澎湃而令後人愛不釋手的先秦諸子，因此，筆者嘗試欲由「經學」入手。

二、群經典籍的抉擇

然則，治經不易，古有明訓。《漢書‧藝文志》即言，通一經需三年，年三十方能遍觀全經。〔註10〕在《禮記‧王制》中記載著「順先王詩書禮樂以造士，春秋教以禮樂，冬夏教以詩書」，確切指出經學出於「王官」，但並未明言幾年可學而有成；但司馬談的〈論六家要旨〉則明白說道：「六藝經傳以千萬數，累世不能通其學。」（《史記‧太史公自序》）由此可見治經之難。況且，經學又有今古文之爭，師說家說之別，漢學與宋學之分等區隔。〔註11〕如此，吾人必得抉擇一個領域，方能掌握資料，去其繁枝，以顯原幹。然欲作一抉擇，對於「經」之內容，當有所悉才是。

班固於《漢書‧藝文志‧六藝略》中，本劉歆《七略》之說，曾對古之六經作一總結。其言曰：

六藝之文：樂以和神，仁之表也；詩以正言，義之用也；禮以明體，

「六經皆史」的說法，可以追溯至「浙東諸子」身上，譬如永康學派的陳同甫、永嘉學派的葉水心等，其中最為人們所注意的乃是集心學大成的王陽明（此可參考《浙東學術史》一書）。按：《傳習錄》卷上，王陽明與徐愛有這麼一段對話：「愛曰：『先儒論六經，以春秋為史，史專記事，恐與五經事體終或稍異。』先生曰：『以事言謂之史，以道言謂之經。事即道，道即事。春秋亦經，五經亦史。易是包犧氏之史，書是堯舜以下史，禮樂是三代史，其事同，其道同，安有所謂異？』」

〔註9〕《史記‧孔子世家》言孔子刪定六經，遂使人覺得六經乃儒家獨門之經典。而清人江瑔在《讀子巵言》中則不以為然。他認為如果「六經皆史」的話，且儒家出於司徒之官，然攷孔子世家並無出任司徒者，反倒是老子曾任「周柱下史」，那麼六經當自老子傳出。是以六經（或王官之學）與諸子之間的關係，頗難明證。

〔註10〕《漢書‧藝文志》云：「古之學者耕且養，三年而通一藝，存其大體，玩經文而已。是故用日少而畜德多，三十而五經立也。」

〔註11〕請參閱皮錫瑞，《經學歷史》，「經學昌明時代」、「經學變古時代」及「經學積衰時代」；章太炎，《國學概論》，頁27～46。

明者著見，故無訓也；書以廣聽，知之術也；春秋以斷事，信之符
也。五者，蓋五常之道，相須而備，而易爲之原。

按班固之意，六經之中，除《易》之外，各專長一面，以仁、義、禮、智、信而言其爲「五常之道」，《易》則爲此「五常」之本原。這個說法，章學誠認爲是承繼《史記・太史公自序》、《莊子・天下》以及《荀子・非十二子》而來。〔註12〕而〈天下〉一篇，對於六經的看法如下：

其明而在數度者，舊法、世傳之史尚多有之；其在詩書禮樂者，鄒魯之士、縉紳先生多能明之。詩以道志，書以道事，禮以道行，樂以道和，易以道陰陽，春秋以道名分。其數散於天下而設於中國者，百家之學時或稱而道之。……

〈天下〉之文，同樣標出六經各精一方之要，但其強調「鄒魯之士、縉紳先生多能明之」諸語，後人遂謂其所稱的乃是「儒家」，因此六經成了儒家的「私學」，如司馬談於〈論六家要旨〉中所稱的「夫儒者以六藝爲法」（《史記・太史公自序》），《漢書・藝文志・諸子略》所言的「儒家者流，……游文于六經之中，留意于仁義之際」；而類似的看法亦在《禮記》中出現，但其記載的形式，則是由孔子口中親自說出六經之教的得與失。《禮記・經解》云：

孔子曰：入其國，其教可知也！其爲人也，溫柔敦厚，詩教也；疏通知遠，書教也；廣博易良，樂教也；絜靜精微，易教也；恭儉莊敬，禮教也；屬辭比事，春秋教也。故詩之失愚，書之失誣，樂之失奢，易之失賊，禮之失煩，春秋之失亂。

綜上所述，六經各有所「偏」，〈經解〉則更進一步舉出諸經之「失」。然諸經之間的共通點，則如司馬遷所言的「夫學者，載籍極博，猶考信於六藝」；而司馬談的〈論六家要旨〉，則引《易傳》「天下一致而百慮，同歸而殊途」之語，來說明諸子百家的「同調異流」（見〈太史公自序〉）。倘若參之《莊子・天下》的「古之所謂道術者，果惡乎在？曰：無乎不在。曰：神何由降？明何由出？（曰）聖有所生，王有所成，皆原爲一」的說法，則我們似乎可以推說古代學術確實是出於「一原」的。

《莊子》的這個「一原」，或許即如班固出於「王官」之學的說法；〔註13〕

〔註12〕見《校讎通義》卷二、十之三。
〔註13〕胡適之曾著文反對學術出於「王官」說，見其著〈諸子不出於王官論〉，《古史辨》第四冊，頁1～8。

而「六經」或許就是「王官」之學。是以章學誠在認定班固的見解與《莊子‧天下》等的說法相合之後,其亦相信「後世文字,必溯源於六藝。六藝非孔氏之書,乃周官之舊典也」。〔註14〕而此,正與其所主張之「六經皆史」正相呼應。

　　然而,縱是「六經皆史」,當亦有體例之別。故欲求中國哲學源頭之傳統精神的「天命」之認定的意義與政治理念之形成,依先前六經之得失綜合觀之,或許應自《書經》或《春秋》入手,因為《書經》與《春秋》所記載之內容,最切合這個方向;蓋《春秋》乃「紀人君動作之務,是左史所職之書」(《春秋正義‧序》),《書經》則是「人君辭誥之典,右史記言之策」(《尚書正義‧序》)。然《春秋》乃是著重於記事之變遷,為一「斷爛朝報」的魯國歷史,〔註15〕極少論及先哲的究極思想,〔註16〕遂暫時予以略而不論。因此,本文論述之焦點乃落於《書經》之上。時人方東美曾經指出,《書經》與《易經》乃是中國哲學的源頭,〔註17〕由是之故,筆者本文之論題,當非無中生有。

三、範疇領域的考量

　　儘管於群經中選定了《尚書》一經,〔註18〕但誠如前文所指出的,經學有今古文之爭,師說家說之別,漢學與宋學之分等區隔,又該如何選定論說之範域呢?的確,選定論說的範域極為棘手,尤其《尚書》又涉及了偽作考證的問題,故在選擇領域的考量中,當以令人感覺明確、單純、清晰的範疇為上。

　　是以本文之範域,在今古文的辨識下,設限於由伏生以來所傳授的《今文尚書》;於漢學、宋學間的取捨裏,則立基在有清以來輝煌的考據成績之上,

〔註14〕見《校讎通義》卷一、一之三。

〔註15〕「斷爛朝報」,乃王安石對《春秋》經的看法。《宋史‧王安石傳》記載:「黜春秋之書,不使列於學官,至戲目為斷爛朝報。」近人錢玄同繼之,見《古史辨》第一冊下篇,錢玄同予顧頡剛之〈論春秋性質書〉一文。

〔註16〕然於「春秋三傳」中的《公羊傳》,於魯哀公十四年則有這麼一段記錄,言「君子曷為為春秋?撥亂世,反諸正,莫近諸春秋」之隱語,值得探究。筆者曾試以〈君子以『天命』為春秋〉釋之。

〔註17〕見方東美,《原始儒家道家哲學》,頁46～48,54～50。

〔註18〕《書經》又稱為《尚書》。依今本《十三經注疏》之〈尚書序〉言:「濟南伏生,年過九十,失其本經,口以傳授,裁二十餘篇,以其上古之書,謂之尚書。」孔穎達疏云:「尚是伏生所加,故諸引書直云書曰。」此外,關於《尚書》之名的討論,可參攷屈萬里,《尚書釋義》之〈敍論〉,頁1～2;朱廷獻,《尚書研究》,頁1～3;《古籍導讀》,頁137～138。

故以漢學的踏實精神爲宗，宋學的義理發揮爲輔；而師說家說之別，今已無忌，故不入考慮之列。筆者選擇這樣的領域，其所持的理由如下：

　　一是關於範域設定在伏生所傳授的《今文尚書》之理由。

　　蓋自秦皇焚書坑儒，項羽火燒阿房之後，典籍消逝，六經亦遭一炬，遂令後代的治經者有今古文之辨。若以本文所欲研究的《尚書》爲例，《史記‧儒林傳》記載了伏生所傳的《今文尚書》二十九篇之因由。

　　　　伏生者，濟南人也，故爲秦博士。孝文帝時，欲求能治尚書者，天下
　　　　無有。乃聞伏生能治，欲召之；是時伏生年九十餘，老不能行，於是
　　　　乃詔太常使掌故晁錯往受之。秦時焚書，伏生壁藏之。其後兵大起，
　　　　流亡。漢定，伏生求其書，亡數十篇，獨得二十九篇，即以教於齊魯
　　　　之間，學者由是頗能言尚書。諸山東大師無不涉尚書以教矣！

依《史記》的記載來看，伏生確實是看過先秦時代的《尚書》（或至少看過收於秦宮官本的《尚書》），在遇兵燹之亂而藏書於壁間。戰後漢興，伏生復求其書，僅得二十九篇。後晁錯受之，「乃據伏生之本，寫以隸書」，〔註 19〕此即是《今文尚書》之濫觴。接著治《尚書》者有大小夏侯、歐陽諸家等列於學官，但皆亡佚。然《漢書‧儒林傳》注引衛宏〈尚書序〉言：「伏生老，不能正言，使其女教晁錯；齊人語與穎川異，錯所不知十二三，略以意讀之」諸語，《隋書‧經籍志》採其說，故有伏生未曾藏書，僅憑記憶所及，「口授」傳之之說。今人屈萬里則以爲「此乃後起之說，蓋齊東野人之語」。〔註 20〕不過，今本《十三經注疏》中的〈尚書序〉則捨取二說。〔註 21〕此外，《今文尚書》另有篇數歧出的問題，由於非關本文主旨，故略而不備。〔註 22〕

　　然今古文之爭的產生，乃是魯共王（即「魯恭王」）壞孔子舊宅，得數部以先秦文字書寫之經書而來，《古文尚書》亦在其列。《漢書‧藝文志》有詳密的介紹。

〔註 19〕見屈萬里，《尚書釋義‧緒論》，頁 7。

〔註 20〕同上注。

〔註 21〕今《十三經注疏》之〈尚書序〉云：「及秦始皇滅先代典籍，焚書坑儒，天下學士逃難解散，我先人用藏其家書于屋壁。漢室龍興，開設學校，旁求儒雅，以闡大猷。濟南伏生，年過九十，失其本經，口以傳授，裁二十餘篇，以其上古之書，謂之尚書。百篇之義，世莫得聞。」

〔註 22〕《今文尚書》或言二十九篇，或言二十八篇，其間的複雜因緣，請參攷王引之，《經義述聞》卷四，「伏生尚書二十九篇說」一條；陳夢家，《尚書通論》之「伏生篇目復原」一節，頁 48～86。

> 古文尚書者，出孔子壁中。武帝末，魯共王壞孔子宅，欲以廣其宮，而得古文尚書及禮記論語孝經凡數十篇，皆古字也。共王往入其宅，聞鼓琴瑟鍾磬之音，於是懼，乃止不壞。孔安國者，孔子後也；悉得其書，以考二十九篇，得多十六篇。安國獻之，遭巫蠱事，未列於學官。

《漢書》的這段敘述，在〈楚元王本傳〉所附的「劉歆傳」中亦有記載，《史記·儒林傳》也曾提及：

> 孔氏有古文尚書，而安國以今文讀之，因以起其家，逸書得十餘篇，蓋尚書滋多於是矣。（《史記·儒林傳》）

> 及魯恭王壞孔子宅，欲以爲宮，而得古文於壞壁之中，逸禮有三十九、書十六篇。天漢之後，孔安國獻之；遭巫蠱倉卒之難，未及施行。（《漢書·劉歆傳》）

「劉歆傳」此段記錄，是劉歆責讓太常博士的一封信，後被梁·蕭統收於《昭明文選》之中，題爲〈移書讓太常博士〉，可顯其價值。總觀上述三條記載，當可肯定《古文尚書》出於孔壁之中，其與《今文尚書》相較，則多出十六篇。按荀悅的《（東觀）漢紀》，以及閻若璩的《尚書古文疏證》、朱彝尊的《曝書亭集》等觀之，得此古文書並非武帝之時，獻《古文尚書》者亦非孔安國。〔註23〕因此，孔安國是否有無爲《古文尚書》作傳，仍有疑處。

　　然《古文尚書》於發現之後，儘管在有漢一代曾列入學官，且據稱大儒如賈逵、馬融、鄭玄等皆曾爲《古文尚書》作過傳，但終未引起重視，於是在西晉的永嘉之亂後全部散逸。〔註24〕在其前，則有張霸僞作之出；其後，又有或說王肅、或說梅賾（或作「頤」）、或說皇甫謐、或說孔安國等之僞作，後世稱其爲《僞古文尚書》及《僞孔傳》者。〔註25〕至唐貞觀十六年，孔穎

<hr>

〔註23〕見張舜徽，《中國史籍校讀法》，頁105～107；屈萬里，《尚書釋義·緒論》，頁10。閻若璩之《尚書古文疏證》卷二，則有詳密的辯證。

〔註24〕《古文尚書》列入學官，僅在漢平帝時。蓋古文不受重視之因，屈萬里言：「漢時既不爲朝廷所尚；故民間重之者罕」，故逐漸遺散，至西晉永嘉時全失，見《尚書釋義·緒論》，頁12。按：此乃《隋書·經籍志》之載。

〔註25〕漢成帝東萊之張霸僞作《尚書》百兩篇，《漢書·藝文志》及《論衡·正說》俱載其事。孔穎達《尚書正義》以爲皇甫謐獨得《古文尚書》傳世，梅鷟的《尚書考異》則認爲皇甫謐僞作之；而丁晏則主張是王肅僞作《古文尚書》（見《尚書餘說》）；另閻若璩與惠棟均主張是梅賾（或作頤）所爲；今人陳夢家則認爲可能是東晉的孔安國所爲。這趣味橫生但論證惱人的詳密討論，可參

達受命著《五經正義》，其間，他對於《僞古文尙書》有些疑議，〔註26〕惜並未加以留意，遂將《今文尙書》（分原二十九篇爲三十三篇）與僞文合編，成爲今天我們所見的二十卷五十八篇的《尙書正義》。宋代，有人懷疑《僞古文尙書》是僞造的，但並未提出確然的證據；〔註27〕明之梅鷟於《尙書考異》中首先提出懷疑的論據，然證明薄弱；〔註28〕直到清代閻若璩的《古文尙書疏證》、惠棟的《古文尙書考》書成之後，才眞正證明了《尙書正義》所引用的《古文尙書》是僞作的，同時也解決了歷史上千餘年的一大疑案。〔註29〕

僅管《僞古文尙書》亦有其學術上的研究價值，但爲免於與《今文尙書》思想產生干擾，筆者只好備而不用。〔註30〕是以本文論說《尙書》之原始資

攷陳夢家，《尙書通論》之「古文尙書作者考」一節，頁114～135。

〔註26〕例如孔穎達注〈武成〉篇時曾說：「此篇敘事多而王言少，惟辭又首尾不結，體裁異於餘篇。……其辭不結，文義不成，非述作之體。……竊謂神羞以下，更合有言，簡編斷絕，經失其本，所以辭不次耳！或初藏之日已失其本，或壞壁得之始有脫漏，故孔稱五十八篇以外，錯亂磨滅，不可復知。明是，見在諸篇，亦容脫錯。但孔此篇首尾具足，既取其文爲之作傳，恥云有所失落，不復言其事耳！」陳夢家認爲，「若『初藏之日已失其本』，則此篇正是後來的補作。然孔穎達篤信孔傳，所以還是設辭彌縫」，見《尙書通論》，頁103。然清人劉毓松則站在古文家的立場提出辯解，認爲「作傳者明知失落，恥而不言，必六朝舊疏，非唐人筆也」，見《尙書舊疏考證》之「武成」條。這顯然將《尙書》之雜文錯簡的年代推之更遠。

〔註27〕如宋之吳域、朱熹、蔡沈，元之吳澄等人，可參攷陳夢家，《尙書通論》之「考實篇」，頁102～107。
但唐·陸德明之《經典釋文·尙書釋文》中指出：「齊明帝建武中，姚方興采馬、王之注，造孔傳舜典一篇，云於大航頭買得。上之梁武帝，時爲博士議曰：孔序稱伏生誤合五篇，皆文相承所以致誤。舜典首有曰若稽古，伏生雖昏耄，何容合之？遂不行用。」是以在宋以前實已有人疑《古文尙書》之不確了！

〔註28〕認爲梅鷟所提的證據薄弱是陳夢家的見解，見《尙書通論》，頁115～116。但戴君仁以爲梅鷟著書所用的方法，「是憑分析的觀察，而不是籠統的批判；用客觀的證據，而不是主觀的感覺」，「閻若璩只見到梅氏的尙書譜，而沒有見到尙書考異，所以他不太稱贊梅氏」，見《閻毛古文尙書公案》，頁20～32。兩說顯然有所不合。然而，梅氏未能明證僞作《尙書》則是事實。

〔註29〕參閱〔註25〕及〔註27〕，且《四庫全書提要》亦稍提及。另可見張心澂，《僞書通考》，頁126～198及頁206～209；屈萬里，《尙書釋義·敍論》，頁10～11。值得一提的是，毛奇齡曾著《古文尙書冤詞》以駁閻氏之說，但閻氏所提的鐵證如山之證據，毛氏已無可動搖，故千餘年的歷史疑案得以定讞。

〔註30〕然屈萬里則以爲：「僞撰之二十五篇，雖無史料價值，然自東晉以來，既爲學子所必讀；故爲常識起見，亦應瀏覽，俾略之知其內容」，見《古籍導讀》，頁27～28。筆者以爲屈氏過於武斷，尤以「雖無史料價值」之判定最爲顯白。清人顏元則認爲《古文尙書》即使爲僞亦無妨。其云：「僞亦無妨也。今與之

料，即限於二千餘年前的《今文尚書》，以及對此的歷代注疏解釋。這種考慮，甚為必要。因為：

> 伏生所傳之《尚書》，大略保持了上古時代的記錄，思想資料清晰明確；而僞作《尚書》則不免感染了後人的想像與思維，在思想資料則顯得較爲複雜混亂，故選擇《今文尚書》爲論述之基本史料。此爲考慮的因緣之一。

> 而考慮的因緣之二是，在這麼複雜的考據當中，依然有些事實無法獲得明證，並且筆者尚無法清楚的區隔眞僞之間的思想差異，同時亦不願意陷入「談五字之文，至於二三萬言」（《漢書・藝文志》）地煩複訓詁考證之中，因此只好暫時割捨掉並非《今文尚書》的部分。

> 再者，循著前人既有成就前進，不正可以看得更高更遠嗎？

二是以漢學為宗，強調有清之考據的因緣。

站在宋學立場的熊十力，認爲「漢學全是注疏之學，蓋釋經之儒耳」，「夫漢學，但治文籍，而搜集其有關之材料已耳。……宋儒則窮經而能得意於文言之外」，遂否定漢學的思想，而認定宋學是哲學。〔註31〕桐城派大儒方東樹，其於《漢學商兌・序例》中，舉清人攻擊宋儒之罪有三：

> 一則以其講學標榜，門戶紛爭，爲害於家國；一則以其言心言性言理，墮於空虛心學禪宗，爲歧於聖道；一則以其高談性命，束書不觀，空疏不學，爲荒於經術。而其人所以爲言之怡，亦有數等：若黃震萬斯同顧亭林輩，自是目擊時敝，意有所激，創爲就病之論，而析義未精，言之失當；楊慎焦竑毛奇齡輩，則出於淺肆矜名，深妒宋史創立道學傳，若加乎儒林之上，緣隙奮筆，忿設詖辭；若夫好學而愚，智不足以識眞，如東吳惠氏，武進臧氏，則爲闇於是非。

> 自是以來，漢學大盛，新編林立，聲氣扇和，專與宋儒爲水火。……

誠然，方東樹於此流露了同情宋學的遭遇，故對黃震、萬斯同、顧亭林、毛奇齡、惠棟等駁斥宋學而名垂後世諸儒們有所齟齬，因此，他力舉宋學之功，認爲「至宋儒講辨，始得聖人之眞；平心而論，程朱數子廓清之功，實爲晚周以

辨書冊之眞僞、著述之當否，即始皆眞而當，是彼爲有弊之程朱，而我爲無弊之程朱耳！不幾揭衣而笑裸，抱薪而救火乎？」見《習齋記餘》卷三〈寄桐鄉錢生曉城書〉。

〔註31〕見熊十力，《讀經示要》，頁438～439。

來一大治」。方東樹的這翻辨解，固然爲「發狂打破宋儒家中太極圖」的狂飆，作了一次歷史功過的澄清；然則，他的辨解依然無法令人釋懷宋儒之弊，因爲「平時袖手談心性，臨危一死報君王」〔註32〕的歷史寫照，依舊歷歷在目。

　　經學史大師皮錫瑞，則從學理的論據上評判了宋學之失，他說：

> 宋人不信注疏，馴至疑經；疑經不已，遂至改經、刪經，移易經文以就己說。〔註33〕

的確，治宋學者乃著重於義理的發揮，造作出活潑潑且盛行近千年的宋明理學；但宋學確實也忽略了「經學」該有的原則，故對於考究「訓詁小學名物制度」的漢學，遂有偏頗之說，例如「漢學全是注疏之學」，「名爲治經，實足亂經；名爲衛道，實則畔道」（《漢學商兌・序例》）等斥言，卻遺忘了自己治經本身很多的論點是推測臆度而來的，故對宋學末流流於「高談性命，束書不觀，空疏不學」的批判，絕非是無的放矢。近人梁啓超對於漢學，認爲「其治學根本方法，在『實是求事』『無徵不信』」，〔註34〕大概說得令治宋學者無法反駁吧！

　　然則，漢宋二學並非水火，因二者各有所長，亦各有所失。吾輩有幸生於漢宋二學發顯之後，當應吸其菁華，去其流弊，方能對於國學未來之發展有所助益。國學大師章太炎說：

> 因前人治經，若宋明的講大體，未免流於臆測妄斷；若清代的訂訓詁，又僅求一字的妥當，一句的講明，一制的考明，「擘績補苴」，

〔註32〕 「發狂打破宋儒家中太極圖」，語出段玉裁〈答程易田丈書〉，見《經韻樓文集》卷七。
　　　　「平時袖手談心性，臨危一死報君王」之句，不知何許人所言，但直爲時人所引用。按：顏元《四存編》中有言，「吾讀甲申殉難錄，至『愧無半策匡時難，惟餘一死報君恩』，未嘗不悽然泣下也」（《存學編》卷二）。蓋「甲申殉難」，乃指明崇禎十七年，李自成攻陷北京，明朝覆亡之時，明之臣民不忍面對國破家亡的悲痛而紛紛的自殺。故「愧無半策匡時難，惟餘一死報君恩」當是明朝遺民對此慘狀的悽愴之語，有些責備，但卻有更多的無奈，而明之遺儒均將此悽愴之事歸諸宋儒之弊（即今所謂的「宋明理學」），是以可知宋儒之弊的影響甚爲深遠，直令後人揮之不去。顏元又說：「宋元來儒者卻習成婦女態，甚可羞！無事袖手談心性，臨危一死報君王，即爲上品矣！」（同上，卷一）然此語與「平時袖手談心性，臨危一死報君王」之句有些出入，當是自此改裝而來，惜不知出自何人之筆。
〔註33〕 見皮錫瑞：《經學歷史》之「經學變古時代」。
〔註34〕 見梁啓超，《清代學術概論》，頁5。

　　不甚得大體。我們生在清後，那經典上的疑難，已由前人剖析明白，

　　可讓我們融會貫通，再講大體了。〔註35〕

此亦是筆者以漢學為宗，強調以有清考據成就為本，宋學義理精神為輔的態度所在。

　　基於上述這兩大理由之下，筆者選定了《今文尚書》二十九篇（或云二十八篇）為陳說論述的材料，並以有清之考據為基礎，來探尋中國哲學的源頭中，「天命」之認定的意義與政治理念的究極。

四、學習態度的自持

　　儘管明示了欲討論的問題之原因，也說明了所選擇之領域的理由，但對於漸失色彩的傳統經學之研究，筆者心中則有一分的期許和無奈！

　　蓋古今是非，南北通塞，文化的承繼與創發，必當有所同調與異流，這即是《周易·繫辭上》所言的「天下同歸而殊途，一致而百慮」。然則，正如樹無根柢不立，水無源頭不流，故《論語》說：「君子務本，本立而道生。」（〈學而〉）《禮記·大學》則言：「自天子以至於庶人，壹是皆以脩身為本。」因此，「道」生於「本立」，「本」者即為「脩身」，故君子之「本」，即在於莊重、固學，所以孔子說：「君子不重則不威，學則不固。」（《論語·學而》）《周易》亦言：「謙謙君子，卑以自牧也。」（〈謙卦·初六爻·小象〉）

　　然古往今來，人人各殊，思索自然異別；但其所言之語，所闡之論，是否慎「重」，是否依「本」，才是「尊德性」與「道問學」之鑰。荀子曾批評諸子說：「其持之有故，其言之成理，足以欺惑愚眾。」（《荀子·非十二子》）然則，「成理」乃基於「有故」之「持」，若無「有故」之基石，又怎能「欺惑愚眾」？是以誦讀古籍之書，吟詠先聖之言，欲通貫其意旨者，依古人思維方式，當自「聲韻」、「文字」、「訓詁」（即古人統稱之「小學」）〔註36〕等

〔註35〕見章太炎，《國學概論》，頁106。

〔註36〕許慎《說文解字·敘》云：「周禮，八歲入小學，保氏教國子，先以六書。」「六書」者，即象形、指事、形聲、會意、轉注、假借（依許說），此意為教授貴族子弟認識文字。此乃出自《周禮·地官·司徒》，其言「保氏掌諫王惡，而養國子以道，乃教之六藝，一曰……五曰六書……」，又《大戴禮·保傳》說：「古者年八歲而出外就舍，學小藝焉，履小節焉。」；至漢代，則以「小學」作為文字訓詁之學的專稱，《漢書·藝文志》所收錄的小學十家四十五篇，均為字書及訓詁類；隋唐後，始分「小學」為「訓詁」、「字書」與「韻書」三類，此見於《四庫全書提要》，「經部」字學部分。

入手，因為此乃是自兩漢以降之古人，能「持之有故」、「言之成理」之因，亦是二千餘年來國學綿延不絕之大傳統也。〔註37〕

但在二千年來未有之變局下，致使傳統中的菁華逐漸遭到腐蝕與鄙棄；於今，傳統中的方法遂成「絕學」。後學者欲溯源探求古人之真義，往往淪落斷文思意之幻境，使之無所依循；時人並以西學之方雜入典籍，更是雪上加霜。〔註38〕誠然，強調使中國文化走向世界之心，固為可憫；但實質上戕賊

〔註37〕《四庫全書提要‧說文解字段注》云：「經以載道而所以明道者，辭所以成辭者，字故為有不通聲音訓詁而能治經者。」阮元於《經義述聞》之〈序〉中也說：「古書之最重者，莫逾於經。經自漢晉以及唐宋，固全賴古儒解注之力，然其間未發明而沿舊誤者尚多，皆由於聲音文字，假借轉注，未能通徹之故。」章太炎於《國學概論》的小書中，亦指出「治國學之方法」即有「通小學」的一段敘述。其間有言：「哲學一科，似乎可以不通小學，有人專憑自我的觀察，由觀察而發表自我的意思，和古人完全絕緣，那纔可以不必研究小學。倘仍要憑藉古人，或引用古書；那麼，不明白小學就要鬧笑話了。比如朱文公研究理學，（宋之理學即為哲學）釋『格物』為『窮至事物之理』，便召非議。在朱夫（按：『夫』當為『文』之誤）公原以『格』可訓為『來』，『來』可訓為『至』，『至』可訓為『極』，『極』可訓為『窮』，就把『格物』訓為『窮物』。可是訓『格』為『來』是有理，輾轉訓『格』為『窮』，就是笑話了。又釋『敬』為『主一無適』之謂，（這原是程子說的）他底意思是把『適』訓作『至』；不知古時『適』與『敵』通，淮南子中的主『無適』，所謂『無適』實是『無敵』之謂，『無適』乃『無敵對』的意義，所以說是『主一』。」此語值得我們深思。見其《國學概論》，頁 16～17。今人于省吾亦於《（雙劍誃）尚書新證》敘中亦言：「讀古書者，必諳於文字之通假。蓋群經諸子與夫騷些之連語，韻讀固同流共貫，可以求而知之也；然文字形體代更世異，演變無方，有非通假一途之所可限者。有不見夫文字之本原，而無以意測其果為通假與否者，聲因通假之道至是而窮，而勢必有資乎古籀。……」自此可見讀古書必有方法。

〔註38〕譬如徐復觀曾說：「目前許多治國學的人，一面承乾嘉學風之流弊，一面附會西方語言學的一知半解，常常把一個在思想史中保有豐富內容的名詞，還原牽附為語原（筆者按：『原』當為『言』）的原始性質。因為我國文字的特性，上述方法，便常得出更壞的結果。」語見其所著的《中國人性論史‧先秦篇》，頁 3。後又說：「清阮元《揅經室集》中有『性命古訓』一文，用訓詁字義的方法，欲復『性命』一詞的原有字義……傅斯年氏作《性命古訓辨證》，以為阮氏『訓詁字義之方法，足以為後人治思想史者所儀型；遂沿阮氏之方法，而更推進一步，以為『性』字出於『生』字，遂以『生』字之本義為古代性字之本義……我所以一開始便費這些篇幅來闢傅氏《性命古訓辨證》中對生字與性字的說法，意思不在指出傅氏考證之疏；而主要在指出傅氏考證之疏，乃來自『以語言學的觀點解決思想史中之問題』的方法之謬。此一方法仍為今日許多治漢學的人所信奉，由這種方法推演出來的結論，我看到許多和傅氏相同的奇怪的結論。……」，同上，頁 4～11。

文明之罪，又不得不令人扼挽痛惜。思今日之氣氛，概以「詮釋」之說爲上，然古人早已明「詮釋」之難。清人杭世駿於《道古堂文集》卷八〈李義山詩注序〉中即指出：

> 詮釋之學，較古昔作者尤難。語必溯源一也，事必數典二也，學必貫三才而窮七略三也。

另黃本驥在《三長物齋文略》卷一〈李氏蒙求詩注序〉裏，則更進一步說：

> 著書難，注書更難。非遍讀世間書，不能著書；即遍讀世間書，猶不能注書。世間書無盡，而古書之流傳至今者有盡。注古人書，無一字無來處，目中不盡見古人讀本，必欲察及淵魚，辨窮河豕，曰某事出某書。某事出某書，條舉件繫，如數家珍，難矣！〔註39〕

的確，著書注書，當在觀遍群書，以致「語必溯源」、「事必數典」、「學必貫三才而窮七略」之淵博學識後，方能「條舉件繫，如數家珍」，以達「成一家之言」之展望。然則，眞欲有淵博學識之心，遍觀群書之志，當得捱過時空的壓縮與萃煉，但此絕非三年五載十數春秋的工夫即能有成。漢代經學中有所謂「皓首窮經」的事例，或可旁證得知治經之累。〔註40〕

　　儘管學生未曾習過「小學」之方，且在今日氛圍的籠罩之下，此種作法難以看好，但仍希冀本著先聖先賢治學之精神，效法冥冥之志、惛惛之事者，不求有昭昭之明、赫赫之功，但求不愧天地之心，不棄聖賢之志，不怍父母之恩，並求不辱師長之名而已。故在論證說明之際，言必有根；於陳列引述之時，語必有本，期盼能達到「持之有故」、「言之成理」之最低要求。

〔註39〕此二段轉引自張舜徽之《中國史籍校讀法》，頁52。

〔註40〕「皓首窮經」乃出自於《漢書‧藝文志》。其言：「後世經傳既已乖離，博學者又不思多聞闕疑之義，而務碎義逃難，便辭巧説，破壞形體；説五字之文，至於二三萬字。後進彌以馳逐，故幼童而守一藝，白首而後能言，安其所習，毀所不見，終以自蔽。」此或可旁證得以知悉治經之累。

第一章　論題研究的形成與方式

提　要

　　本章主旨，筆者乃是藉由諸部《中國哲學史》的專書，在其有關論述《尚書》的部分作一大略性的探求。其目的有二：一方面嘗試凸顯出諸哲學史對「中國哲學系統」的設定是令人疑義的；另一方面則就諸哲學史論及《尚書》的理論或觀點作一檢視。

　　對於「中國哲學系統」之設定，筆者認爲自斷於「哲學史家於其私人著作中表現之」的觀點是令人質疑的，主要原因在於中國哲學「有系統」的內涵著作，至「經書」成立的年代便已大備；故「中國哲學系統」絕非是到春秋戰國的諸子百家才大放異彩。《尚書》作爲中國文化的源頭之一，我們實有必要對其作一個整體性的探討。雖然在諸經書的成書年代或有爭議，亦有眞僞之辨，然筆者認爲孔子所抱持「文獻不足故也」的期待，實應是我輩對於古籍該有的正確態度。對此之探索，請見於本章第一節：「諸哲學史的設限」。

　　其次，就諸哲學史對於《尚書》的探討，筆者歸納有三大面向。其一是對「原始宗教」面向的檢視；在這面向的檢視當中，筆者發現「天」與「上帝」可能是兩個不同的概念。其二是對「政治思想」的探求；在這面向的省思裏，筆者覺得諸先輩所言的「民本思想說」、「敬德保民觀」和「天道觀或天命神權論」等說法的內容，似乎與《尚書》所欲揭示的眞正意涵並不相類。其三是對「歷史唯物」解釋面向的保留；因爲對於這個部分，筆者尚未能對其眞正的理路加以掌握，故而覺得有必要予以存而不論。由以上三大面向的細察省思，筆者所欲研究的論題才逐漸地浮現，並慢慢的成形。關乎此節內

容的探索，請見本章第二節：「論題研究的形成」。

　　接著，筆者對於《尚書》一書所開顯的內涵，並依據對諸哲學史所求得的疑惑，於歸納整理之後提出了兩大討論的方向，此即是「天命變革的哲學意義」與「尚書政治哲學的內涵」，其下又各分爲三個部分予以研究。最後，筆者則提出論寫本文的「方式」，乃是對於時人濫用「方法」的一種區隔，並且筆者極欲回歸傳統熟讀經文的紮實工夫，同時尋求明其旨意爲要，亦提出自勉自勵之道。此則請見本章第三節：「論題結構的梗概與研究的方式」。

第一節　諸哲學史的設限

　　就「中國哲學史」而言，哲學史家均認爲中國哲學的「體系」實始於孔子，因爲孔子的思想是「有系統的」。〔註1〕這種論點的依據，多半是以孔子自己所說的「一以貫之」（見《論語》的〈里仁〉及〈衛靈公〉）爲註腳。〔註2〕然一

〔註1〕馮友蘭說：「哲學爲哲學家之有系統的思想，須於私人著述中表現之。……孔子本人雖亦未『以文字爲一人之著述』，然一生竟有未作官不作他事而專講學之時；……就其門人所記錄者觀之，孔子實有有系統的思想。由斯而言，則在中國哲學史中，孔子實佔開山之地位。」見其著《中國哲學史》，頁29；勞思光則言：「孔子之所以爲最早的中國哲學家，乃因孔子最先提出一系統性自覺理論，由此對價值及文化問題，持有確定觀點及主張。系統性與自覺性爲哲學之特色，故孔子以前之原始思想不能算作哲學，而孔子之自覺理論及系統觀點之出現，方表示中國哲學正式開始。」見其著《新編中國哲學史》（一），頁101；而侯外廬主編的《中國思想通史》則說：「自孔、墨起，中國古代思想史才算眞正地進入了劃期的時代，即所謂『私』學。」見其書，頁40。但胡適之獨反眾人之說，認爲「中國哲學史」當從老子說起，然後再講孔子，見《中國古代哲學史》之「臺北版自記」，以及蔡元培爲之作的〈序〉，但依舊未離哲學系統當爲哲學家「於其私人著述中表現之」的設限。

〔註2〕例如胡適之引何晏《論語集解》注「子曰：賜也！女以予爲多學而識之者與？對曰：然！非與？曰：非也！予一以貫之」（《論語・衛靈公》）一章，言「善有元，事有會，天下殊途而同歸，百慮而一致。知其元，則眾善舉矣，故不待學而一知之」，遂認爲「孔子認定宇宙間天地萬物，雖然頭緒紛繁，卻有系統條理可尋。……『同歸而殊途，一致而百慮』，也只是說這個條理系統」，見《中國古代哲學史》，第一冊，頁102～103。
　　按：孔穎達的《論語正義》言：「夫子之道，唯以忠恕一理以統天下萬事之理。」（〈里仁〉）又言「孔子答言己之善道，非多學而識之也！我但用一理以貫通之」（〈衛靈公〉）諸語，則將「一以貫之」之意，說成爲理論建構的一致性。而後，如朱熹（見《四書集註》）等，多所發揮。然不若王念孫的《論語疏證》解「一以貫之」爲「一以行之」；阮元的《揅經室集》解「吾道一以貫之」爲「此言孔子之道，皆於行事見之，非徒以文學爲教也」等，來得貼切，此亦

個「有系統的」思想，絕不能從無生有，是以諸哲學史均有溯源的工夫，尋找所謂的「原始思想」，並且對其時代背景作一價值性的判定。譬如胡適之認為春秋時代的時勢是「政治那樣黑暗，社會那樣紛亂，貧富那樣不均，民生那樣痛苦。有了這種時勢，自然會生出種種思想的反動」，但其所言並非整個中國的上古史。〔註3〕考究其因，乃是胡適之死守「科學主義」之故，其認為「古代的書，只有一部《詩經》，可算得是中國最古的史料」。〔註4〕因此，在「無徵不信」的泛實證觀點下，遂連那與思想起源極有關係的「神話」、「傳說」都被其否定掉了。

著名的馮友蘭，在狂飆的科學風潮中，雖然採取了「歷史是進步的」觀點，但他從「鬼神」、「術數」等的原始信仰開始論述，但仍以彰顯出孔子哲學思想在歷史中的地位為主；〔註5〕今人勞思光則以其獨門的「基源問題研究法」，概略地論述了中國文化有三個傳統，最後才產生了南（老子、莊子為代表）北（儒家、墨家為代表）二種不同的哲學思想，並論及了其所認定的一些「古代中國思想」，如「形上天」、「民本」、「宇宙秩序」、「人格天」等等，然後切入「哲學史的論述，即應從孔子開始」。〔註6〕姑且不論馮、勞二人的論述有何優缺，而純就其二人的相同點觀之，他們皆大量引用了先秦與兩漢的典籍，諸如《尚書》、《周易》、《詩經》、《國語》、《左傳》、諸子百家的著述（如《論語》、《孟子》、《墨子》、《莊子》等）、《史記》、《漢書》等，以佐證其所提的背景價值與思想概念，同時他們也引用了古代的一些「神話」及「傳說」。

若單從引用史料的詳密程度來看，則要以侯外廬所主編的《中國思想通史》為最。但因其堅守「馬克思主義」模式，運用其所謂最科學的歷史唯物辯證法，遂使眾多史料在其解析及批判下，產生許多令人難以想像的結論。例如他依循著郭沫若等人的說法，追尋著馬克思式的歷史觀，遂將先秦時代

與孔子的處世立身之態度相契合（此見劉寶楠之《論語正義》卷五）。依此，馮友蘭（見《中國哲學史》，頁99～100）與勞思光〔見《新編中國哲學史》（一），頁132〕之說，較為合理。但今人大都自限於形上學的「一與多」之辯證當中，故在有意無意間接受了何晏、孔穎達等以來的說法，以為此即為定理。

〔註3〕引文見胡適之，《中國古代哲學史》，第一冊，頁39。其所言的時代背景，見「中國哲學結胎的時代」一章，第一冊，頁32～39。

〔註4〕同上，頁22。

〔註5〕見馮友蘭，《中國哲學史》，頁23、頁46～77。

〔註6〕見勞思光，《新編中國哲學史》（一），第一章及第二章，引言見頁101。

稱爲「奴隸社會」，秦漢之後的時代則稱爲「封建社會」。〔註7〕於是史料的解釋與運用，便得附和這個「設計」，反而失去了應先由史料的分析再進入歸納，然後才提出結論的「學術精神」。因此，儘管其依據甲骨文的發現，首先將「中國哲學史」上推至殷商中期的功勞，終在「亞細亞的生產方式」解釋之下，便顯得黯然無光了。〔註8〕其後，如任繼愈主編的《中國哲學史》，蕭萐父、李錦全主編的《中國哲學史》等，均蕭規曹隨的跟著侯書的角度與方法，並無重大突破。〔註9〕不過值得注意的是，蕭、李與任的《中國哲學史》，均上溯到了夏代。

　　事實上，從一九二七年起的地下考古發現，不但明證了殷商文化的存在是確然的，亦幾乎可以推出「傳說」中的夏朝亦是實際存在的。〔註10〕因此，「祖述堯舜，憲章文武」的孔子（《禮記·中庸》），其所祈嚮的「大同與小康」之理想社會（《禮記·禮運》），必然有所依本。孔子曾說：

> 殷因於夏禮，所損益可知也；周因於殷禮，所損益可知也；其或繼
> 周者，雖百世可知也。（《論語·爲政》）

雖然「百世可知」，但此「知」當爲「推知」，是以必然無法「詳知」，因爲「文獻不足故也」。孔子說：「夏禮吾能言之，杞不足徵也；殷禮吾能言之，宋不足徵也：文獻不足故也！足，則吾能徵之矣！」（《論語·八佾》）〔註11〕這種

〔註7〕 此可參考楊寬，《古史新探》，頁54～61。今人徐復觀則以大膽詳密的論證，以及嫻熟史料的掌握，否定西周社會是任何形式的「奴隸社會」。見《兩漢思想史》卷一，頁1～13。

〔註8〕 見侯外廬主編，《中國思想通史》第一卷，頁3～11。

〔註9〕 自大陸接受馬克思主義之後，諸哲學史的論述均依馬克思、列寧等的思想爲馬首是瞻，見其著作之序言即可明知！

〔註10〕 殷商文化爲確然的信史，是因1928年於河南安陽小屯考古發現而獲致證實的。考古學家夏鼐說：「我們知道小屯殷墟文化是一高度發達的文明。如果這是中國文明的誕生，這未免有點像傳說中的老子，生下來便有了白鬍子」，此見《中國文明的起源》，頁86；而另一考古學家李濟，在探討仰韶文化、龍山文化與殷墟文化間的關係，認爲「有一段中斷的時期」，而且，殷墟文化的特徵，「沒有一件能和仰韶或龍山文化拉上一點關係」，見《中國文明的開始》，頁8；這個「中段時期」，於1951年發現的「鄭州二里崗遺址」，與1957年所尋覓的「偃師二里頭文化」之後，正可部分接合。此見《中國文明的起源》，頁96～100。因此，我們能夠推測出「傳說」中的夏朝是實際存在的。

〔註11〕 此又可在《禮記》中見著。〈禮運〉篇云：「孔子曰：我欲觀夏道，是故之杞，而不足徵也，吾得夏四時焉；我欲觀殷道，是故之宋，而不足徵也，吾得坤乾焉。坤乾之義，夏時之等，吾以是觀之。」〈中庸〉篇則言：「子曰：吾說夏禮，杞不足徵也；吾學殷禮，有宋存焉；吾學周禮，今用之，吾從周。」

「文獻不足」的喟嘆，於今依然，更何況保存文獻之技術不如我們的古人？然而，這種喟嘆依舊未能撼動孔子的棲棲追尋，因而有「周監於二代，郁郁乎文哉！吾從周」（《論語・八佾》）的樂觀期盼，畢竟「文武之政，布在方策」（《禮記・中庸》）是個不爭的事實。所謂的「布在方策」，就是說古史散記於諸多的典籍當中，只待有心人去勤加整理並予以發揚出來。因此，我們研究古史，除了應學習實證式的科學主義（如胡適之等）之外，更應採取溫和寬容式的樂觀態度（如孔子），如此方能避開「文獻不足」的亙古常嘆。

由是之故，倘若我們僅就「因革損益」、「文獻不足故」的角度觀看「中國哲學史」的發展，當能以「上斷唐堯，下終秦魯，時經五代」（《尚書正義・序》）的《尚書》作為哲學史之開端，同時亦可將「有系統的」思想，推溯至「傳說」中的年代（如堯、舜、禹），而不必受限於哲學史家所認定的，哲學思想「體系」當為哲學家「於其私人著述中表現之」（馮友蘭語）的設定。僅管這是一個浩瀚的挑戰，因為在筆者之前，似乎無人如此懷疑。蓋所謂的「體系」，正是經過人們的思維分析歸納而綜合得出的結果；況且，我們還是樂觀的相信，每一個群體必然有所謂的「共同意志」！雖然這「共同意志」難以獲致明證，但為一群體的「共同信念」則是可能。是以認為哲學思想「體系」當為哲學家「於其私人著述中表現之」的設定，並沒有足夠的論據足以令人信服。

因此，在論述《尚書》時，筆者接受徐復觀的看法。他這麼說道：

　　……此開創時期，就文獻方面而言，或可更追溯到《尚書》中的〈洪範〉。經過詳細的考察，我相信〈洪範〉的傳統說法，這是由夏禹所集結的古代政治經驗，作為王者應守的大法，一代一代的傳承下來，最後由商箕子傳給周武王的。即使是在現在看起來，它也是半神話，半經驗的性質。由此推溯上去，不難想見它的原始面貌，會帶著更多的神話色彩；因為古代文獻，在歷時久遠地傳承中，每經過一次整理，便常會受整理時的時代影響，對內容不免有所修改；尤其是在改朝換代之際。〔註12〕

徐復觀這種帶著理性的同情式態度，正是筆者於「緒言」中所說的「古今是非，南北通塞，文化的承繼與創發，必當有所同調與異流」之瞭解。然則，對於諸哲學史而言，筆者這種作法誠然是一大挑戰，因為在神話與經驗的夾

〔註12〕見徐復觀，《中國人性論史・先秦篇》，頁456。

雜下，如何分析出其合乎人情、適乎理性的成分，並去除其不必要之糟粕，由此而歸結出一「有系統的體系」，工程確實艱鉅浩大，然而卻也充滿了治學的樂趣。故除了徐復觀所提及的〈洪範〉一篇之外，於《今文尚書》的其餘諸篇，筆者亦是如此看待，甚至對《逸周書》等其他文獻的態度亦然，但其僅作爲本文論題的旁證而已。這種樂觀的看法，實乃建基於諸位前賢於考證上所獲至的堅實成果之上的。

　　因此，筆者以爲，論及「中國哲學史」之「體系」時，我們實有必要打破前人的定說，而重新審訂哲學史與哲學家、哲學史與哲學問題之間的關係。由是之故，筆者相信某一群體於某一特定的時空氛圍環繞下，必有所謂的「共同信念」存在（譬如宋明理學的共同信念是「去人欲，明天理」），《今文尚書》諸篇著作之論題，或可暫且如此視之。是以在依循著方東美之言下探尋中國哲學的源頭，〔註13〕於心態上則抱持著如徐復觀之理性的同情式態度，〔註14〕

〔註13〕方東美在《原始儒家道家哲學》中曾如此説道：「……或是像馮友蘭，在從前寫哲學史就是這麼宗法，我叫他做切頭式、斬頭式的哲學史，所談的經學是漢代的經學，周易沒有説，尚書沒有説，春秋也沒有説，根本沒有經，他竟然還講起經來。胡適的哲學史更壞，完全是切頭式、斬頭式的中國哲學。……」見頁135。

〔註14〕以寫哲學史著稱的柯普斯登（Frederick Copleston），在其名著的《西洋哲學史》（*A History of Philosophy*）第一冊中，提到「如何研究哲學史」時曾經提出三點看法。（一）「任何哲學系統都應該還到它的歷史背景及思維脈絡去研究。……試以康德爲例，我們若想了解他在發展『先驗』理論的心態，當然應該就當時的歷史情況來看，像休謨的批判哲學、歐陸理性論的公然破產、數學的確定性以及牛頓的物理學」；（二）「若想研究哲學史而獲益匪淺，還需具備一種『同情的了解』，這點近乎心理學的途徑。當一個人研究哲學家時，最好能多認識該哲學家的人生歷程（當然，這不是對一切哲學家都可能辦到的），因爲那將使它更容易進入該哲學家的思想體系，從內部去了解它，並且掌握它的特殊風格及本質。……例如，一個有天主教信仰做背景的人，當然會把近代哲學的某些體系視爲異端邪説而不屑一顧，但是他如果能儘力（當然不是放棄自己的原則）從內部去看那些體系，自然就更能了解那些哲學家的思想了」；（三）「想要自行深入任一哲學家的系統，透澈了解作者的文字章句以及其中隱含的眞意，分別領悟各部細節與整個系統的關係，完全掌握學説的起源與精神……例如，一位研究柏拉圖哲學的專家，除了必須精通希臘的語文與歷史，還應該具備希臘的數學、宗教、科學等方面的知識。專家的確需要各種學術上的條件；但是他若想成爲一位眞正的哲學史家，最重要的是不要負荷過量的學術裝備及細節知識，以致無法深透各代哲學之精神，並且無法以自己的著作或演講，使它重新展現出來。學識固然不可少，但光是學識絕對不夠」。此見傅佩榮中譯，頁9～10。
誠然，中外先哲對於學術研究均有共同的見解，尤以「同情的了解」一點最爲顯著。值得一提的是，柯普斯登的觀點是就西方哲學發展的脈絡所歸納出來的見

嘗試衝決諸哲學史的設限，這將以《今文尚書》的哲學作一嘗試，以期能呈顯出古代中國哲學源頭之一的一個「體系」。

第二節 論題研究的形成

於抱持理性的同情式瞭解之後，再觀察諸哲學史於溯源上處理《尚書》的部分，大致有「原始宗教」、「政治思想」，以及「歷史唯物」解釋三大面向。以下即分別略述，並提出質疑之處以及後文將要論述的方向。

一、從原始宗教中所綻現的問題

綜觀諸哲學史，幾乎都談論到「原始宗教」這一面向。考究其因，或許人們心中早已認定，人類歷史必然是由蒙昧到開化、從野蠻到文明的一個「進步」過程，這或有爭議，但在諸哲學史的敘述中，我們不難發現這類想法的影子。〔註15〕然諸哲學史論述「原始宗教」的重點，均放置在從宗教哲學的角度出發，而逐漸的引出「人」的發現。持這種論調者，以馮友蘭和徐復觀為最典型的代表。〔註16〕他們說法的特色，在於均主張有個位格的「神」，且

解，這對於中國哲學史的研究而言，恐有必要再加以修正。修正之處乃在於哲學家與哲學的關係。西方哲學史的發展，依循著哲學家私人著作為主軸，這點是無庸置疑的；但面對中國哲學史的發展就顯得不清不楚了！譬如先秦諸子，今日所能見到的他們著作，可以說沒有一本是真真確確為他們的私人著述，這些作品往往是諸哲學家的弟子或是再傳弟子所記錄整理的，更有甚者乃是後代私淑弟子所追述而成的。其雖能代表某個哲學家的部分思想，但我們很難加以肯定書中的記載就是這個哲學家的整體思想。對於這點，馮友蘭在其《中國哲學史》中亦曾論及，見頁 44。因此，若將中國哲學史也定位於哲學家的私人著作這一論點上，我想是極有疑竇之處。對於此點，筆者將會於下節專門討論之。

〔註15〕譬如馮友蘭接受「歷史是進步的」的觀點（見《中國哲學史》，頁 22）；接受科學主義的胡適之對這個說法的表現就更為明顯了，其以粗淺的「進化論」觀點來解析先秦諸子，如談莊子，標題就明言「莊子時代的生物進化論」（見《中國古代哲學史》，第二冊，頁 109）。關於這點的批判，可見譚宇權，〈評論胡適著《中國古代哲學史》〉（上）一文，刊於《哲學與文化月刊》第廿二卷第七期，總號第二五四期，頁 614～618。侯外廬等則自限於馬克思的歷史觀，認為人類社會是從奴隸社會「進步」到資本主義社會，終將會「進步」到共產主義的社會，見《中國思想通史》第一卷，第一章；第四卷上冊，「第二、三、四卷序論補」。

〔註16〕見馮友蘭，《中國哲學史》，第三章；徐復觀，《中國人性論史‧先秦篇》，第二章至第三章。

其地位是至高無上的；〔註17〕但亦有意見相佐之處，如「天」與「上帝」是否為等同的概念，而這正是一個值得探究的論題。

依照馮友蘭的說法，「天」與「帝」「多指有人格的上帝」，認為「天」即「上帝」，是眾神中的領導者，也是平民所信仰的對象。〔註18〕馮友蘭引《尚書·湯誓》之文是：「有夏多罪，天命殛之。……予畏上帝，不敢不正。……致天之罰。」他認為說：「在不足一百五十字之演說辭中，言天至於三次」；〔註19〕依其所說的「言天至於三次」，即為引文中的「天命殛之」、「予畏上帝」、「致天之罰」中，所出現的「天」與「上帝」。按〈湯誓〉文意，「天命殛之」和「致天之罰」之因，乃是有夏「不行正道」之故（按：其指「桀有昏德」，《偽孔傳》說），所以商湯承受「天命」的目的，即在為民解倒懸之苦。然商湯又自言「予畏上帝，不敢不正」，職是之故，將「天」與「上帝」等同似乎頗為自然。而「命」必有「所命的對象」，因為一物數名在修辭上亦有其必要。由此觀之，「天」等同「上帝」似乎是理所當然、不當有疑才是。然則，此二者真的等同嗎？徐復觀就未做如此的肯定，因此馮氏之說恐有進一步探索的必要！

徐復觀雖反駁周人所認定之「上帝」是如傅斯年所說的「竟把殷人的祖宗也認識成自己的祖宗」，但在此同時，他似乎逃避了「天」是否為「上帝」的重要課題。〔註20〕試看他以《尚書·金縢》（記載周公祈求以身代將病世之武王的故事）說明「殷人的宗教生活，主要是受祖宗神的支配。他們與天、帝的關係，都是通過自己的祖宗作中介人。周人的情形，也正是如此」，〔註21〕此處說的合情合理，證據確足。他又以《尚書》的〈多士〉與〈多方〉二文來證明殷周之「帝」的使用意義並不相同，這亦是無可疑異。接著，他竟突然飛來天外一筆，說「『帝』與『天』常互用；然稱帝則表現此至高無上之神的人格性者特重；而天乃此一人格神所居住之世界」。〔註22〕觀後面二語，「帝」絕非「天」，可是他又說「『帝』與『天』常互用」，而「互用」者，當為「互相為用」，如此看來，豈不矛盾？再細看其語，於「天」、「帝」之外，似乎存在著一個至高無上的「神」，

〔註17〕 馮友蘭認為至高無上的「神」，即是「天」，亦是「上帝」，見《中國哲學史》，頁 55；徐復觀則未指明此「神」為何，見《中國人性論史·先秦篇》，頁 18。

〔註18〕 馮友蘭，《中國哲學史》，頁 55。

〔註19〕 同上，頁 54。

〔註20〕 見徐復觀，《中國人性論史·先秦篇》，頁 16～18。

〔註21〕 同上，頁 17。

〔註22〕 同上，頁 18。

因此有「只訴之於最高神的天命」、「投射於人格神的天命」諸語。〔註23〕如此可知，徐復觀對於「天」是否等同「帝」的問題，乃是採取「避而不談」的迴避方式。顯然的，在其論述中，我們無法知曉「這個神」究竟是什麼。

由以上二處觀之，正顯示出一大問題，那即是「天」究竟是甚麼？「天」與「上帝」的關係為何？「天命」於此中又扮演什麼位階意義？「帝」又是什麼意思？「上帝」與「帝」等同嗎？「天」與「上帝」難道真如徐復觀所言的，只是不知所以的「最高神」之不同面向的描述嗎？諸如此類的問題，正是本文所欲處理的第一部分。

二、由政治思想中所凸顯的議論

倘若我們暫時依循馮、徐二人的進路，從「原始宗教」而逐漸引出「人」的發現，那麼管理眾人之事的「政治」論題，便不可不觸及。

事實上，古人相信「天」是生命傳承的來源，名物數度的開示者，《詩經・大雅・烝民》一詩，即有「天生烝民，有物有則，民之秉彝，好是懿德」的素樸思想。故《尚書・洪範》記載「天乃錫禹洪範九疇，彝倫攸敘」諸語，當可推知因古人信「天」，而視「天乃錫禹」之事為理所當然。但我們可問，為何「天」僅授禹之「洪範九疇」的為政大法，而不授與他人（如鯀）？這則牽涉到《尚書》政治理念中，一個非常重要的概念──「天命」。

如果思及殷周鼎革鉅變後的不久，殷裔武庚即聯絡了管叔、蔡叔等周室貴族以及淮夷等民族，興起一場如火如荼的復國運動，迫使周公不得不親自東征。周公姬旦於出征的「檄文」中，義正嚴辭的責問：「惟大艱人，誕鄰胥伐于厥室，爾亦不知天命不易？」「天命不僭，卜陳惟若茲！」（《尚書・大誥》）「天命不易」（「天命」是不輕率變易的）與「天命不僭」（「天命」是不會有差錯的），正顯出到周公那個年代，依然相信「天」之所「命」為政權合理性的基源。換言之，倘若「天命」變革，政權也就難保了！可是，在〈西伯戡黎〉中，多行不義的商紂亦大言：「我生不有命在天？」是以時人對於「天命」對象之認定，似乎已變成為政治民之「謀事者」自我心中的主觀認定而已。因此，召公奭對周公說出了他心中的疑竇和憂懼，周公總結歸之曰：「天不可信，我道惟寧王德延，天不庸釋于文王受命。」（《尚書・君奭》）〔註24〕於是

〔註23〕同上，頁 24。

〔註24〕此處「天不可信」之「天」，當指「天命」並非永恆不變的。因為「天」不可

政權合理性的基礎，逐漸自崇高不可侵的「天命」，慢慢轉移到爲政治民之「謀事者」的行事（即「德」）之判定上，典型者如文王；〔註25〕如此一來，「天」就不會輕易轉移對如文王之行事的「謀事者」之「命」了！

由上面的證述看來，有二要點值得吾人注意，一是「天命」的崇高性隨著時序變遷而墜落；二是以「人」爲主的概念慢慢浮顯，遂有以後的諸子橫議，百家爭鳴之景況。因此，我們若把握「天命」位階的升降，便能清楚的掌握到《尚書》中的「政治思想」。由此再觀諸哲學史對《尚書》「政治思想」之論據，就不難看出這些說法是值得商榷了！而諸哲學史在論及《尚書》的「政治思想」時，不外乎有「民本思想」說、「敬德保民」論，或謂「天道觀」、或謂「天命神權」之議。後者以梁啟超與蕭萐父、李錦全爲例，中說則以任繼愈爲宗，前者所言則以勞思光爲代表。以下一一觀之。

1、民本思想說

「民本思想」是國人最常提及的觀點，筆者推測，其因乃在於所謂的「民主潮流」甚囂塵上之故。但在事實上，「民本思想」乃是後人對孟子的「民爲貴，社稷次之，君爲輕」（《孟子・盡心下》）之詮解。然孟子後面接著說：「是故得乎丘民而爲天子，得乎天子爲諸侯，得乎諸侯爲大夫，諸侯危社稷，則變置。犧牲既成，粢盛既絜，祭祀以時，然而旱乾水溢，則變置社稷。」注意這二個「變置」：一是指諸侯（國之主爲「君」），一是指社稷，而惟有「丘民」無得「變置」，《禮記・大學》即云：「有人此有土，有土此有財」，是以可知社稷乃因民而立。然而，倘若無民，即必然無天子之設，若無天子之設，亦必無諸侯國、大夫家的設制，因此「丘民」即爲社稷存亡與家國制度的基礎，所以孟子說「民爲貴」，其意應該是說「人民是重要的」。故孟子所言這整段的大意，當是在提醒身爲謀事者，其爲政治民當戰戰兢兢、恐懼謹慎，因此儘管牲肥稻實，祭祀亦合乎時序，可是若有水旱天災肆瘧百姓，國家亦可能不保，更不用說國君之位了！在這裏的確有「重民」之念，可是

測，而「天命」能知，能知者才有「信」與「不信」的問題存在，故此處之「天」當爲「天命」。

〔註25〕文王被奉爲典型，《詩經・周頌・清廟之什》中常有這類的描述。例如「於穆清廟，肅雝顯相，濟濟多士，秉文王之德，對越在天」（〈清廟〉）；「維天之命，於穆不已！於乎不顯，文王之德之純！假以溢我，我其收之，駿惠我文王，曾孫篤之」（〈維天之命〉）等。關於這點，傅佩榮即已指出，見《儒道天論發微》，頁 35～36。

孟子的陳述焦點應該是在勉勵身為一國之君的艱難，而平民百姓生活的好與壞，則是作為政權能否繼存或是變革的指標之一而已，因為孟子說過，「諸侯之寶三：土地、人民、政事」（同上），也就是說，除了「人民」是為政治民之謀事者所考慮的對象之外，還有如「土地」及「政事」的考量。而「土地」與「人民」的關係是相互依存的，但「政事」的好壞則純粹為謀事者的自省與自惕的能力是否俱足，若具有自省、自惕之能力，且有良好之「政事」，其必可得乎「丘民」之心而為「天子」，此亦正是〈大學〉中所言的「有德此有人」之意。所以，若將孟子的「民為貴，社稷次之，君為輕」，說成「人民是國家存亡的根基」，這是絕對正確的；但若以「以民為主」的觀點強說是孟子「民本」政治思想的內容，筆者私意覺得有些不妥！但今人勞思光等人，即引《孟子》此章以及〈萬章上〉所引的〈泰誓〉之文（「天視自我民視，天聽自我民聽」），把孟子的「政治思想」解為「民本思想」，遂連同《尚書》亦是。他們所持的理由，即是將「民為貴，社稷次之，君為輕」以及「天視自我民視，天聽自我民聽」諸語，解為「天意即由民意顯現」、「實以民心為天意之表現」、等。〔註26〕

　　勞思光等人的這種論點，若以梁啟超之言來說，則犯了「以歐美現代名物訓釋古書，甚或以歐美現代思想衡量古人」〔註27〕的「學術精神」之大忌！因為「民意」一語，乃指「人民之意志」，為現今西洋政治學之用語，所表現的方式是透過「選舉」而來。其次，〈泰誓〉之語，孟子用來強調的是舜受天子之位乃是「天與之」的觀念，絕不是「民意」展現力量請舜勝任天子之位，於《尚書》中的〈堯典〉，便說得非常清楚；觀乎〈泰誓〉這一段話的意義，我們或可借由〈皋陶謨〉中「天聰明，自我民聰明；天明畏，自我民明威」的一段話為佐證，而這二個問題的證明，留到本文第二部分予以論述。

　　勞思光又引《尚書・盤庚》一文來佐證他的「民本思想」說。他說：「盤庚之遷，恐人民不合作，故作以下之談話（按：即「嗚呼！古我前后，罔不惟民之承，保后胥慼，鮮以不浮天時」。此為勞思光之斷句）。其意謂，歷來為君者，無不敬重民意；而民亦與君同心以禦憂侮，故無不以人力克服自然

〔註26〕見勞思光，《新編中國哲學史》（一），頁88～89，頁177～180；蕭公權，《中國政治思想史》（上），頁89～90。
〔註27〕見梁啟超，《先秦政治思想史》，頁13。

困難者」。〔註28〕觀此言，前半較無疑異，然「其意謂……」起，則有斷章取義、無視上下文脈之嫌。蓋盤庚說「嗚呼……」諸語時，對象是那些怨恨不滿之臣民，而其語氣是命令式的，如「明聽朕言，無荒失朕命」。是故「古我前后，罔不惟民之承保，后胥慼，鮮以不浮天時」諸語，乃是為己遷都之計劃找一永恆的理由。原因何在？即「天命」在身；而這個「天命」的來源，便是由如湯受「天」之「命」等的祖先所傳承下來的。由是之故，筆者實看不出何來有勞思光所言的「無不敬重民意」的意思？除非是斷句上出了差遲。〔註29〕但觀文意，整篇〈盤庚〉一文，並未出現所謂的「民意」，而僅有一些臣民的抱怨與不滿，倘若這亦是所謂「民意」，則勞思光的解釋可通，但稍有常識者，當知人民的聲音不一定是合情合理的。故面對不滿的殷民之盤庚，認為臣民不懂他的苦心，且依勢著「天命」在身，勉同大家一起克服艱困，但他卻是以訓誡的口吻來陳說的。因此，《尚書》中有所謂的「以民為主」的「民本思想」說，可能就有待商榷了。

2、敬德保民觀

「敬德保民」的觀點，是任繼愈對《尚書》一書思想的總結。他認為「敬德保民」的意義有二面：一是使「被統治者安於被統治的地位」，而永遠保持「貴族的統治」；二是由於倫理的要求，因而運用「親親」與「尊尊」，以維繫「建築在血緣關係基礎上的世襲祿位制」，保持貴族內部的團結。〔註30〕

顯然的，任繼愈的觀點非常信服於馬克思，焦點一直放於「統治者」與「被統治者」的對立之上，因為筆者對此未曾涉略，故無法評其得失。不過，「親親」與「尊尊」之意，應當還包含「禮」的精神與形式，對於此點筆者將會作一嘗試性的論述。但以任繼愈所認為的「敬德保民」觀來論《尚書》，絕對是會產生奇異的結論。譬如其言：「『敬德保民』的基本精神就是要求統

〔註28〕見勞思光，《新編中國哲學史》（一），頁88。
〔註29〕這裏的斷句有二種說法：「古我前后，罔不惟民之承保，后胥慼，鮮以不浮天時」；「古我前后，罔不惟民之承，保后胥慼，鮮以不浮天時」。孫星衍引〈洛誥〉「承保乃文祖受節民」為例，故主前者斷句為是，其認為「承保，猶言容保民也」；今人于省吾、屈萬里均採此說。筆者唸上下文之意，亦認此說為是。然曾運乾絕句採後說，認為「惟民之承，惟民是順也」，而「保后之后，讀為右，聲之轉也」。其又取〈金縢〉之「敷右四民」之句，以「敷右即保右也」。見《尚書正讀》。然其改動經文過大，強言通順，不顧整篇文意，則顯可議，故不採。顯然的，勞思光乃採此說。
〔註30〕見任繼愈主編，《中國哲學史》第一冊，頁23～25。

治者吸取歷史的經驗教訓，善於維護奴隸制的種種典章制度，使奴隸和平民
等被統治者安於被統治的地位，永遠保持周奴隸主貴族的統治。」〔註31〕
這種說法著實令人訝異！雖然任氏以「敬德保民」來論《尙書》中爲政治民
的觀點，確確掌握了《尙書》政治理念中的要點，然依筆者對於《尙書》的
了解，「敬」與「德」是二個層次的概念，「敬」是主內心的至誠，「德」則
主外在的行爲，二者雖有關係，但並非一體；況且，「敬」的至誠精神後來
轉化成爲擁有具體形式的「禮」，而「德」則由純粹的外在行爲內化成爲人
心的自持與脩養，即我們今天所言的「德性」，可是任繼愈卻認爲這純粹是
一個概念！關於「敬」、「德」與「保民」的內在理路精神，亦是本文稍後所
欲處理的一個部分。

3、天道觀或天命神權論

最後的「天道觀」或「天命神權」之議，不難看出持這論調的人，是主
張所謂的「政教合一」說。持「天命神權」看法的，以蕭萐父、李錦全所編
之《中國哲學史》爲例；講「天道觀」者，則以梁啓超爲主。〔註32〕兩者之
說，亦有同調與異流。

兩者同調之處，在於均引用了《國語・楚語下》觀射父對楚昭王解《尙
書・呂刑》之「乃命重黎，絕地天通」的疑惑；而兩者亦都認爲這是「政教
合一」的社會，只是蕭、李用了「天命神權」這個新鮮詞，且二者均有最高
神的想法出現。可是，他們在解釋上則產生了異流。

蕭、李認爲這可能是「指一個部族在征服另一個部族時，強令被征服者
放棄自己的宗教」，以此說明夏、商、周的統治特點。其後則以卜辭中之「帝」，
說成是「天命神權」的付予「天命」者。梁啓超則以爲這兒凸顯了最高神的
觀念，即「天」，或是「上帝」，稱其爲「天治主義」。而後，隨著人智大開，
「天」逐漸轉爲抽象的概念，於是「所謂天者，已漸由宗教的意味變爲哲學
的意味」，「天」從信仰的對象，轉化成爲人類生活之「理法」，這即「天道」。
其列舉了《書經》與《詩經》中所有觀乎「天」與「帝」的條文，但並未分
析解釋，而後卻認爲其意涵是由「天治主義」轉爲「民本思想」。〔註33〕以上

〔註31〕同上，頁23。
〔註32〕見蕭萐父、李錦全主編，《中國哲學史》，頁31～34；梁啓超，《先秦政治思想
　　　　史》，頁19～22。
〔註33〕梁啓超，《先秦政治思想史》，頁27～32。

為二者之說的大要。

　　但依筆者看觀射父之語，其旨是要楚昭王明曉「絕地天通」之意是在「求其秩序」、「完好生活」；也就是說，明於「人神之分」，以顯人事之應為。〈呂刑〉中說道：「群后之逮在下，明明棐常，鰥寡無蓋」，乃在說明為國之君者，當積極治民，要時時視察誠輔，連鰥夫寡婦者亦然。因此，由觀射父與〈呂刑〉之旨綜合來看，明「人神之分」顯矣，且各有司職，故縱使至高神存在，這種「政教合一」的色彩應不致於太濃，所以講成「天命神權」則顯然過矣！又「天」與「帝」或「上帝」是否等同，「帝」與「上帝」是否同一，筆者已於前文提出疑義，況以甲骨卜辭說來解《尚書》，雖然可顯出一些事實，但二者終究不是一個系統，如此強解，不正顯示移花接木之巧詐乎？這是對蕭、李之說的一個駁議。其次，梁氏之說顯然存在著更多的臆測，如「天」是由宗教意味變成哲學意味，真正的因緣為何並未指出；同時，其所稱的天治主義轉為民本思想，其間理論的轉化關鍵亦未見其提及。故梁氏之說需作更多的補充與修正。

　　由以上的辯解，我們當可瞭解到解釋《尚書》的艱難。章學誠便認為「書無定體，故易失其體；亦惟書無定體，故託之者眾」，〔註34〕又認定「尚書無定法」，〔註35〕自此，我們或可稍解為何對《尚書》之解釋總是處於紛紜狀態的困擾。然而，我們不可因為對《尚書》之解釋的歧出而有所懼畏，反應昂首的撥亂反正，以顯《尚書》的真精神、真意義。但欲獲至此真精神與真意義，我們必得深入《尚書》本身的內在理路當中，方能入乎其內而出乎其外。而《尚書》的內在理路，依筆者之見，當以「天命」之變革作為主軸：在這主軸之上，論及「天」與「上帝」之意義；在這主軸之下，則言說受「天命」之「謀事者」，其應如何的為政治民以常保「天命」在身之理論。依此，《尚書》思想「體系」便能顯出一個部分，這個部分，即為本文所關注的焦點，其大要則於下一節中再述。

　　倘若我們不進入《尚書》的內在理路，而就《尚書》的表面文字直言其「政治思想」的話，便有極大的可能會發生筆者於此之前所凸顯出的異論。雖然筆者之說並非定論，但吾人相信筆者所提出的疑竇，已足以撼動諸前輩的若干論點了！因此，我們當以清晰明瞭的思維進入《尚書》的內在理路，重新審視《尚書》一書真正的素樸關懷。

〔註34〕見章學誠，《文史通義·書教中》。
〔註35〕同上，〈書教上〉。

三、對於歷史唯物解釋面向的保留

　　在哲學史上處理《尚書》的內容，除了「原始宗教」與「政治思想」解釋的兩面向之外，還有一種是在馬列主義觀點下的「歷史唯物」之解釋面向。對於此點，筆者實難作出評斷，蓋因吾人尚未知曉其理論眞正的理路爲何。然而，如果純粹站在學術探索的立場之心態來看，我們實無法肯定馬列思想是唯一的眞理，因此以「歷史唯物」之面向來對「中國哲學史」作唯一的解釋，便有商榷的必要；相反的，我們亦無法完全否定馬列思想中以「歷史唯物」之面向來解釋的「中國哲學史」，因爲這套思想，畢竟深深地影響了廣大的智識份子，〔註36〕由此亦可推知，其理路之中必含有部分的合理性，否則難以吸引智識份子關注的心靈。但是，在深信馬列的共黨於政治的高壓之下，此套思想成了唯一的標竿，同時強烈地斲喪了智識份子活潑潑的心靈，著名的馮友蘭即是最爲顯注的一個例子。

　　馮友蘭在其早年的《中國哲學史》中，認爲《尚書》所凸顯的「天」、「帝」或是「上帝」，是「中國一般平民之宗教的信仰」，〔註37〕但這種眞正由其心靈所認定的平淡敘述，在共黨政權的鉅大壓力下迫使他進行「修正」，而成爲「在這時期的宗教已經不是自然宗教而是反映奴隸社會的宗教」，「這樣的宗教迷信顯然是與統治的奴隸階級有利的」〔註38〕等說法，由此可知政治權力干涉學術自主精神的嚴重性。也因此，以馬列主義的「歷史唯物」所解釋的「中國哲學史」，在未能褪去所謂的「意識型態」之外衣下，個人覺得有必要保持緘默，暫時置之不理。

　　由以上對諸哲學史的探索，大致可知前輩們在哲學史中對於《尚書》的看法。若僅就學術的發展史而言，諸先輩們的確作了值得後人肯定的先導工夫；然而，我們亦不能忽視，他們對《尚書》本身的論據，極少作整體理論上的探索。可是，如果我們認爲《尚書》眞是中國哲學的源頭之一，我們實有必要進入《尚書》的內在理路之中，作一整體理論上的探索。這即是吾人的論題逐漸形成的因緣。

〔註36〕賀麟於《當代中國哲學》中即言：「辯證法唯物論盛行於九一八前後十年左右，當時有希望的青年幾乎都曾受此思潮的影響。」（頁58）

〔註37〕同註18。

〔註38〕見馮友蘭，《中國哲學史》，頁46～47；見馮友蘭，《中國哲學史新編》（1964）之「自序」。

第三節　論題結構的梗概與研究方式

一、論題結構的梗概

　　本文的方向即如上節所揭示的，以「天命變革」之概念為主軸，上論「天」與「上帝」之意義，下言「謀事者」應為之論理。主要內容分述如下：

1、天命變革的哲學意義

　　「天命」之變革，在《尚書》中的記載非常明顯，主要表現於政權轉移的形式之上。孟子曾言堯傳舜的天子之位，是「天與之」，而不是堯私相授受與舜的，故此「天」唯有解成「天命」方能明通。事實上，在〈堯典〉的記載裏所透顯的，確實是堯命令舜承繼帝位的「人與之」之意，然在〈皋陶謨〉中，若見皋陶對帝舜所言之語觀之，當應明瞭「達於上下，敬哉有土」的涵義，其旨在於指明明於「天」之意志與「人」之應為，是身為天子者所必然得知曉的，必然得實踐的。然「天」本身不可知，故其意志唯有透過各種形式之「天命」，顯示與人知曉。因此，筆者所欲處理的第一個論題是：「天」與「天命」的緊密關係與意義的分歧（見第二章第一節）。

　　其次，人們常以「天」即是「帝」，亦即為「上帝」，此實則來自卜辭研究之說。〔註39〕但若就《尚書》而言，以此解之，「天」與「帝」即為一個有位格的「人格神」；換言之，「天」為眾神之一。然則《尚書》中的「天」極為抽象，與擬人化之「帝」或「上帝」並不相類。而且，「帝」又常指居天子之位的人，如帝堯、帝舜等。因此，筆者以為有必要區分「天」、「帝」與「上帝」之間的關係。又只有明白「天」與「天命」、「天」與「帝」或「上帝」之區隔後，我們方能明白後人如董仲舒、宋明理學諸儒們等人所認定的，「天」（及宋明理學之「理」）是不變的，會變的則歸之於「命」或「天命」。其間的問題在於「天命」如何由「天」傳達到「人」，而「天命」的崇高性為何因時序變遷而江河日下等。此為本章所欲處理的第二個論題（見第二章第二節）。

　　最後，本章則欲處理受「天命」之「謀事者」的責任何在（見第二章第三節），以過度到人事之應為的面向。

〔註39〕譬如黎正甫之〈古文字上之天帝象義溯源〉（臺北：《大陸雜誌》，第三十一卷第二期，1965年）；胡厚宣之〈殷卜辭中的上帝與王帝〉（北京：《歷史研究》，第九～十期，1959年）等諸文即為顯證。

2、《尚書》政治哲學的內涵

　　人事之應為的面向，即是政治理念的探究。蓋「政治」一直是由少數人管理多數人，而且這「少數人」一直極力想維持其「管理」的永恒性，古人如此，今人亦然，但古今於「管理」的內容終究是不同的。

　　在《尚書》中，提及了「欽、明、文、思：安安」（〈堯典〉），「知人」、「安民」（〈皋陶謨〉），「洪範九疇」（〈洪範〉）等的為政綱領，因而「謀事者」便發展出「敬」、「德」與「保民」等的概念，內化於心靈並彰顯於行事之上。此為本章所要討論的第一個論題（見第三章第一節）。

　　其次，我們應當知曉，古代社會，尤其是上古社會（如夏、商、周），是個階級分明的年代。身為天子者，常會以受「天命」之勢訓誡下民，故應無今之所謂的「民意」觀。然在階級分明的年代中，至少於貴族的社會裏，人們所強調的是相互尊重，因而繁複的「禮」之形式與精神，由之誕生並完備，是以在「親親」與「尊尊」的理念下，一個新秩序的世界成立了，此即是我們所熟知的「封建社會」，而這新的秩序，絕非是侯外廬等依據馬克思所言的「奴隸社會」所可解釋。這是本章所要探索的第二個論題（見第三章第二節）。

　　本章的最後一點，筆者則欲指出，在《尚書》中為政治民之謀事者與一般平民大眾的「小人」之間究竟是何種關係？既然「民意等於天意」與「奴隸社會」等說法無法圓詮，那麼有何種論點可以用來滿全？這是本章所要處理的第三部分（見第三章第三節）。從而開顯出《尚書》中「人」的普遍性地位之涵義。

　　由是之故，從「天」、「天命」，「帝」與「上帝」之概念的辨別，凸顯以「天命」為論述之主軸，於是政權之興衰便有了憑藉。而人們對「天命」的看法，其上有「天」或「上帝」的信念，其下則有政權的保衛和戰鬥；後者構築了《尚書》中「政治哲學」的面向。故整部《尚書》是由「人」的角度出發，然後將某些事情的原因歸之於「天命」，最後以此為據而行治民之念，如此看來，不正成一「體系」乎？因此，縱然《今文尚書》諸篇的作者，最早僅及西周初年，〔註40〕然其「哲學系統」還是有早於孔子的部分，所以我

〔註40〕見陳夢家，《尚書通論》，頁 22，321～323。屈萬里則以為〈盤庚〉一文，可能為殷末之人述古所作，見《尚書釋義》，頁 71；《尚書今註今譯》，頁 51。郭沫若於〈古代研究的自我批判〉一文中，便認為〈盤庚〉是殷人之作，他說：「在這兒尚書盤庚三篇值得我們引用，以前我們把它們的價值評判過低，

們不應把「中國哲學史」的起點，自我設限在哲學家的思想表現在私人的著述中，此又爲另一明證。

二、論題研究的方式

不免俗套的，筆者也得談談論文寫作的「方法」。觀前人之作，常有「本文乃運用現象學的方法」、「從詮釋學的角度切入」等文字出現；或是獨創一法，稱之什麼之類的（此大概是受了勞思光獨創之「基源問題研究法」的影響），筆者深感疑惑。因爲對一個「方法」的瞭解，或是創新一個「方法」，恐怕在幾年之內難以成熟，那麼，怎麼可以一個不熟悉的概念去解釋所要論述的內容呢？況且，現今「方法」不也成爲一個專門的學問，稱爲「方法學」〔註41〕嗎？

筆者深深覺得運用「方法」的困難，故而放棄。然此處稱之「方式」，不稱「方法」，乃因《尚書》本身即有體例可循。孔穎達《尚書正義》注〈堯典〉時，便稱「檢其此體，爲例有十」，此即典、謨、貢、歌、誓、誥、訓、命、征、範。其解釋僅「名隨其事」一語帶過，故陳夢家認爲他「乃取《古文尚書》篇名末字，自不足據」，因而遂分《尚書》體例約有三大類：即「誥命」、「誓禱」、「敘事」是也。〔註42〕然而，陳夢家這個分法，是順著《尚書大傳》來的。《尚書大傳》曰：

六誓可以觀義，五誥可以觀仁，甫刑（按：即〈呂刑〉）可以觀誠，

洪範可以觀度，禹貢可以觀事，皋陶謨可以觀治，堯典可以觀美。

陳夢家的分法，只是將其縮爲三大部分，故大體可依。然恰巧的是，這個分法正可與筆者所欲探索的論題相合。即「誓禱」部分能找出「天命變革」的理由，「誥命」部分則能舉出「謀事者」依「天命」而行爲政治民之事例，「敘

現在可以承認是錯了。那三篇東西確實是殷代的文獻，但次序可是紊亂了。」見《十批判書》，頁 15。

〔註41〕 在鄭杭生所主編的《現代西方哲學的主要流派》一書中，介紹「現代西方哲學相對於傳統西方哲學的特點」時說道：「就哲學的對象來說，古希臘、羅馬哲學主要研究本體論問題，笛卡兒開始的近代哲學主要研究認識論問題，而現代西方哲學則主要研究方法論問題，即研究認識的方法，如科學的發現和邏輯，又研究表達的方法，這就把人們用以談論知識和信念（價值）的語言突出來了。」見頁 24。依此，所謂的「方法論」已成爲被研究的對象，而非予以運用的事項。筆者對於此「方法論」的探討與運用則存而不論！

〔註42〕 見陳夢家，《尚書通論》，頁 309～310。

事」部分則提供了前面二者時代背景的說明。這種湊巧，正也說明《尚書》本身必有內在的理路。

那麼，研究《尚書》，是否只依循著前人足跡即可？筆者認爲倒也不是一定非要如此不可，而是「眞正的方法，是與被研究對象不可分的」。〔註43〕因爲《尚書》既然是眾人的集合著作，又非同時之作，故諸篇之作者不太可能從同一角度論述，因此我們亦絕對無法以單一的「方法」圓解，此理甚明。況且，《尚書》之文，被稱作「佶屈聱牙」，〔註44〕爲最難讀之「經」，王國維便稱他所懂的也不過五成而已！〔註45〕由此可見，我們當先熟讀經文，明其旨意爲重。

而人們常引孟子所說的「盡信書，不如無書」(《孟子·盡心下》) 來解《尚書》內容可能不確。然而，孟子其下言：「吾於武成，取二、三策而已！」此因緣何在？即在於孟子心中認定武王伐紂，是「仁人無敵於天下」的平和，不可能會有「血之流杵」之景況。雖然我們未能見到〈武成〉原貌，但亦可知孟子對此事早有立場，因而對於《尚書》之「盡信書，不如無書」的評判，筆者覺得有必要保留。再者，「夫書者，人君辭誥之典，右史記言之策」(《尚書正義·序》)，既爲史官所記，當以「眞相」爲上，一如《春秋》記事，孔子依此事實而行筆伐，亂臣賊子因而懼怕 (見《孟子·滕文公上》)，直爲後世所稱頌一樣。筆者主觀的認爲，《尚書》亦是如此。

有了這層瞭解，即能明知熟讀經文，明其旨意之要。縱然無法直截唸懂經文，應求之歷代注解並思索推敲之，方能避開人云亦云之嫌。倘若仍有不悟，就僅能暫時存疑了！況且，古人說欲「通」一經，須費時三年，筆者想，此三年當是日日讀，夜夜唸，正是荀子所言的「學不可以已」(《荀子·勸學》) 的勉勵，亦是如韓愈所說的「業精於勤荒於嬉，行成於思毀於隨」(〈進學解〉) 的惕語，故有疑又何必急於一時求解呢？

筆者這種希冀，僅是依循先聖先賢治學之精神，秉持著荀子所言的駑馬精神，〔註46〕以熟讀經文爲經，明白旨意爲緯，此就是本文論題研究的「方式」。但願這種「方式」，不至淪於清人對宋學所言的「高談性命，束書不觀，

〔註43〕見徐復觀，〈研究中國思想史的方法與態度問題〉一文，收於《儒家政治思想與民主自由人權》中，頁36。

〔註44〕見韓愈，〈進學解〉，其言：「周誥殷盤，佶屈聱牙。」

〔註45〕王國維自謂：「詩書爲人人誦讀之書，然於六藝之中最難讀。以弟子之愚闇，於書所不能解者，殆十之五。」見《觀堂集林》卷二〈與友人論詩書中成語書一〉。

〔註46〕《荀子·勸學》：「駑馬十駕，功在不舍。」

空疏不學」之批判裏，亦或徐復觀筆下的「虛浮詐偽」、「急於擺出一套空架子」、「橫拼直湊地雜抄一頓」等〔註47〕的諷語之內，則是甚幸矣！

〔註47〕見徐復觀，《兩漢思想史》卷一──「周秦漢政治社會結構之研究」，附錄一，〈有關周初若干史實的問題〉一文。

第二章 由天命變革的意義論《尚書》中謀事者的自持

提　要

　　本章,筆者嘗試以「天命變革」之意義,作爲《尚書》裏謀事者之爲政治民憑藉的理由,希望以此凸顯出諸前輩在諸哲學史中對《尚書》處理的不足,並對此之不足部分作一補充式的整理工作。

　　首先,對於「天」概念的意義,筆者乃採諸說並陳的方式,以期顯現出「天」之原義的難解,然後再以《尚書》中所彰顯的「天」之權威來論證「天」在《尚書》中的意義。接續,因「天」乃是有意志的,而其所「命」之觀點,特別爲人們所關注,同時也因歷史事實的更迭,促使人們思索到「天命」亦會變革,於是產生「天命靡常」的無奈與恐懼,也因此,「人事之應爲」的自覺,竟如柳暗花明般的誕生,並因而新生了「配天」和「天」是「爲民求主」的二種新思維。觀乎此類的探討,請見本章第一節:「天的不可知與其所彰顯的權威」。

　　其次,因爲時人均將「天」等同「帝」或「上帝」,依《尚書》所載觀之,「天」與「上帝」似乎是兩個不同的系統,不過周人似有將二者混用之勢。然此涉及深度的古史資料之考證與辨別,筆者暫且不想介入。但從《尚書》中,筆者整理了「帝」之意義與其意義的轉化,提出了殷人爲何「配帝」的觀點;接著,提出《尚書》中所出現的「上帝」,的確顯現出是一個「至上神」,但「上帝」並無「天」之全能的能力,其間最大的差異,即在於「上帝」無法決定政權興衰的轉移,雖然周人有將「天」、「帝」與「上帝」混同之趨勢,但大體上提及「上帝」均是對殷商之遺民來訓說的,而他們的信念依舊保持

在「天」，並以「天命」能否承繼爲依歸。諸此疑問，請見本章第二節：「上帝、帝與天之異同的區判及其影響」。

最後，筆者欲由「天命」過渡到「人事之應爲」的探求，意即「天」、「人」之間的落差就是以爲政治民之謀事者來銜接。蓋依《尚書》之意，謀事者上承「天命」，下作「人事之應爲」，因此提出「承受天命之謀事者的自持」予以探究，此則作爲本章第三節，以銜接下一章節對《尚書》政治哲學的討論。

第一節　天的不可知與其所彰顯的權威

「天」的原義，似乎已難察考！

許慎《說文》云：「天，顛也。」段玉裁注，言此爲六書中之「轉借」，所以說「顛者，人之頂也。以爲凡高之稱始者」，因而引申出「臣於君，子於父，妻於夫，民於食，皆曰天是也」的說法（見《說文解字注》，第一篇上‧一左～二右）；換言之，這種說法是指人的外形，而且是在強調人的頭顛是整個外形中最爲凸出的一個字象，故其原義當是顯明而淺白的，但因其意轉移到所指陳的其他事物之上，遂使原義隨之成了隱而不顯。且因由「天」字轉爲「顛」字，義不可回溯，故段玉裁稱「天、顛，不可倒言之」。所以，我們僅能由「天」字來思索「顛」字之義，而不可從「顛」字反溯求取「天」字之義。

如此說法，因近代殷商卜辭的研究與西周金文的探索，從這所得的豐碩成果中，似乎得到了明證。而持此說者，又都是名重天下的學儒。譬如王國維說：

> 案說文：天，顛也。易睽六三：其人天且劓。馬融亦釋天爲鑿顛之刑。是天本謂人顛頂，故象人形。［註1］

郭沫若則更進一步申述說：

> 天者顛也，在卜辭……在周初的金文……都是畫一個人形，特別顯示著有巨大的頭腦，那頭腦便是顛，便是天。顛字是後起的，因爲頭腦在人體的最高處，故凡高處都稱之爲天，樹頭稱顛，山頭稱顛，……天字在初本沒有什麼神祕的意思，連後人所說的「從一大」，都是臆說。［註2］

〔註1〕見王國維，《觀堂集林》卷六，「釋天」條。
〔註2〕見郭沫若，〈先秦天道觀之進展〉，收於《青銅時代》，頁4～5。

依王、郭二人的說法，「天」是象人形的，其本義是指頭腦的凸出，所以其意義是簡單明瞭的。但這簡單明瞭的意義，在用來轉成別的指涉時，久而久之，意思便日漸複雜而抽象，遂連帶使原來簡單且明瞭的意義便予以忘卻！陳夢家即言：「卜辭的『天』沒有作『上天』之義的。」〔註 3〕由此可見「天」字的本義，可能是非常素樸而非抽象的。

　　然而，許慎在「天，顛也」之後，又接著說「至高無上，從一大」諸語。倘若依照王國維、郭沫若、陳夢家的說法，此「至高無上」的意涵，當亦是後人引申而發展出來的，因為「至高無上」有絕對、超越諸意的蘊涵，是抽象而非素樸的。再者，「從一大」，按許慎的六書，當為「會意」，故所謂的「比類合誼」所產生的意思，應是後起之義，此殆無疑才是（見《說文解字・敘》）。

　　但黎正甫不採上述的說法，他認為「文字起源，象形字當先于會意字，但不可說初期文字都是圖形。在甲骨文中，天與大確是混而不分」。他舉《尚書・君奭》的「天邑商」，卜辭多作「大邑商」為例，又引章太炎用《說文》的「王，天下所歸往也」、「皇，大也。……始王者三皇，大君也」（見《說文解字注》，第一篇上・十八右及左）等，來論「天」在上古的殷周時代，其意是通於「大」的。〔註 4〕由是觀之，「天」之「至高無上」的抽象意涵，似乎又是本來即有的。

　　可惜筆者不懂甲骨卜辭與鐘鼎銘文，故無法判別孰是孰非，因而說「天」的原義，似乎已難察考了！然而，若就《今文尚書》觀之，「天」的「至高無上」之抽象意涵，卻是頗為顯明，且此意涵已有了專屬的神秘性質與不可侵犯性的權威。所以，這和郭沫若等主張「凡高處都稱之為天」的素樸看法，可能有所不合，因為「天」的意義已經特別地被凸顯出來，而不是郭氏等所認為的簡單明瞭之概念。以下的篇幅，即是針對《今文尚書》之「天」所作的探討。

一、天的至高無上性格與權威

　　「天」，在《今文尚書》中的「地位」特別崇高；像居天下共主之位的堯、舜、禹，命官作事均得以「天」之「意志」為依歸，〈虞夏書〉部分便提供我

〔註 3〕　見陳夢家，《殷墟卜辭綜述》，頁 581。
〔註 4〕　見黎正甫，〈古文字上之天帝象義溯源〉，臺北：《大陸雜誌》（第三十一卷第二期，1965 年），頁 17～19。

們這一類的證據。

> （帝堯）乃命羲和，欽若昊天，厤象日月星辰，敬授民時。〔註5〕（〈堯典〉）

> 帝（舜）曰：咨！汝二十有二人，欽哉！惟時亮天功。三載考績，三考黜陟幽明。（同上）

> （皋陶曰）……無教逸欲有邦，兢兢業業，一日二日萬幾。無曠庶官，天工，人其代之。天敘有典，勑我五典五惇哉！天秩有禮，自我五禮有庸哉！同寅協恭和衷哉！天命有德，五服五章哉！天討有罪，五刑五用哉！政事懋哉！懋哉！天聰明，自我民聰明；天明畏，自我民明威。達於上下，敬哉有土！（〈皋陶謨〉）

> 帝（舜）庸作歌曰：敕天之命，惟時惟幾。（同上）

> 王（啓）曰：……有扈氏威侮五行，怠棄三正，天用勦絕其命。今予惟恭行天之罰。（〈甘誓〉）

由「欽若昊天」、「惟時亮天功」、「天工，人其代之」和「今予惟恭行天之罰」這四句話中，我們可知「昊天」、「天功」、「天工」與「恭行天之罰」是人們作事應當努力達到的「標準」。「昊天」解爲昊然廣大貌，〔註6〕「天功」即「天工」，謂人之事也，〔註7〕「恭行天之罰」則謂誠愼恐懼的實踐「天」所降下之

〔註5〕「敬授民時」，今本《十三經注疏》之《尚書正義》作「敬授人時」。按：阮元校勘，「民」爲本文，「人」爲後竄。屈萬里說：「作人時者，蓋唐天寶三載衛包所改。」見《尚書釋義》，頁25。「民」與「人」是否有別，請見本文第三章第三節的探討。

〔註6〕「欽若昊天」之「昊天」，《爾雅・釋天》云：「穹蒼，天也。春爲蒼天，夏爲昊天，秋爲旻天，冬爲上天：四時。」邢昺疏言：「此釋四時之天名也。」「云夏爲昊天者，詩雨無正云：浩浩昊天。故此釋之。昊者，元氣博大之貌。郭（樸）云：言氣皓旰者。皓旰，日光出之貌也。言畏日光明皓旰，因名之昊天。」然《古文尚書》與《毛詩傳》均指「春曰昊天」，是以邢昺又說：「謹案尚書堯典，羲和以昊天摠敕四時，故知昊天不獨春也。」不過，終究不離形容四時變化之貌。但〈堯典〉之意乃言爲人處事之態度，所以曾運乾說：「欽若昊天者，言當順天以求合，不當爲合以求驗天也。」見《尚書正讀》，頁4。

〔註7〕「惟時亮天功」，孔安國云：「天下之功，成之（按：疏刻「王」，依阮元訂之）在於汝，可得不敬哉！」蔡沈《書經集傳》云：「使之各敬其職，以相天事也。」孫星衍之《尚書今古文注疏》引司馬遷及《爾雅・釋詁》言「亮作相，功作事。」周秉鈞言：「希望善領導大事也。」（見《尚書易解》，頁26）屈萬里則說：「要時時率導著（來作這）天意注定的事業。」（見《尚書今註今譯》，頁19）以上諸說，意無鉅異，但筆者私以屈說爲最，因其凸顯出「天意」與「人

「意志」；換言之，這是就人（此處之「人」，當是為政治民的謀事者）面對「天」時應有的兢兢戰戰之態度。而「天敘有典」、「天秩有禮」、「天命有德」、「天討有罪」、「天聰明」、「天明畏」、「天用勦絕其命」等，則從各個角度描述「天」的「意志」，將「天」的「至高無上」性予以表現出來。這裏的「天」之「意志」，表現出「天」希望人世有倫敘的常法，〔註8〕有品秩的規矩；〔註9〕同時，「天」展現了主體式的支配權，所以「天」能命令有德者為為政治民之謀事者，並且討伐不順「天」之「意志」的謀事者，〔註10〕因此，「天」的視聽是靈敏的，「天」的賞罰是分明的。〔註11〕而「人」依「天」的「意志」所建構的社會，則是有倫理、有秩序、有禮儀、有法度的，因此，為政治民的謀事者，當明「天」的視聽是靈敏的，「天」的賞罰是分明的。〔註12〕是以界於「天」、「人」（泛指所

事」的關係。曾運乾直截注釋說：「天功，人事也。」（《尚書正讀》，頁28）而「天工，人其代之」之「天工」，即指「天」之所欲成就之世間，即「天命之事也」（《尚書易解》，頁32），因此「工」通「功」也（見孫星衍，《尚書今古文注疏》卷二；屈萬里，《尚書今註今譯》，頁23；或《尚書釋義》，頁27），故「天工」即「天功」。曾運乾綜合《偽孔傳》、《尚書正義》以及《書經集傳》之說，言「天生民而立之君，使司牧之，故事曰天工。人其代之者，天不自下治之，使人代治之。故人居其官，不可曠厥職也，言安民之為要。」（見《尚書正讀》，頁34）此說透澈顯白，至為當理。

〔註8〕　「天」有倫敘的常法，乃言「天敘有典」。按：孫星衍《尚書今古文注疏》引馬融說，「有」作「五」。孔安國則依《偽孔傳》言「天次敘人倫，使有常性」；蔡沈《書經集傳》云：「敘者，君臣父子兄弟夫婦朋友之倫敘也。」後人均依此說，蓋因下文有言「敕我五典五惇哉」諸語。然此可能是起於漢人之說，如《白虎通・性情》云：「五常者何？謂仁義禮智信也。」

〔註9〕　「天」有品秩的規矩，乃言「天秩有禮」。孔安國《尚書正義》言：「天又次敘爵命，使有禮法。」蔡沈《書經集傳》云：「秩者，尊卑貴賤等級隆殺之品秩也。」後人亦均承此說，因下文有「自我五禮有庸哉」諸語。
按：《說文》，「秩」解為「爵之次弟也」，此或依鄭康成之說。其言「五禮：天子也，諸侯也，卿大夫也，士也，庶民也。」見《尚書正義》或《尚書今古文注疏》。

〔註10〕　「天」能命令有德者為從政治民之謀事者，並且討伐不順「天」之「意志」者，此乃言「天命有德」與「天討有罪」二語。

〔註11〕　此處是指「天聰明」、「天明畏」二句，意思乃在指出「天」所彰顯的「意志」之描述判斷的用語，此是用來總結「天工」、「天敘有典」、「天秩有禮」、「天命有德」、「天討有罪」等對「天」的側寫，並加上一個價值性的判定。

〔註12〕　「人」依「天」的「意志」所建構的社會，即「天工，人其代之」，而有「五典五惇」、「五禮有庸」、「五服五章」、「五刑五用」等之名物度數。故為政治民的謀事者，當明「天」的視聽是靈敏的，「天」的賞罰是分明的，此方是「天聰明，自我民聰明；天明畏，自我民明威」之意。是以此乃為政治民之謀事

有的人）之間的人世之謀事者，乃是「天」所特別選擇的，因其為政治民均依照公理正義的「天」之「意志」，而不以一己之「私意」假借為「天」之公理正義顯現之，所以說「達于上下，敬哉有土」、「敕天之命，惟時惟幾」。〔註13〕

由以上的探索，我們可指出在《今文尚書》中「天」的二重意義：

第一，人們心中認定有個主持公理正義的「天」，因為所有的名物制度所欲表顯的恬和、秩序與美善，皆來自於「天」之「意志」。

第二，我們僅僅知道「天」代表的是「至高無上」的，是公理正義的化身，但卻無法知曉「天」本身究竟是什麼。

由此推之，「天」是人世價值信念憑藉的「處所」，人們實踐「天」之「意志」，除了藉「天」之所「命」的認定之外，似乎已沒有其他的理由。倘若謀事者不戰戰兢兢，恪盡「天」的真正「意志」，則往往容易使天下淪落專制獨斷、假公濟私的無道世界。因此，「天命」意義的流變就值得我們加以關注了。

二、關注天命焦點的轉化

上面所述的「天」之二重意義，在〈商書〉中以更為顯明的方式表現出來；同時，在這表顯中，逐漸地凸顯出人們所關注「天命」的焦點，由對「天」為公理正義之化身的認定，轉變成為政治民之謀事者「口言承天之命」，而此，實則乃是因為「天命」嚴肅性的隕落而促使謀事者自覺到為政治民應有的作為。譬如商湯言：「非台小子敢行稱亂，有夏多罪，天命殛之。……爾尚輔予一人，致天之罰。……爾不從誓言，予則孥戮汝，罔有攸赦。」（〈湯誓〉）此處，顯示了「天」主持公理正義的至高無上性，但「天」之本身無從知曉；同時，商湯藉「天」之「命」發動討伐夏桀的戰爭，並以此作為要求人民配合的依據，倘若人民不合作，商湯則要行殺戮之罰，而不寬貸。此或為恐嚇威脅大眾之語，但我們據此推測，身為受「天命」之謀事者，其權威是很大

者的自勉之語，而非「民意」即「天意」之說。

〔註13〕「達於上下，敬哉有土」，意指「天」是至高無上的，其對人間的期待，乃是一個公理正義的社會，故謀事者當通達「天」之「意志」與人們應踐履的方向，兢兢戰戰的從事，如此方能保有天下國家。故孫星衍說：「上謂天，下謂民，言視聽賞罰不可欺天。有土，即謂上有邦者，重言以為戒。」（見《尚書今古文注疏》卷二）而「敕天之命，惟時惟幾」，是舜與眾大臣的共勉之語，意為大處著眼（「敕天之命」），小處著手（「惟時惟幾」）的兢戰態度。鄭康成認為這是用來「戒臣」（見《尚書正義》），筆者則認為是君臣共勉之語。

的。從夏啓伐有扈戰於甘之野的誓辭裏（如〈甘誓〉說：「用命，賞于祖；弗用命，戮于社，予則孥戮汝。」），我們就能發現這層意義。

商湯伐夏桀，被後人視爲「弔民伐罪」之功。〔註14〕自此之後，直到周平王東遷，凡勸誘民行、誓師伐逆、謀事者的作爲、禮儀卜筮等，無不藉「天」之「命」行人事之實。盤庚遷都於殷，阻力甚鉅，他訓誡人民說：「予迓續乃命于天，予豈汝威？用奉畜汝眾。」（〈盤庚〉）認爲他所迎接的「命」是來自於「天」之「意志」，其意並不是用此來威脅眾人，反而是要爲人民大眾求取新的生機。殷高宗武丁之子祖庚祭祀武丁時，有雊雉飛鼎之異，〔註15〕大臣祖己以「典祀無豐于昵」諫之。他說：

> 惟先格王，正厥事。乃訓於王曰：惟天監下民，典厥義。降年有永
> 有不永，非天夭民，民中絕命。民有不若德，不聽罪，天既孚命正
> 厥德，乃曰其如台？嗚呼！王司敬民，罔非天胤，典祀無豐于昵！
> （〈高宗肜日〉）

〔註14〕《史記·殷本紀》云：「當夏桀爲虐，政荒淫，而諸侯昆吾氏爲亂，湯乃興師，率諸侯，伊尹從湯。湯自把鉞以伐昆吾，遂伐桀。」然此以臣伐君，下反上，當爲亂逆。但《左傳·宣公三年》有言「桀有昏德，鼎遷于商，載祀六百；商紂暴虐，鼎遷于周，德之休」諸語，孔穎達依此而言：「桀有昏德，宣三年左傳文。以有昏德，天命誅之。今乃順天行誅，非復臣伐君也。」（見《尚書正義》卷八）而桀之昏德，如〈湯誓〉所言：「夏王率遏眾力，率割夏邑，有眾率怠弗協。」韓非說：「桀紂爲高臺深池以盡民力，爲炮烙以傷民性。」（《韓非子·難勢》）故孟子云：「誅其君而弔其民，若時雨降，民大悅。」（《孟子·梁惠王下》），由是而稱商湯伐夏桀這事爲「弔民伐罪」矣！

〔註15〕「雊雉」當爲「鳴雉」之誤，此據金文及《論衡·指端》引《尚書大傳》說，見于省吾，《（雙劍誃）尚書新證》卷一，頁83，然今《尚書大傳輯校》未見。但《說文》解「雊雉，雉鳴也」（見《說文解字注》，第四篇上·三十六右）。因此，若原文眞有所誤，當亦無礙於文意。

我們一般言〈高宗肜日〉之主旨，均稱是殷高宗祭成湯有過，大臣祖己訓誡殷武丁之文。然周秉鈞與屈萬里二人駁之。周秉鈞言：「祖庚又祭高宗之廟，有鳴雉生鼎之異。」（《尚書易解》，頁111）認爲主角是武丁之子祖庚，而非武丁本人。屈萬里則以研究甲骨文關於「肜」之說，認爲「肜日上之人民，乃被祭之祖先，而非主祭之人。以此之例，高宗肜日，乃後人之祭武丁，而非武丁之祭成湯也。又武丁之稱高宗，疑至早亦不前于殷代末葉；而祖己之稱，則確知當在其孫輩以後。」（見《尚書釋義》，頁83～84）然史遷則以此篇爲武丁時事，而於祖庚時祖己所作，見《史記·殷本紀》，屈萬里亦駁之（見《尚書正義》，同上）。但周、區之說，均於王國維之後。王國維提出三種論據，認爲此篇乃祖庚祭祀高宗之廟而作，見《觀堂集林》卷一，「高宗肜日說」條。

於此，顯然有濃厚的宗教祭祀之意涵，但其祭祀的真正內容似已難覓。〔註16〕假若僅依〈高宗肜日〉一文觀之，殷王祖庚之「過」，當是在祭祀武丁時過於豐厚，而未能注意儀式該有的法度。這種過失，在上古時期的殷商來說，是一件了不起的越軌大事。〔註17〕因此，祖己即藉雊雉之異諫之，指出「天」的權威（如「惟天監下民」）和「天」之期盼是秩序的〔「（惟天）典厥義」〕話來，並以此彰顯出「天命」的絕對性。但是，「天」之「命」對受之者而言，時間有長有短，而祖己認為，這絕不是「天」之「意志」輕率的浮動，而是「受命者」未能承「天」之意所致；但如果「受命者」能好好的承「天」之意，使人民大眾均能「典厥義」（循公理正義而行），如此祈「天」，方能求得永「命」；就算不祈「命」於「天」，「天」也會繼續的降「命」於汝之世孫，故言「王司敬民，罔非天胤」。

相似之語，我們在〈西伯戡黎〉中亦可復見。然此，則是純粹的就謀事者的行為好壞來判定「天命」能否持續。故當周文王殲滅殷紂國畿內所封之黎侯國，形成姬周「三分天下有其二」的事實時，〔註18〕大臣祖伊恐慌的縋

〔註16〕 此宗教祭祀之內容，按眾人皆依今之〈書序〉所說：「高宗祭成湯，有飛雉升鼎耳而雊。祖己訓諸王，作高宗肜日。」依此，我們僅能知曉：在高宗祭祀成湯時，有飛鼎雉雊之異象，祖己藉機而諫而已。但〈高宗肜日〉一文，明言祭者之罪在于典禮「豐于昵」，因此，若按文意觀之，所謂異象乃為幌子（且《尚書大傳》所言之異象為「桑穀俱生于朝，七日而大拱。……祖己曰：桑穀，野艸也。」注云：「劉向以為艸妖。」異象則不同），故祭祀越禮之不當才是人們關注的事實。然此祭之禮，是祭殷之歷代祖先，規矩為何，儀度怎設，均已無從考實了！不過，《爾雅‧釋天》有云：「繹，又祭也。周曰繹，商曰肜，夏曰腹胙，祭名。」《公羊傳》與《穀梁傳》，於「宣公八年」，均記載了「繹者何？祭之明日也」之語，並引何休注說：「祭必有尸者，節神也。禮，天子以卿為尸，諸侯以大夫為尸，卿大夫以下以孫為尸。夏立尸，殷坐尸，周旅酬六尸。」因此，我們絕對可以肯定〈高宗肜日〉是一篇有關祭祀越軌之文，但因儀度尚未能究明，所以筆者僅能說此文顯然有濃厚的宗教祭祀之意涵，但其真正內容似已難覓了。
今人楊樹達則言：「考甲文祀典，凡直系祖先為大示，非直系者為小示；牲品大示用牛，小示用羊；直系先公先王之妣有特祀，而非直系者則無之。禮節豐殺，顯然差別。此事在今觀之，未為大失，而祖己則謂先王同是天子，不應特異于近親，故有此言矣。」（見《積微居讀書記‧尚書說》，頁18）語較平時親近，可茲參考。但事實是否如此，仍需佐證。

〔註17〕 《左傳‧成公十三年》云：「國之大事，在祀與戎。」傅斯年認為，這恰好指出了甲骨文的內容，見《性命古訓辨正》（收於《傅斯年全集》卷二，頁326）；又《國語‧魯語上》亦云：「夫祀，國之大節也；而節，政之所成也，故慎制祀以為國典。」可知祭祀之事是嚴謹而慎重的。

〔註18〕 此語乃出自《論語‧泰伯》。孔子說：「三分天下有其二，以服事殷。周之德，

諫商紂說：

> 天子，天既訖我殷命，格人元龜，罔敢知吉。非先王不相我後人，
> 惟王淫戲用自絕，故天棄我，不有康食。不虞天性，不迪率典。今
> 我民罔弗欲喪，曰：天曷不降威？大命不摯，今王其如台？

祖伊之言，認爲「天」保佑殷國的期盼已然喪去，箇中因緣，乃是「受命者」
的商紂多行不義之故。譬如商紂淫游戲謔，不察「天」之眞意，不教眾民導
引其遵守法度等等，均是商紂自己背棄「天命」，而不是殷商的先人不庇佑其
後人，所以，「天」不得不放棄了殷人。但人民不想如此的喪亡，因而詢問「天」
爲何不顯現他的威力？祖伊如此陳述後，沮喪的問紂王：「天命」已經不再了，
現在大王怎奈何？但帝辛卻說：「我生不有命在天？[註19]」我們無法明確辨
別，資才敏速的商紂，[註20] 說出這樣的話，究竟是他的自負抑或是只是他
的無知？在父師與微子啓[註21] 的反省對話中，父師語重心長的表示：

> 天毒降災荒殷邦，方興酗于酒，乃罔畏畏，咈其耇長，舊有位人。
> 今殷民乃攘竊神祇之犧牷牲，用以容，將無食災。降監殷民，用乂；
> 讎斂，召敵讎不怠。罪合于一，多瘠罔詔。（〈微子〉）

瘋狂的酗酒使人們忘卻了「天命」有何可畏，偷盜祭品令人們不知祭祀之精神
爲何物，嚴刑酷罰、橫征暴斂的謀事方法，終於造成人民心懷仇怨，最後不得
不被迫選擇流亡之苦，而帶著滿腔憤懣但無處投訴的無奈！這種種爲政不當、
治民不導所造成的毒害，父師認爲這是「天」要亡滅殷商而降下的災難。因此，
由祖伊和父師之言觀之，商紂似爲無知，竟能不在乎西伯的迅速崛起，不在乎

其可謂至德也矣！」按：「三分天下有其二」或與《逸周書・程典》的記載有
　　　　關。〈程典〉謂：「文王合六州之侯，奉勤于商。」相傳當時天下共分九州（如
　　　　〈禹貢〉所云），文王得六州，是爲「三分天下有其二」。杜正勝以爲：「孔子
　　　　盛贊文王『三分天下有其二』（論語泰伯），只能就文德言，不可落實看。」
　　　　見〈尚書中的周公〉一文，收於《周代城邦》，頁 167。

〔註19〕　《史記・殷本紀》作「我生不有命在天乎？」多了個「乎」字，然並不影響
　　　　文意。

〔註20〕　《史記・殷本紀》云：「帝紂資辨捷疾，聞見甚敏，材力過人，手格猛獸……。」

〔註21〕　〈微子〉篇中，乃微子啓與「父師」、「少師」之談話，然僅父師有回言。微
　　　　子啓乃商紂之庶兄，此《史記》等皆有明言，並無疑義。然「父師」與「少
　　　　師」所指爲何，卻無明說。有言是樂官之名者（見《史記・殷本紀》／且以
　　　　「父師」作「太師」），或言指箕子和比干（見皇侃《論語疏》引鄭玄語），或
　　　　謂之伯夷與叔齊（見《竹書紀年》），眾說紛紜，故暫存之。周秉鈞說：「父師、
　　　　少師均官名，其人今不可實指矣。」（見《尚書正讀》，頁 119）其說或爲最當。

王公大臣的殷殷勸諫，而猶自斷言「天命」是從他出生就一直存留在他的身上。自此說來，豈不令人錯謬？是以思索殷商的建國與覆亡，我們發現，當時的人們依然相信有個公理正義的「天」存在，然而，「天」之「命」的權威，則會根據謀事者的為政治民之行為事實而有所變易；換言之，「天」不是繼續顯出災異示警的話，就是另尋新的人間代言人而「改朝換代」了。

這種變易的發覺，不但形成了「受命者」的責任與義務，也因而促令人們關注「天命」的角度，由單純的對「天」之「意志」的認定，移轉到「天命」之所以變革的理由之上。人們自覺到：唯有「自助」，方能祈求「天助」。

武丁時的祖己，紂辛時的祖伊、微子啓和父師等，均已產生了這種看法。而關於這層對「天命」之關注的轉化，在「文武之道」的創進過程中，才逐漸的明白而透顯。

三、天命變革下人事之應為的自覺

由前面二段的論述，我們不難看出，在周之前的人們，認定「天」是具有至高無上的性格與權威，但於商人的建國過程中，我們從〈湯誓〉裏的記載，可首次發現「天命」是會轉變的；由〈高宗肜日〉、〈西伯戡黎〉與〈微子〉之中的記錄來看，人們認定「天」能主持公理，維護正義，袪除無道之君以解眾民之倒懸等的權威，依然強烈。

可是，從西方迅速崛起的周人，面對商紂無道，民心向背時，竟發出了「天命靡常」的憂患感傷，似乎已開始詢問「天」是什麼。《詩經·大雅·文王》：

> 穆穆文王，於緝熙敬止，假哉！天命有商孫子。商之孫子，其麗不億，上帝既命，侯于周服。侯服于周，天命靡常。殷士膚敏，祼將于京。厥作祼將，常服黼冔，王之藎臣，無念爾祖。無念爾祖，聿脩厥德，永言配命，自求多福。殷之未喪師，克配上帝，宜鑒于殷，駿命不易。命之不易，無遏爾躬，宣昭義問，有虞殷自天。上天之載，無聲無臭。儀刑文王，萬邦作孚！

此詩固然是用來稱頌周文王的為政治民之道，並以此作為為政治民之謀事者的自勉之語。但在詩意之中，人們已將文王的作為視成典範。由「上天之載，無聲無臭」觀之，我們無從得知「天」之自身究竟為何，可是由殷商的建立與覆亡亦皆是來自於「天命」來看，便有一條可探索的路徑，即是對「天」

之「意志」的權威性與正義性的認定（對此上文已然提及）；但依詩人之意，「儀刑文王」卻能達到「萬邦作孚」的功業，可保「天命」於不墜，遂言「永言配命，自求多福」。而此「自求多福」的自覺，即來自於眾多殷人「侯服于周」的歷史事實，因而產生「天命靡常」的憂患傷懷。一個強大的殷商，因為失道而失國；一個圖治的文王，卻成為萬民感懷的典型。所以周人在滅殷之後，不斷強調「無念爾祖」，無時無刻不在思念先人的行為，而以「聿脩厥德」作為姬周之謀事者的耳提面命。因此，在「天命靡常」思想的開展中，消極面產生了對「天」的不可知之恐懼，與對「天命」轉換的無奈；積極面則開創出人事之應為的自覺，使憂患傷懷的幽黯意識轉化成為永保「天命」的內在動力。由此可知，殷商的覆亡對周人產生鉅大的疑慮與反思。〔註22〕

　　武王舉兵滅殷，牧野一役，「商師大崩」，〔註23〕「血之流杵」，〔註24〕可知戰況慘烈。武王雖言商紂有「惟婦言是用，昏棄厥肆祀弗答，昏棄厥遺父母弟不迪，乃惟四方之多罪逋逃，是崇是長，是信是使，是以為大夫卿士；俾暴虐于百姓，以姦宄于商邑」（〈牧誓〉）等具體罪狀，以彰顯師出有名，但他亦認為自己的行動是「恭行天之罰」（同上）。因此，行「天」之罰正是武王伐紂的終極憑藉。然而，武王雖得天下，但亦深知治天下之不易，遂「偃武修文」，〔註25〕訪箕子求「彝倫攸敘」之「洪範九疇」的為政治民之道（〈洪範〉）。由是觀之，武王姬發雖也透出對「天」為公理正義之裁斷的訊息，但其主旨卻完全在凸出商紂的人謀不臧，從而反省自己取得政權之後該有的作為。這種「居安思危」〔註26〕的憂患傷懷，依徐復觀之見，「當係來自周文王與殷紂王間的微妙而困難的處境」。〔註27〕然而，「此種思想的自覺，卻正為

〔註22〕 徐復觀說：「周人革掉了殷人的命（政權），成為新地勝利者；但通過周初文獻所看出的，並不像一般民族戰勝後的趾高氣揚的氣象，而是《易傳》所說的『憂患』意識。」見《中國人性論史・先秦篇》，頁20。

〔註23〕 《逸周書・克殷》云：「王既誓，以虎賁戎車馳商師，商師大崩。」

〔註24〕 此出自《孟子・盡心下》。今本偽書，則作為「血流漂杵」（見〈武成〉）。

〔註25〕 此依曾運乾說，見《尚書正讀》，頁125。對此，杜正勝認為武王伐紂之後不久即逝，故其不可能「偃武修文」，遂論述西周初期的規模均是周公所制。見〈尚書中的周公〉一文，收於《周代城邦》，頁162～163。

〔註26〕 《左傳・襄公十一年》：「書曰：居安思危。」杜預注：「逸書。」按：孫詒讓《周書斠補》，即《逸周書・程典》中之「於安思危」。《呂氏春秋・慎大》亦作「於安思危」。

〔註27〕 見徐復觀，《中國人性論史・先秦篇》，頁21。其注引《周易・繫辭下》之「易之興也，其當殷之末世，周之盛德耶？當文王與紂之事耶」為佐證。

周公召公所繼承擴大」。〔註28〕

　　「武王死，成王幼，周公盛，養成王。使召公奭為傅，周公身居位，聽天下為政」（《尚書大傳・金縢》）。在周公「踐阼稱王」〔註29〕的七年中，作〈大誥〉，誓師東征；亂平，大行封建，〔註30〕「作大新邑于東國洛」（見〈康

〔註28〕　同上注。

〔註29〕　此依徐復觀說。徐氏認為「周公曾否踐阼稱王，在西漢及其以前的相關資料中，都是肯定的。……至王肅及可能是王肅偽造的孔傳，開始提出異說。六朝隋唐的經學，肯定與否定，在交織狀態之中。到了宋代，則一反先秦及漢人遺說，澈底否定周公曾踐阼稱王。……清代乾嘉學派，因為標舉『漢學』，故對此問題，有的又恢復了兩漢的遺說。有的……在此一問題上，卻陷入宋人的藩籬。現時陳夢家及屈萬里兩先生，又重新走上宋人的老路。」見《兩漢思想史》卷一，頁424。這個問題關係到對周初文獻的解釋，故當提出。然這乃屬於「史學」的範疇，筆者不界入其深層的討論，茲依徐說，乃是其論證有憑有據，足使後者信服。而其詳細的討論，請見《兩漢思想史》卷一，附錄三・〈與陳夢家屈萬里兩先生商討周公旦曾否踐作稱王的問題〉；附錄四・〈有關周公踐作稱王問題的申復〉二文。

然《尚書・洛誥》有「惟周公誕保文武受命，惟七年」之語，正與《逸周書・明堂》所言相合。〈明堂〉曰：「是周公相武王以伐紂，夷定天下。既克殷，六年而武王崩，成王嗣，幼弱未能踐天子之位，周公攝政，君天下弭亂，六年而天下大治，乃會方國諸侯于宗周，大朝諸侯明堂之位。……明堂者，明諸侯之尊卑也，故周公建焉。而朝諸侯于明堂之位，制禮作樂，頒度量而天下大服，萬國各致其方賄，七年致政于成王。」《禮記・明堂位》亦引，此當可證周公曾「踐阼稱王」之實。因此，「成王以周公為有勳勞於天下，是以封周公於曲阜，……令魯公世祀周公以天子之禮樂」（《禮記・明堂位》）方有意義。

又〈金縢〉之文，可知成王曾對「（周）公將不利于孺子」的流言產生疑竇，而無法深透周公言「我之弗辟，我無以告我先王」之苦心。按周公之心，依《史記》所云：「周公乃告太公望召公奭曰，我之所以弗辟而攝行政者，恐天下畔周，無以告我先王。」故周公「踐阼稱王」之舉，時出於保周。然成王不知，殆其長，開「金縢之匱」得〈鴟鴞〉一詩（見《詩經・國風・豳》），方才大悟。此或可為另一旁證。杜正勝於〈尚書中的周公〉一文中，以《史記・周本紀》與《逸周書・度邑》二文的記載為主調，並以銘文和《尚書》的史料為據，直接說明周公「踐阼稱王」的歷史原委，可茲參考。此見《周代城邦》一書之附錄，頁157～220。

〔註30〕　《左傳・僖公二十四年》：「昔周公弔二叔之不咸，故封建親戚，以蕃屏周。管蔡郕霍魯衛毛聃郜雍曹滕畢原酆郇，文王之昭也；邘晉應韓，武之穆也；凡蔣邢茅胙，祭周公之胤也。」又《左傳・定公四年》子魚云：「以先王觀之，則尚德也。昔武王克商，成王定之，先建明德，以蕃屏周。故周公相王室，以尹天下，於周為睦。分魯以大路、大旂；夏后氏之璜，封父之繁弱，殷民六族，……使帥其宗氏，……以法則周公，用即命于周。……因商奄之民，命以伯禽，而封於少皞之虛。分康叔以大路少帛，綪茷旃旌、大呂，殷民七族，……分唐叔以大路密須之鼓，懷姓九宗，職官五正，……。」等記載，

誥〉），遂有勉其弟孟侯封（即康叔）之辭（見〈康誥〉、〈酒誥〉、〈梓材〉）。
迨成王長，周公才「朕復子明辟」（〈洛誥〉）。〔註31〕《尚書大傳·洛誥》即
云：「周公攝政：一年救亂，二年伐殷，三年踐奄，四年建侯衛，五年營成周，
六年制禮作樂，七年致政成王。」於此數年中，周公旦與召公奭對新周的慘
澹經營，〔註32〕則擴大了憂患傷懷所產生的人事之應爲的自覺和積極意識，
也爲八百年的周天下奠定了根深蒂固的碁石。

> 王（周公）若曰，……弗弔，天降割于我家，不少延。……已！予
> 惟小子，若涉淵水，予惟往求朕攸濟。敷賁〔註33〕敷前人受命，茲
> 不忘大功。予不敢閉于天降威用。寧王遺我大寶龜，紹天明即命。
> 曰：有大艱于西土，西土人亦不靜，越茲蠢。殷小腆，誕敢紀其敘，
> 天降威，知我國有疵，民不康，曰予復，反鄙我周邦。今蠢，……
> 以于敉寧武圖功。……（〈大誥〉）

> 嗣予沖人，永思艱，曰：嗚呼！……予造天役，遺大投艱于朕身，……
> 義爾邦君，越爾多士，……綏予曰：無毖于恤，不可不成乃寧考圖
> 功。已！……天休于寧王，興我小邦周，……今天其相民，……嗚
> 呼！天明畏，弼我丕丕基。（同上）

> 王（周公）曰：爾惟舊人，……天閟毖我成功所，予不敢不極卒寧
> 王圖事。肆予大化誘我友邦君，天棐忱辭，其考我民，予曷其不于
> 前寧人圖功攸終？天亦惟用勤毖我民，若有疾，予曷不敢不于前寧
> 人攸受休畢？（同上）

> 王（周公）曰：嗚呼！……越天棐忱，爾時罔敢易法，矧今天降戾
> 于周邦？……爾亦不知天命不易！予永念曰，天惟喪殷；若穡夫，
> 予曷敢不終朕畝？天亦惟休于前寧人，予曷其極卜？……天命不

可知周公曾行天子之位，大行封建之實。

〔註31〕意即「我復子明君也」，此見《尚書今古文注疏》卷十九。孫星衍說：「周公
　　　常稱王命，專行不報。」故有此言，非也。見註29辨。

〔註32〕周公旦之事蹟，《尚書·周書》記載甚詳；然召公奭之功，則少有文獻。或見
　　　〈召誥〉與〈君奭〉二文，可推測一二。

〔註33〕「敷賁」之「敷」，孫星衍疑其爲衍文，解「賁」爲「奔」，但又引江聲之說
　　　而言「敷爲傳，以爲疏，附奔走之臣」之意，見《尚書今古文注疏》卷十四。
　　　孫說是連前文「予惟小子，若涉淵水，予惟往求朕攸濟」諸語來看的。一般
　　　解「敷賁」爲「大龜」，如曾運乾，《尚書正讀》，頁148；周秉鈞，《尚書易解》，
　　　頁157。此乃與下文「敷前人受命，不忘大功」連讀，亦通。今採此說。

憯，卜陳惟若茲！（同上）

〈大誥〉乃周公東征之「檄文」。文中言周邦有難〔內有憂（即「民不康」），外有患（即「反鄙我周邦」）〕。但周公認為，此乃是「天」之降「命」，「其考我民」。而文王（即「寧王」）〔註34〕之政績，「天」是極度贊美（即「休」），〔註35〕譬如「天休于寧王，興我小邦周」、「天亦惟休于前寧人」，因此，效法文王之行，即可保承「天命」，遂連卜筮看卦都顯得多餘（「予曷其極卜；卜陳惟若茲」），故自勉「以于敉寧武圖功」、「無毖于恤，不可不成乃寧考圖功」、「天閟毖我成功所，予不敢不極卒寧王圖事」、「予曷不敢于前寧人攸受休畢」諸語。再者，「肆予大化誘我友邦君，天棐忱辭」，〔註36〕因為「天命」是不會輕率變易的（「天命不易」、「天命不僭」），而且「天」之賞罰又是分明的（「天明畏」），職是之故，「天」必庇佑我周人（「天其相民」〔註37〕、「天亦惟用勤毖我民」）。況且，「天惟喪殷」，所以，東征之役或為艱鉅，但此事有如「若穡夫，予曷敢不終朕畝」，〔註38〕能不好好的作嗎？

這裏所凸顯的意義，即在於肯定「自助」而後方能祈求「天助」。然而，這時期的思維，與夏商年代最不相同的則是「純粹典型」的出現——文王（即「寧王」）。然殷人雖有祖先祭祀之儀度（詳見下節討論），但並無周人將「天命」化身為具體形式的典型。這永恆典型的託寄，則足以補足周人對「天命靡常」所產生的憂患傷懷，也因為這永保「天命」的內在動力，消除了周人對「天」之不可知與對「天命」會轉換所帶來的恐懼和無奈。更重要的意義則在於，其促發了人事之應為自覺思想的開展！這個論據，由以下數則的引文即可為證。

〔註34〕「寧王」即「文王」，此甲骨、金文均可明證。

〔註35〕「天休于文王」之「休」，《偽孔傳》、《尚書正義》、《書經集傳》、《尚書今古文注疏》，以及時人之解說，均作「美」說，今從之。

〔註36〕此語，《尚書正讀》解「忱辭」為「上文化誘之辭也」（即「肆予大化誘我有邦」），頁153。此說甚是。因此，「天棐忱」不當解為「天命無常」（見屈萬里，《尚書釋義》，頁110）之意，因「忱」者誠信也，而古均作「輔」也，如《偽孔傳》、《尚書正義》、《書集傳》、《尚書今古文注疏》等。故「天」之「忱辭」，應是指有「意志」之「天」，而非狹指降於人間之「天命」。

〔註37〕「天其相民」，意即「天道當思助人」，故「相」即「助」也。此依孫星衍說，見《尚書今古文注疏》卷十四。

〔註38〕這句話的意思是說：「我如穡夫主藏穀之事，當終治我田畝，方有收穫以順天心也。」此孫星衍說。見《尚書今古文注疏》卷十五。而楊樹達言：「『終朕畝』，承『穡夫』言；『若穡夫』當下屬。」其說甚是。

王（周公）曰：嗚呼！小子封，……天畏棐忱，民情大可見；小人
難保，往盡乃心，……（〈康誥〉）

王（周公）曰：封！元惡大憝，矧惟不孝不友。子弗祗服厥父事，
大傷厥考心；于父不能字厥子，乃疾厥子。……惟弔茲，不于我政
人得罪，天惟與我民彝大泯亂。曰：乃其速由文王作罰，刑茲無赦。
（同上）

茲乃允惟王正事之臣；茲亦惟天若元德，永不忘在王家。（〈酒誥〉）

王（周公）曰：封！我聞惟曰，在昔殷先哲王，迪畏天，顯小民，
經德秉哲。……我聞亦惟曰，在今後嗣王酣身，厥命罔顯于民，祗
保越怨不易。……弗惟德馨香，祀登聞于天，誕惟民怨。庶群自酒，
腥聞在上；故天降喪于殷，罔愛于殷，惟逸。天非虐，惟民自速辜。
（同上）

「天」這個至高無上的概念，於此依然顯現出是公理正義的化身，是人間完
好制度的提供者（「天惟與我民彝」）。然而，人事之應爲，才是爲政治民之謀
事者所應思索的課題，如人民「不孝不友」以至「泯亂」，則當以「文王作罰」
爲懲罰之標準；人民嗜酒，便告其知曉殷商覆亡之事例是因酗酒而自取滅亡
（「庶群自酒，腥聞在上，……惟民自速辜」），故人們作什麼事情，上「天」
均會知曉，而會有所賞罰。因此，假如大小官吏均能好好治民、導民，「天」
必會知曉其「德」，〔註39〕而「天命」則會「永不忘在王家」。依此而論，「天」
與「人」之間的關係究竟爲何？二者間又如何產生共鳴？按上述的探求，即
「人」當透過「人事之應爲」的自覺，對比「天」所彰顯之「天命」是否相
合。雖然「人事之應爲」就《尚書》之意是依據於「天」，但「天命」可能已
轉變成「人事之應爲」的一個代詞而已。此種推論，在邏輯上當屬合理。可
是「天」到底是什麼，則依然無所知悉！

　　最後，我們還得審視「天命」變革的尾聲。

　　前文提及「天命」已具體典型化了，亦即「文王作罰」幾乎就是「天命」
了。故召公奭對「天命」之疑懼，當有其因緣。惜召公之語，今已不見，僅
有周公之教可茲推測。周公曰：「天不可信，我道惟寧王德延，天不庸釋于文

〔註39〕「德」，原義爲「行爲」之意。見徐復觀之辨說，《中國人性論史・先秦篇》，
　　　　頁 23。

王受命。」（〈君奭〉）這意思是：倘若爲政治民之謀事者，如文王般的行事，此即可保住「天命」！這種思維，引申了二個新思想：一是「配天」的觀點；二是認爲「天」是「爲民求主」的依據所在。

　　（成）王來紹上帝，自服于土中。旦曰：其作大邑，其自時配皇天。……（〈召誥〉）

　　自成湯自于帝乙，罔不明德恤祀，亦惟天丕建保乂有殷，〔註40〕殷王亦罔敢失帝，罔不配天其澤？（〈多士〉）

　　（周）公曰：君奭！我聞在昔，成湯既受命，時則有若伊尹格于皇天；……在太戊，時則有若伊陟臣扈格于上帝，巫咸乂王家；……率惟茲有陳，保乂有殷，故殷禮陟配天，多歷年所。（〈君奭〉）

由「殷禮陟配天，多歷年所」觀之，周人「配天」的觀念可能改良自殷商的習俗而來，故有上承成湯、帝乙等賢君之例，以之惕勵。然此遷涉到「人死爲鬼」的祭祖信念，以及與至上神──「上帝」──的關係，頗爲複雜，此留待下節再述。然「配天」者，依此處文意觀之，即謀事者於人間的治民爲政之行爲，若有如成湯、太戊等的功績者，〔註41〕則可入祀，宛如人們對「天」的崇敬一般。而先人的受祀，一方面，人們相信祖先會庇佑其後世子孫；另一方面，受祀的祖先則成爲後世子孫爲人處世的典範。此外，「配天」之祖先，非靠一人之力即能完成實踐其功績，故其必有輔佐共事之人，如成湯之於伊尹，太戊之於伊陟、臣扈等，這蘊涵著強調重視人才的理念。然此仍有個疑處：即「配天」是否即是「配祀」？按「配天」之意，乃是就爲政治民之謀事者而言，因爲他們承受了要成就「天」之所「命」的責任，若能完成此「天命」，則可被稱爲「配天」，如「天」般爲人們所崇敬；而「配祀」乃是人去世之後，因有某種功績爲後世子孫所懷念，因而並列與眾祖先一同接受後人之祭祀，遂成爲景仰、懷念且嚴肅的一種儀式。因此，「配天」與「配祀」之義並不相類。

　　其次，所謂的「天」是「爲民求主」的依據，意思是「天」會幫助眾民尋找君主，以行公理正義於人間，而這君主即稱之爲「天子」。故「天子」之

────────────

〔註40〕依孫星衍說：「自湯至于祖乙，共有七世，無不勉德顧祀者，亦惟天大建立之以安治有殷，……。」見《尚書今古文疏證》卷二十。

〔註41〕所謂「功績」，依屈萬里之說，即「配合天意」，是也。見《尚書釋義》，頁149；《尚書今註今譯》，頁132。

地位的合法性基礎，即來自於「天」。

> 周公曰：（成）王若曰，……惟帝降格于夏，有夏誕厥逸，……不克
> 終日，勸于帝之迪，乃爾攸聞。厥圖帝之命，……乃降大罰，崇亂
> 有夏，……天惟是求民主，乃大降顯休命于成湯，刑殄有夏。……
> 克以爾多方，簡代夏作民主。……誥告爾多方，非天庸釋有夏，非
> 天庸釋有殷，乃惟爾辟，以爾多方，大淫圖天之命，屑有辭。……
> 天惟求爾多方，大動以威，開厥顧天。惟爾多士，罔堪顧之。惟我
> 周王，靈承于旅，克堪用德，惟典神天。天惟式教我用休，簡畀殷
> 命，尹爾多方。（〈多方〉）

依此文之意，政權的轉移，乃在於為政治民之謀事者有無恪盡「天之命」或「帝
之命」的職責。若盡之則「命」不移，不圖者則「命」喪失。當「天命」失去
時，天下即無共主，「天」即會彰顯出正義公理，運用其「意志」為眾人選擇一
良好的君王，此即為「天子」，〔註42〕譬如成湯、周王。如果「天子」能行美德，
配行「天」之事，則可保「天命」於不墜，而且唯有「天子」，方能承「天」受
「命」（「惟我周王，靈承于旅，克堪用德，惟典神天。天惟式教我用休，簡畀
殷命，尹爾多方」）；反之則否（「不克終日，勸于帝之迪，乃爾攸聞。厥圖帝之
命，……乃降大罰，崇亂有夏」）。而《尚書》中之〈費誓〉與〈秦誓〉的諸侯
「檄文」，即未曾出現承「天」之「命」的意思，道理即在於此。

由此思之「天命自度」〔註43〕之語，當不意外「天命」之角色日漸褪去
其所屬的神秘性，但「天」仍保持他的至高無上之性格與權威。然而，在人
人自稱均有「天命」在身時，其「天」之所欲成就的秩序也就難以維持了！
因此，當「天命」由具體的文王典型，再下落於世間成為純粹的為政治民之
方時，我們也就不難想像春秋戰國諸子百家所關注的焦點為何了！

由以上的討論，在「天命變革下人事之應為的自覺」的意義之下，其所

〔註42〕「天子」一詞，《今文尚書》中出現五次，意是為政治民之謀事者，譬如〈洪
範〉言「天子作民父母」。其中最能顯出「天」為眾人選擇一個良好君王的是
〈西伯戡黎〉中所言「天子！天既訖我殷命」一語。與《尚書》同時代的《詩
經》，查亦出現十八次的「天子」，也是為政治民之謀事者的意思。這層意思
若再仔細分析，當亦是「天」為眾人選擇一個良好的君王之意。《禮記·曲禮
下》即言：「君天下曰天子。」

〔註43〕語見〈無逸〉，意為「自己忖度天命內容」。孫星衍即言：此乃中宗（即太戊）
「自持敬畏，以天命為法度」，又云：「度作亮者，……言以天命自信亮」，見
《尚書今古文疏證》卷二十一。

彰顯的要點有三：

第一，「天」奇蹟般地保持其至高無上的權威，但「天命」卻轉化為具體的典型，如文王，然後再下落成為世間的為政治民之方，亦即《詩經》對為政治民之謀事者所提的「自求多福」之警語。

第二，在「天」與「人」關係之間的消長中，周人曾有「天命靡常」的憂患傷懷，後將此轉化為永保「天命」的內在動力，促使了人事之應為的思維開展，如「配天」展現出精神性的託寄與永恆；「求民主」則為政權所有人的「天子」，找到一根本性的理由。

第三，人們思索人事之應為的自覺，乃是來自於對夏、商、周政權之遞嬗的歷史所產生的虛無感之轉化。因此，「人」之智識隨著「天命」的具體化而逐漸增長，日後的人們卻也因此完全的投入探求為政治民的真正落實方法，所以百家爭鳴的年代也就為期不遠了！

由此的敘述，我們應當進一步的探索「受天命者」（即「天子」）的重責大任。但在討論這個論域之前，我們有必要的得先解決另一個大的問題，此即「天」與「帝」是否同一？「帝」與「上帝」是否有別？他們對後世又有什麼影響？這些問題的解決，則有助於我們分辨《今文尚書》中誠敬宗教之意識與純粹哲學之思維，亦方能明瞭《今文尚書》內容之大要與精神之所在。

第二節　上帝、帝與天之異同的區判及其影響

一般來說，「帝」是「上帝」的略稱，意思是至上神。〔註44〕但依甲骨文的研究，「上帝」應是相對於人間之「帝」（或「王帝」）的對稱。郭沫若即說：

> 上下本是相對的文字，有了「上帝」，一定有「下帝」。殷末的二王稱「帝乙」、「帝辛」，卜辭有「文武帝」的稱號，大約是帝乙時于其父文丁的追稱，又有「帝甲」當是祖甲，可見帝的稱號在殷代末年由天帝兼攝到了人王上來了。〔註45〕

郭沫若這個見解，大體合理。然其認為「帝」用在人間君王身上，是殷末晚期一事，同樣研究甲骨的胡厚宣則提出反駁。他說：「從早期即武丁時的卜辭中，

〔註44〕《說文解字》言「帝」之意為「王天下之號」（見《說文解字注》，第一篇上·三右），應為後起之意。

〔註45〕見郭沫若，〈先秦天道觀之進展〉，收於《青銅時代》，頁4。

就出現了上帝的稱號。」而且「甲骨文屢見王帝之稱，如祖庚、祖甲時的卜辭」。
〔註46〕察武丁、祖庚、祖甲等，均爲盤庚遷殷後的不久，其時當爲殷商中葉，
距離商朝覆亡時間，尚有百年之久，〔註47〕是以筆者較能接受胡厚宣之說。且
更進一步，胡厚宣又提出「上帝」與「王帝」對稱之理由，乃是「殷人以爲先
王死后，可以配帝」的觀點。〔註48〕事實上，《禮記・曲禮下》對此即曾記載。
〈曲禮下〉說：「君天下曰天子，……崩，……告喪，曰天王登假，措之廟，立
之主，曰帝。」鄭玄注云：「天神曰帝。今號此主，同之天神，故題稱帝。」呂
大臨則言：「鬼神莫尊於帝，帝名之，言其德足以配天也。」〔註49〕而注解《禮
記》的陳澔與孫希旦，均引史遷之意，言「夏殷之王，皆以帝名，疑殷人祔廟
稱帝。遷據世本，當有所考，至周有諡，始不名帝。」〔註50〕孫希旦則更進一
步的說：「立主稱帝，爲夏殷之禮無疑矣。」〔註51〕由是之故，比之《尚書》之
〈虞夏書〉與〈商書〉，其所透顯「帝」和「上帝」之意，似乎相合。

一、帝的意涵與其意義的轉變

蓋在〈虞夏書〉中，堯、舜均稱爲「帝」，這或是因爲此中文獻皆是在春
秋之後所完成的作品之故。〔註52〕在〈商書〉中，殷之國君均稱爲「王」或
「天子」，而未稱「帝」，究其因，當是與殷人的「配帝」思想有關。若依鄭
玄、呂大臨之說，「帝」當爲眾神之一，故「配帝」觀即如孫希旦所認爲的「立
主稱帝」，所以去世之有德者便可被稱爲「帝」了。然「立主稱帝，爲夏殷之
禮無疑」之見解，在夏殷之禮經因革損益而至周，其精神或許依然留存，但
實質內容大都散佚了。不過，我們仍舊可由〈周書〉中的〈君奭〉，稍見夏殷
的「配帝」觀點。

〔註46〕見胡厚宣，〈殷卜辭中的上帝和王帝〉（下），北京：《歷史研究》（第十期，1959
　　　　年），頁93。

〔註47〕依齊召南之《歷代帝王年表》，武丁在位距盤庚爲四十九年，從祖甲之後直到
　　　　帝辛覆亡，計尚有一百〇四年。然《史記・殷本紀》之《正義》引《竹書紀
　　　　年》謂：「自盤庚徙殷至紂之滅七百七十三年。」此恐不確。

〔註48〕同註46，頁89。

〔註49〕見孫希旦，《禮記集解》卷五，「曲禮下第二之一」。

〔註50〕見陳澔，《禮記集說》卷一，「曲禮下」；孫希旦，《禮記集解》卷五，「曲禮下
　　　　第二之一」。

〔註51〕見孫希旦，《禮記集解》卷五，「曲禮下第二之一」。

〔註52〕見屈萬里，《尚書釋義》，頁21、41、52及66。

　　（周）公曰：君奭！我聞在昔，成湯既受命，時則有若伊尹格于皇
　　天；在太甲，時則有若保衡；在太戊，時則有若伊陟臣扈格于上帝。
　　巫咸乂王家。在祖乙，時則有若巫賢；在武丁，時則有若甘盤。率
　　惟茲有陳，保乂有殷，故殷禮陟配天，多歷年所。

前節早已指出「配天」之意，乃是為政治民的謀事者，若有成湯、太甲等人
實踐「天命」的功績，使人們對之崇敬宛如對「天」一般，這個觀點，實則
來自於夏殷「配帝」觀念的轉化。而於千年後之宋代的呂大臨，言「其德足
以配天」的說法，顯是接受周人的思想而來。然而，若僅依〈君奭〉之文觀
之，我們可以發現有「格于皇天」與「格于上帝」二語之別，但歷來注解繁
多，並無一定論。如《偽孔傳》依馬融說法解「格」為「至」，史遷則釋作
「假」〔註53〕等。如果依從「格」為「至」之解，「格于皇天」與「格于上
帝」則謂前述的明君賢相「功至於大天」（按：今本《尚書》「天」作「夫」，
依阮元輯校改）、「功至於上帝」（取自《偽孔傳》）；但若循「格」為「嘉」
訓，則「格于皇天」與「格于上帝」則釋為「嘉于皇天」、「嘉于上帝」〔見
于省吾之《（雙劍誃）尚書新證》〕，意思即是受到「天」或「上帝」的嘉美。
那麼，何種解釋比較正確呢？倘若依從人們對「天」本身的不可知，對「天
命」意義的認定，筆者私意，覺得後說為是。蓋因文中有「成湯既受命」，
此當指商湯承受「天命」之意，故商湯與伊尹為政治民之目的，即在「完成
天之所命」，此即前節所言之「天功」，若此，又何必贅加一句「功至于上天」？
因此，「完成天之所命」而為「天」所嘉美，這才符合人之作為的目的。「格
于上帝」亦然。但為何獨稱商湯之功「格于皇天」，而其餘國君之功則稱「格
于上帝」？按「天命」變革之意，乃是因為商湯是直接受「天」之「命」以
代夏桀而立者，其後的太甲、太戊等諸人，均只是承保延續此「天命」者，
此則由「上帝」替「天」監督。為明瞭這層因緣，我們有必要解釋何謂「配
帝」的意義。

　　依胡厚宣的說法，同「帝」接近只有國君才有可能，「商代主要的先王，……
死后都能升天，可以配帝，人王死后也可以稱帝」。而為了區分「天上的帝」

〔註53〕見《史記・燕召公世家》。近人皮錫瑞並引「孔彪碑」、《論衡・感類》以及
　　　　《三國誌》「潘勖作策命」等，而有「是兩漢今文家亦假格並用，非皆傳寫
　　　　之偽」諸語，見《今文尚書考證》卷二十一。而于省吾則依史遷之意云：「假
　　　　字通嘉。按中庸假樂君子，釋文假嘉也。」此見《（雙劍誃）尚書新證》卷
　　　　三，頁32下。

與「人間的帝」，前者便稱爲「上帝」，後者就稱爲「王帝」。〔註54〕自此我們可以肯定，夏商所謂「配帝」的「帝」，當指「上帝」無疑；而人間之君王，倘若爲政治民之事行作爲良好，即可與「上帝」同名而稱之爲「帝」。因此，我們不難發現，這裏有著古人奇妙的想像，其或來自對逝去祖先的不捨，或來自原始宗教的殘跡，可是不容否定的是此時人們的心中，深深懷著攸遠的期盼，切切念著精神的永恆等深義，而盤庚遷殷所遇到的鉅大阻力，似乎就是在「配帝」的思維中，將貴族與人民的怨恨化解開來。

> ……古我先王，亦惟圖任舊人共政。王播告之，修不匿厥指，王用丕欽；罔有逸言，民用丕變。今汝聒聒，起信險膚，予（盤庚）弗知乃所訟。……遲任有言曰：人惟求舊，器非求舊，惟新。古我先王，暨乃祖乃父，胥及逸勤；予敢動用非罰？世選爾勞，予不掩爾善。茲予大享于先王，爾祖其從與享之。作福作災，予亦不敢動用非德。（〈盤庚〉）
>
> ……古我前后，罔不惟民之承保，……殷降大虐，先王不懷，厥攸作，視民利用遷。汝曷弗念我古后之聞？承汝俾汝，惟喜康共，非汝有咎，比于罰。予若籲懷茲新邑，亦惟汝故，以丕從厥志。……古我先后，既勞乃祖乃父，汝共作我畜民。汝有戕則在乃心，我先后綏乃祖乃父，乃祖乃父乃斷棄汝，不救乃死。茲予有亂政同位，具乃貝玉。乃祖乃父丕乃告我高后，曰：作丕刑于朕孫。迪高后丕乃崇降弗祥。（同上）

首段引文是盤庚遷殷後，因爲臣民的怨言不止，故而發表對臣民談話中的一段。其主要的意義有：一、殷商的祖先（「先王」）之爲政治民的作法，是與群臣開誠布公的共理政事（「古我先王，亦惟圖任舊人共政」），盤庚自認爲自己亦是如此，故訓誡臣民不該抱怨（「今汝聒聒，起信險膚，予弗知乃所訟」）；二、祖先在爲政治民的作爲上，均是重用有經驗的舊人，但在名物制度的創造上，則以求新去舊爲原則（「人惟求舊，器非求舊，惟新」），並同臣民勞逸與共（「胥及逸勤」）；三、盤庚自省自己亦遵循先王之路，不敢有所踰越（「予敢動用非罰」、「作福作災，予亦不敢動用非德」）。第二段引文則是盤庚在遷殷前，對有怨言的臣民所作的一段訓話，其意旨有：一、認爲眾民之祖先無

〔註54〕同註46，頁109。

不是在保佑其後世子孫（「古我前后，罔不惟民之承保」），是以祖先作事無不視民之利（如：「殷降大虐，先王不懷，厥攸作，視民利用遷」），而盤庚亦自認如此，所以不想見臣民不聽勸誡而面臨處罰（「承汝俾汝，惟喜康共，非汝有咎，比于罰」）；二、倘若臣民不聽從君王的善意，反又心懷惡事，其祖先將會告之君王的祖先而降下災禍（「乃祖乃父丕乃告我高后，曰：作丕刑于朕孫。迪高后丕乃崇降弗祥」）。由是觀之，我們當知曉，逝去的祖先在殷人心中地位是崇高的，況且祖先又會庇佑其後人。但君王之祖先，仍可支配臣民的祖先，一如人間世上一般，是以盤庚無時不在向臣民訓誡二個觀點：其一，祖先知道現世的我們在作些什麼；其二，盤庚認為其所作所為均是依循著先王（祖先）之道。自此配合胡厚宣的說法，「人王死后也可以稱帝」，由是我們可知，宛如死後的君王即為「上帝」（此當然為有德者的君王）。因此，人間「王帝」之稱呼，可能是假借「上帝」之名而來的，並且是自君王逝世後稱「帝」而逐漸轉變成為君王生前就稱「帝」了。

由此觀之，我們對於從抽象的「配帝」之「上帝」，轉為人間具體的「王帝」之意義，歸納之後有如下的重點：

一、「配帝」的概念，實應有個至上神，稱之為「上帝」，其能作災作福。

二、至少在殷人思想中，人間君王稱「帝」是因君王死後，且其為政治民之行為足以為後世子孫留念敬仰者，即能配祀在「上帝」之旁；實則，逝去的君王宛如「上帝」一般，因為逝去的君王仍有庇佑其子民的能力，有降災降福的權責。而後，其本義已失，使現世的君王就直接稱之為「帝」了。

三、儘管逝去的祖先有庇佑其子民的能力，有降災降福的權責，但對於政權之轉移的意義，並無法左右。祖先能由作災作福警惕其子民。是故，我們可以推測，君王之祖先只是界於「天」或「上帝」與人世之間的一個中介角色而已；或是大膽的說，君王之祖先即是「上帝」，故君王之祖先即是介於「天」與「人」之間的傳達「天」之意志的角色而已。也因此，一個遙不可及並難以掌握的「上帝」，落實為現實人間之王是不可避免的，亦是可以理解的。

以上諸意，在《尚書》中，或顯或隱，均能尋覓。然而，這些意義到了周代，除了「上帝」與「帝」有混用的趨向之外，且亦有將「上帝」與「天」等同起來，這個部分我們會一一的討論。於此，我們下一步應先解決何謂「上帝」

的問題。

二、上帝是一至上神

　　由上述的小節可知，人間君王稱「帝」是後起的，而將逝去的君王配祀在「上帝」之旁亦或稱之「上帝」，其應該也是在先有「上帝」概念之後才有的想像和尊榮。因此，從殷人的「配帝」觀上溯尋求「上帝」之原義，則是一個合理的進路。在有限的《今文尚書》資料中，「上帝」明顯的是眾神之一，且其位階可能高於眾神，能力亦大於眾神，否則我們無法說明為何獨獨「上帝」有其獨特的某類祭祀。

　　　　肆類于上帝，禋于六宗，望于山川；徧于群神。(〈堯典〉)

　　　　禹曰：安汝止，惟幾惟康；其弼直，惟動丕應。徯志以昭受上帝，天其申命用休。〔註55〕(〈皋陶謨〉)

　　　　予（商湯）惟聞汝眾言，夏氏有罪，予畏上帝，不敢不正。(〈湯誓〉)

　　　　爾謂朕（盤庚）：曷震動萬民以遷？肆上帝將復我高祖之德，亂越我家。(〈盤庚〉)

在〈堯典〉中，「類」、「禋」與「望」，均為祭典儀祀，惜內容不詳。〔註56〕然

〔註55〕《史記・夏本紀》作「清意以昭待上帝命，天其重命用休」，文與《尚書》有所出入。

〔註56〕「類」祭之說，歷來紛歧。《偽孔傳》云：「類謂攝位事類，遂以攝告天及五帝。」孔疏從之。孫星衍則引夏侯歐陽說，認為「類，祭天之名也。以事類之奈何？天位在南方，就南郊而祭之，是也。」又引《古文尚書》說：「非時祭天謂之類，言以事類告也。」孫氏自己則云：「案：非時祭天謂之類者有二，攝位其一也。王制云，天子將出征，類乎上帝。……釋天云，師祭也，其二也。」今人曾運乾（《尚書正讀》，頁19）、周秉鈞（《尚書易解》，頁15）、屈萬里（《尚書釋義》，頁31；《尚書今註今譯》，頁10）等，均從《偽孔傳》之說。蓋《偽孔傳》之說，當來自夏侯歐陽，而其深受讖緯謨告的影響，故臆度成分居多。而孫說引《禮記・王制》一段（原文：「天子將出征，類乎上帝，宜乎社，造乎禰」），鄭玄注云：「類宜造，皆祭名，其禮亡。」由此來看，後人之說當屬猜測。

「禋」祭之說，《偽孔傳》作「精意以享謂之禋」，按此為馬融說，蔡傳、曾運乾（同前）從之，但均未加以解釋。而孫疏則引《周禮・大宗伯》「以禋祀祀昊天上帝，以實柴祀日月星辰，以槱燎祀司中司命風師雨師。」又引鄭玄說：「禋，煙也。周人尚臭，煙氣之臭，聞者也。」是以「禋」祭為燃燒某類事物所生之氣，認為可上飄而讓眾神知道的意思。後人均依此說，如孫星衍（《尚書今古文注疏》卷一）、王國維（《觀堂集林》卷一，「雒誥解」條）、皮

其祭法各有對象——「望」之祭對於「山川」之神,「禋」之祭對於「六宗」之神,〔註57〕「類」之祭對於「上帝」之神——總結的說是「徧」於群神。〔註58〕因此,可知「上帝」與「六宗」、「山川」均指人們心中所敬畏之神。再者,此類祭祀,乃是舜受禪天子位,觀天文而齊七政〔註59〕後,以此告知群神,求其庇佑。按《禮記》之說,此為古之天子昭告天下,明示人民之「禮」,必當行之。〔註60〕由此觀之,「上帝」乃是眾神之一者明矣。

錫瑞(《今文尚書考證》卷一)、屈萬里(《尚書釋義》,頁31;《尚書今註今譯》,頁10)等,若參之〈洛誥〉的周公之言「予不敢宿,則禋于文王武王」來看,其意似通。筆者臆度,此或為今之民間中的「燒香」儀式。

「望」祭之說,《偽孔傳》、孔疏、蔡傳等,均謂此為「名山大川,五嶽四瀆之屬,望而祭之,故曰望」(引自《書經集傳》卷一)。但孫星衍亦引鄭玄則說:「望者,祭山川之名,未知是尚書注否。」(《尚書今第二節上帝、帝與天之異同的區判及其影響八一古文注疏》)周秉鈞(《尚書易解》,頁15)、屈萬里(《尚書釋義》,頁31;《尚書今註今譯》,頁10)從之。然實則不曉。

〔註57〕 「六宗」者,馬融云「天地四時者也」,孫星衍云「上下四方之宗」,其又舉有「乾坤六子」說,「天宗三,地宗三」之說(均見《尚書今古文注疏》卷一),是以眾說紛紜,莫衷一是,而今人多依馬說。曾運乾並引《周官・大宗伯》為證,「以蒼璧禮天,以黃琮禮地,以青珪禮東方,以赤璋禮南方,以白琥禮西方,以玄璜禮北方」(《尚書正讀》,頁19),故《偽孔傳》與《書經集傳》均言,「宗,尊也。所尊祭者,其禮有六」。然而,不管有多少種說法,筆者同意鄭康成與孫星衍之說,「凡此所祭,皆天神也」(見《尚書今古文注疏》卷一),皮錫瑞亦主此說(見《今文尚書考證》卷一)。

〔註58〕 「徧」,史遷作「辨」(見《史記・五帝本紀》),皮錫瑞則認為「今文辯(即辨)皆為徧」(《今文尚書考證》卷一)。鄭康成云:「徧以尊卑次秩祭之群神,若丘陵墳衍之屬」,甚是,後人亦均從之。然孫星衍以為「徧」亦為祭名(《尚書今古文注疏》卷一),非也,因為「徧」當指「普遍地」之意,此亦為屈萬里所主張(見《尚書釋義》,頁31;《尚書今註今譯》,頁10)。

〔註59〕 〈堯典〉原文為「正月上日,受終于文祖。在璿璣玉衡,以齊七政」。「璿璣玉衡」者,即指北斗七星,其意泛指天文。而「齊七政」乃是效法北斗七星之穩當,正如《論語・為政》中,孔子說:「為政以德,譬如北辰,居其所,而眾星共之。」因此,鄭玄言「七政,日月五星」之解,非也。而今人周秉鈞對此說得好,他說:「按七政者,當指下文七項政事。祭祀,一也;班瑞,二也;東巡,三也;南巡,四也;西巡,五也;北巡,六也;歸格藝祖,七也。皆受禪之年之大事,是謂七政。」(見《尚書易解》,頁15)比之〈堯典〉之文,周說顯然有據!

〔註60〕 《禮記・祭統》云:「凡治人之道,莫急於禮。」在〈王制〉中,其規定了古之天子的儀度,「天子五年一巡守,……柴而望祀山川,……山川神、神祇有不舉者為不敬,不敬者,君削其地,……天子將出,類乎上帝,宜乎社,造乎禰。……」,諸如此說,即可為證。

　　然則，我們如何得知「上帝」之神的位階高於諸神，能力亦遠大於諸神？其一，「上帝」之神獨享「類」之祭祀，不同於「六宗」、「山川」諸神的祭祀；其二，「上帝」能與逝去的祖先溝通（「肆上帝將復我高祖之德」），故有降災或是庇佑後世子孫之能力；其三，「上帝」指引了為政治民之謀事者的行為，遂令謀事者不得不行正道而有所畏懼（「予畏上帝，不敢不正」）。因此，為政治民的謀事者，當「安汝止，惟幾惟康」（意為好好的為官任事，造福人民），如此的「虛心平意以待須」（「傒志」〔註61〕），而明白的接受「上帝」之「命」，那麼「天」將會以美贊重「命」你，你則可永保「天命」。

　　但由於筆者對於祭祀之層級的差異（即「類」、「禋」、「望」等，何種祭祀最為尊崇），不詳其真正內容，因而無法評斷。但對於「上帝」能庇佑子孫之能力，以及指引人間為政治民之謀事者能確行正道的威嚴，除了「配帝」觀念為一佐證外，雖在〈虞夏書〉與〈商書〉中，缺乏可以直接引證的材料，可是在〈周書〉中，我們可以找到間接的史料為證。

> 我（周公）聞曰：上帝引逸。有夏不適逸，則惟帝降格，嚮于時夏。弗克庸帝，大淫泆有辭。惟時天罔念聞，厥惟廢元命，降致罰。乃命爾先祖成湯革夏，俊民甸四方。自成湯至于帝乙，罔不明德恤祀，亦惟天丕建保乂有殷，殷王亦罔敢失帝，罔不配天其澤？在今後嗣王，誕罔顯于天，矧曰其有聽念于先王勤家？誕淫厥泆，罔顧于天顯民祗。惟時上帝不保，降若茲大喪。（〈多士〉）

此段文字，乃是周公東征之後，在洛邑訓誡殷之遺民（孔穎達稱「殷之頑民」）的一段談話。其中「上帝引逸」一語，有二種完全相對的解釋。〔註62〕但倘若參照下文「有夏不適逸，……大淫泆有辭」一段觀之，我們即可知曉此文之意是說，因為夏桀（《偽孔傳》以來均如此說）不節制淫佚之事，〔註63〕致

〔註61〕此為孫星衍之說，見《尚書今古文注疏》卷二。
〔註62〕即如《偽孔傳》、孔疏、孫星衍注疏，以及時人屈萬里等人所主張的，認為「上帝引逸」之意是「上天欲民長逸樂」（《偽孔傳》）之說；而曾運乾與周秉鈞則解為「上帝制止淫佚」（周秉鈞的《尚書易解》，頁226）之意。然「上帝引逸」，實則還有第三種說法，即將「上帝」指為舜、禹，而言「舜禹承安繼治任賢，使能恭己無為，而天下治」（見皮錫瑞，《今文尚書考證》卷十九）。蓋其將「逸」做為「佚」，而把「佚」作為「遺佚」，並為了使文句通順，遂將「上帝」具體化為舜、禹，「引逸」則成了「引進遺佚之賢」。由此觀之，此乃為「增意解經」，臆度過多了！
〔註63〕「有夏不適逸」，屈萬里解「不」為「丕」，語詞，因而說此句之意為「言享

使上帝乃降教令（「則惟帝降格」），〔註64〕來歸勸夏桀（「嚮于時夏」）。〔註65〕
但夏桀不能克用「上帝」之意（「弗克庸帝」），卻大大的游戲逸樂，且有遁辭
（「大淫泆有辭」）。〔註66〕因此「乃命爾先祖成湯革夏」，才有足夠的理由，
故可知「上帝引逸」只是為一警辭。而後，周公說明殷先王的事蹟，乃是在
於不敢私斷「上帝」之意，無不在尋求「配天」的光榮，故為政治民的殷王
「罔不明德恤祀」、「惟天丕建保乂有殷」。但到了商紂，不明「天」之「意志」
（「誕罔顯于天」），所以怎麼能冀望其眷念著先王勤勞於國家，以保「天命」
於不墜的苦心（「矧曰其有聽念于先王勤家」）？而商紂也確實只是顧自己的
享樂，不顧「天」之意志與民之需求（「誕淫厥泆，罔顧于天顯民祇」），是以
「上帝」無法庇佑之，因而降下「天」要其喪亡的懲罰（「惟時上帝不保，降
若茲大喪」）。

　　假如我們暫且拋開「天」與「上帝」的異別問題，而直接就引述資料觀
之，其所彰顯的「上帝」意義如下：

　　一、「上帝」為一至上神，他有大於諸神的能力，似有統御眾神的關係，
　　　　但《尚書》中並無直截的證據可以證明。不過他有不同於其他諸神
　　　　（如「六宗」、「山川」）的祭祀，稱為「類」。〔註67〕

　　二、「上帝」有「作災作福」的能力，故人們心有所畏懼遂有祭祀，此當
　　　　合理的推度。但其降災作福的意志顯現，似乎受到逝去祖先很大的

安樂能恰到好處也」（見《尚書釋義》，頁149；《尚書今註今譯》，頁132）。
　　　　惟此解不知所據為何，且此解使文意不順，故應非是。

〔註64〕「則惟帝降格」，孫星衍謂「惟天以禍福升降善惡」。其引《漢書・董仲舒本
　　　　傳》之「對策」，言「國家將有失敗之道，而天迺先出災害以譴告之。不知自
　　　　省，又出怪異以警懼之。尚不知變，而傷敗乃至。以此見天心之仁愛人君，
　　　　而欲止其亂也」為證，雖有些道理，然申言過多，臆度層面頗大。而今人屈
　　　　萬里言「上帝降臨」（《尚書釋義》，頁149；《尚書今註今譯》，頁132），實則，
　　　　此乃甲骨卜辭之言（見胡厚宣，〈殷卜辭中的上帝和王帝〉），惜無法確定。另
　　　　今人周秉鈞則言：「格，當讀為詻。〈玉篇〉：詻，教令嚴也」（見《尚書易讀》，
　　　　頁226），連讀上下甚順。但「格」為何唸「詻」，因未通音韻，故不解！

〔註65〕「嚮于時夏」之「嚮」，依曾運乾（《尚書正讀》，頁215）、周秉鈞（《尚書易
　　　　解》，頁226）說。王引之《經傳釋詞》即認為「鄉，猶方也。字亦作嚮」（見
　　　　卷四）。

〔註66〕「大淫泆有辭」，孫星衍說：「有辭，言有罪狀。」（見《尚書今古文注疏》卷
　　　　二十）《偽孔傳》亦說：「有惡辭聞於世。」是矣！

〔註67〕〈堯典〉有「類於上帝」之「類」祭，《禮記》亦同，然《周禮》作「禋」，
　　　　此見註55。詳細情形，筆者亦無資料可知。

影響，因為他能與祖先溝通，所以殷人深信祖先的庇佑，於此可以得出佐證。

三、基本上，「上帝」也是公理正義的化身，故有「上帝引逸」之說。然而，在上述的資料中，我們找不出「上帝」能直接能命令人間作什麼事；換言之，「上帝」的能力並非全能的。

「上帝」的能力並非全能，因為他只不過是眾神之一，一如人間之君王亦非全能，得依賴賢相佐臣的輔助一般。可是，「上帝」仍有很大的能力令人怕畏，如同受「天命」的天子般令人敬懼，再加上「上帝」能與庇佑後世子孫的祖先溝通，是以對「上帝」和祖先的祭祀當來自人們的心坎深處，這裏有著濃厚的宗教情懷，是內化於人心之中的。這種內化是否影響了人們對「天」的看法，筆者在此暫且避開，不過卻能肯定的說：這種內化絕對影響了為政治民之謀事者稱「帝」的因緣。由「天」之意義與「上帝」的意義相較，我們不難發現，不是全能的「上帝」，並不同於擁有至高無上的性格和權威的「天」，這是顯明而淺白的。可是，自漢之後，對「天」與「上帝」幾乎均作為等同之語了！〔註68〕關乎這層歷史的論據，筆者不願介入，因為這牽涉到整個漢代思想的主調氛圍；然我們若仔細審視周人對「天」與「上帝」之意義的部分混用或可得知漢人為何會有這種見解！最後，我們有必要對「天」與「上帝」之間的異同作一審視。

三、上帝與天之辨異

綜上所述，實則出現一大問題，即「天」與「上帝」等同嗎？觀文意表象，二者代換似無不可。然而，「上帝」是一被祭祀的對象，為眾神中之至上者；但「天」不是祭祀的對象，因為至少在《今文尚書》中，未曾提及有祭「天」之儀式者。且「天」亦不是單純的神，或者說他根本不是神，因為在人們的心中，他是一至高無上，有著無限權威與不可侵犯的特性；並且人們相信，我們所處的山川世界與人間一切美好的名物數度，均是來自於「天」之「意志」；換言之，即「天」的角色是多重的，其能力是鉅大的。若以時語

〔註68〕按「上帝即天」的說法，最早出現在伏生的《尚書大傳·洪範》中（見陳壽祺，《尚書大傳輯校》）。倘若我們聯想到嬴秦的焚書，項羽火燒咸陽，加上禁書令至漢惠帝時方予解除，依此我們有理由懷疑：《尚書》中的內容與文字，恐怕是經過漢人的整理與解釋的；是以「上帝即天」的說法或許自此方才成立。只是這點需再進一步佐證！

描述之,「天」有所謂「形上學」的意涵,有宗教般的神祕,同時擁有「自然主義」的面貌,以及「實用主義」式的因子,故包含了從「天道論」以彰顯人事之應爲的「人生價值論」等面向。〔註 69〕是以相較於「天」之角色的複雜,「上帝」的角色相對的就單純許多。「上帝」雖亦有主宰自然的風雨,左右人們的收成,命作城邑,罰入侵之部族,保佑信奉他的子民,或降禍於不義他的子民等能力,〔註70〕可是,「上帝」的能力並不是全能的,也不是至高無上的,而且他是人們直接畏懼的對象(「予畏上帝」),〔註71〕因而留下了一個可以予人們反思的空間,是抗拒,或是順從,或者來個不理不睬。

按:「上帝」即「天」的見解,就《尚書》而言,乃始自《尚書大傳‧洪範》,後人大致均從此說,未見疑義。陳夢家由卜辭的研究中,獨排眾議,認爲「西周時代開始有了『天』的觀念,代替了殷人的上帝,但上帝與帝,在西周金文和周書周詩中仍然出現」。〔註72〕陳氏此說,筆者同意後半論述,即「上帝與帝,在西周金文和周書周詩中仍然出現」,但前半論及「天」乃是西周才有的觀念,筆者則有疑義。蓋一個思想概念的出現,必經長時的焠鍊和琢磨,方能顯出其思想的精緻、概念的確然。若依筆者前節論及「天」的意義與「天命」的變革,並指出「天」之至高無上性格與權威至周依然保存,而且強調「天命」變革的震撼,才是促使周人反思的主要動力,因此,「天」

〔註69〕由於「天」的角色複雜,在時人引進西人之方,運用分析的方法來瞭解「天」之內涵者,其始自馮友蘭。其《中國哲學史》中認爲「天有五義」,即「物質之天」、「主宰之天」、「運命之天」、「自然之天」、「義理之天」(頁 55);而「修正」後的《中國哲學史新編》(1964)仍認爲「天」有五義,唯將「義理之天」又稱爲「道德之天」,但意未變(頁 75)。自此之後,時人均以自己所掌握的資料分析「天」之內涵,如傅偉勳認爲「天有六義」,即「天地之天」、「天然之天」、「皇天之天」、「天命之天」、「天道之天」、「天理之天」(見〈儒家思想的時代課題及其解決線索〉,《哲學與文化》月刊,臺北,第十三卷,第二期)。而傅佩榮則另闢途逕,認爲「天」有五種性格,即「主宰之天」、「造生之天」、「載行之天」、「啓示之天」、「審判之天」,並論述說「天的這五種性格之遞嬗轉化、輕重組合,正好反映了先秦各家思想的特色與要旨」(《儒道天論發微》,頁 60)。以上諸說,對於遠古之「天」的認識,均有參考的必要。

〔註70〕見胡厚宣,〈殷卜辭中的上帝和王帝〉(上)(下),北京:《歷史研究》(第九期~第十期,1959 年)。

〔註71〕在《尚書》中,有強調人「畏」於「上帝」的觀點,如商湯言「予畏上帝」(〈湯誓〉),周公言「殷王亦周敢失帝(即「上帝」)」(〈君奭〉),並未有「畏天」之說。

〔註72〕見陳夢家,《殷墟卜辭綜述》,頁 562。

與「天命」的概念，可能在殷商、甚至虞夏便已經有了高度的內涵，如此亦才能顯示出歷史由簡單到複雜變遷的過程。在《今文尚書》中，於夏商變革時的記載，確實即有了「天命」的認定。因此筆者覺得，我們無法以一句「西周時代開始有了『天』的觀念，代替了殷人的上帝」來總結「天」與「上帝」的關係。徐復觀對此便提出他的反駁，他說：

　　殷人……（一）此時天與大通用，多士之「大邑商」亦稱「天邑商」；有作「大」之天義，亦有作「天」本義之天字。（二）不能因今日所能看到之甲骨材料，概括殷代全部之材料。殷代除甲骨文以外，尚「有冊有典」（作者註：書多士，「惟爾知惟殷先人有冊有典，殷革夏命」）。今日尚書中之商書，不僅不是戰國時晉人之作或宋人之擬作，且其文字雖經多次傳抄轉述，當傳抄轉述之際，常有以今譯古之情形（按：如從《史記》看《尚書》即為一例）；但其原始材料，皆出於當時典冊散亂之遺，為研究歷史者的重要立足點。〔註73〕

徐氏的說法，在學術客觀上的立場是十分有道理的，筆者亦是如此的相信。但我們也不能因為歷史材料的不全，就心生懼怕而持持不作一結論。筆者認為，只要當我們在下最後論斷時，留意於切勿陷入自己所取的材料之中而以管窺天即可。

　　而關乎「上帝」與「天」之辨異，除了上述筆者所闡論的依據外，陳夢家於卜辭研究上所得的結論，可用來作為本小節的一個反證與補充。蓋陳氏認為「天」與「上帝」（其說為「帝」）有相同與相異的部分，不過「天」的意涵顯然豐富多了。然而，我們要注意的一點是，陳夢家是根據甲骨與銘文之信史對「天」與「上帝」這二個概念所作的探討之結果。〔註74〕

　　在殷、周對於「天」與「上帝」相同見解的部分，陳夢家歸結為四點：「帝之存在」、「上下若」、「上下與天帝分立」、「在帝左右」。然於《尚書》中與此相關僅有「帝之存在」和「上下與天帝之分立」二點。而「帝之存在」的認定，對於殷、周之人而言，均是很明顯的事實，如〈康誥〉云「冒聞于上帝，帝休」，〈顧命〉云「用端命于上帝」等。但對於「上下與天帝分立」這點，陳氏認為在〈召誥〉中可以得到佐證，筆者覺得有討論的必要。〈召誥〉云：「且曰：其作大邑，其自時配皇天，毖祀于上下，其自時中乂；王厥有成命，

〔註73〕見徐復觀，《中國人性論史・先秦篇》，頁18。
〔註74〕同註72，頁580～582。

治民今休。」陳氏以爲，此顯示「上下與皇天分立」。然觀「愼祀于上下」之意，乃「愼祀于上下神祇」，〔註75〕蓋即〈堯典〉中，行祭祀時要「徧于群神」的意思，目的在於致力從事治理中土（「其自時中乂」），而此作爲即是來自「天命」（「王厥有成命，治民今休」）。倘若依陳氏認爲「天」即「上帝」，卻又說「上下」（即群神）與「皇天」分立，因此，我們當可推出「上帝」並非群神之一，若此豈不與其所認爲「上帝」是一至上神的說法〔註76〕有所矛盾？可是，假如我們明白「天」與「上帝」之意涵的區隔，又依前述所說「上帝」爲群神中之至上神，是人們祭祀的對象之一，而「天」並非如此的話，由是而其旨意即可迎刃而解。

其次，陳氏認爲殷商之「上帝」（或「帝」）與西周之「天」的差異處有三點：（一）、「殷代的帝是上帝，和上下之『上』不同」；（二）、「由天之觀念的發生，而有『天命』『天子』，它們之興起約在西周初期稍晚時」；（三）、「殷人『賓帝』（按：即「配帝」），所以先王在帝左右，……周之爲天子，故爲配天」。

對於第（一）點，筆者前已提出反駁；對於（二）、（三）點，陳氏的立場是認定〈商書〉均是西周之後的作品，因此，縱然在〈西伯戡黎〉中，祖伊稱商紂爲「天子」的白紙黑字，即無法撼動其論點？可是，陳氏之見，畢竟是有限的甲骨卜辭之材料所歸納而成，如此怎能以彼之說強解殷人無「天」之概念？假若殷人沒有「天」的概念，爲何又會有強烈的「天命」觀點（如商湯革夏桀之命）？再者，原本主張「天」爲西周之後才有的郭沫若，他於《十批判書》之中卻又重新肯定〈盤庚〉爲殷人的作品，因此盤庚所言之「予迓續乃命于天」即爲殷人的論點。是故殷人除了有「配帝」之「上帝」的信念外，還存在著「天」的概念。若此，依陳氏所言的（二）、（三）兩點，我們當可反推《尚書》中的「天」與「上帝」，原本確實是含有不同的意義。所以，筆者覺得，我們應如唐君毅、徐復觀等人，對《尚書》所抱持的較爲樂觀之態度。〔註77〕

由此，筆者對於「天」與「上帝」之辨別的理由，歸納如下：

〔註75〕此說自孔疏以來均如是說，亦有將「上下」解爲「天神地祇」，如曾運乾（見《尚書正讀》，頁196）。
〔註76〕見陳夢家，《殷墟卜辭綜述》，第十七章「宗教」。
〔註77〕唐君毅之見，於《中國哲學原論·原道篇》（頁49）中提及；徐復觀之見，則在《中國人性論史·先秦篇》（頁456）中提及。

一、由《今文尚書》中的材料，可知「上帝」是一至上神，爲眾神之一，而「天」並不是單純的「神」，因爲「天」的角色是複雜的。但自有漢以來，人們均把「天」與「上帝」等同，而研究甲骨卜辭者，抑或只是接受了這個說法並未深究。

二、「天」的能力是無窮的，「上帝」的能力則是有限的。兩者最大的不同是，「天」之「命」的展現是人間政權變革的動力來源，然「上帝」僅能降災作福警示一下人們而已。

三、在《今文尚書》中，逝去之君王雖能與「上帝」交通，但並無法與「天」溝通，概因爲「天」的本身並不可知。

因此，筆者覺得有必要對「天」和「上帝」之意義當做一區別。不過，筆者還要再強調一次，即到了周代，在因革損益下所綻現的周文，「帝」、「上帝」與「天」的界線，似乎日見模糊了。可是，「天」的抽象概念逐漸增強，一直爲後人所繼承；但「上帝」的概念卻逐漸的消逝，並似乎爲後人所忽略而遺忘，「帝」則由祖先神轉變爲人間君王的稱號了！

第三節　承受天命之謀事者的自持

前面提及，政權興衰的背後有個「天」之「意志」在主控，此稱之爲「天命」。然爲政治民之謀事者們均認定，降下「天命」的「天」是個絕對公理正義的化身，因而亦認爲「天」之所「命」也是公理正義的。譬如「多行不義」的夏桀（「有夏多罪」，見〈湯誓〉）與商紂（「誕淫厥泆」，見〈多士〉），爲「替天行道」的商湯（「予畏上帝，不敢不正」，見〈湯誓〉）和周武（「惟天陰騭下民，相協厥居，我不知其彝倫攸敘」，故問於箕子，見〈洪範〉）所取而代之。然而，商紂的「我生不有命在天」（〈西伯戡黎〉）之語，卻自暴其本身的狂傲，加上周武王姬發於牧野一役的逆轉，〔註78〕是以雖爲「大邦」之殷，終因「天命」的轉移而覆亡，代之而起的即是「小邦」的姬周。

〔註78〕《史記・周本紀》云：「紂師雖眾，皆無戰之心，心欲武王亟入。紂師皆倒兵以戰，以開武王。武王馳之，紂兵皆崩畔紂。紂走，反入登于鹿臺之上，蒙衣其珠玉，自燔于火而死。」此《逸周書・克殷》亦有言。而「紂師皆倒兵以戰」的因緣，《史記》又云：「至於文王武王，昭前之光明而加之以慈和，事神保民，其弗欣喜。商王帝辛，大惡于民，庶民不忍，訢戴武王，以致戎于商牧。」此《國語・周語上》亦云。

一、周人繼承上帝、帝與天之意義及其開創的新格局

　　周人代殷而治，是一件驚天動地的歷史大事，而這件大事，卻促使了周人反思到「天命靡常」的恐懼與無奈；但這個恐懼與無奈，竟成為周人承繼夏、殷文化時，積極開創人事之應為的自覺之內在動力。周人一方面接受了夏、殷以來「配帝」的觀念，保留了對逝去祖先崇敬的精神與形式；另一方面，周人則開創出「配天」的新觀點，如周公以為興建東都洛邑是「其自時配皇天」。而此同時，周人又將殷人所信仰的「上帝」與傳統的「天」混同起來。譬如：

　　　　予惟小子，不敢替上帝命。(〈大誥〉)

　　　　我亦不敢寧于上帝命，弗永遠念天威，越我民，罔尤違，惟人。(〈君奭〉)

　　　　……厥圖帝之命，不克開于民之麗，…… (〈多方〉)

　　　　亦越成湯陟丕釐上帝之耿命，乃用三有宅，克即宅…… (〈立政〉)

　　　　惟時上帝集厥命于文王。(〈文侯之命〉)

按〈大誥〉一文乃周公東征伐殷之誓辭；〈君奭〉之文則是周公旦告知召公奭殷商覆亡的道理，而與其共勉勤政之語；〈立政〉則言商湯能光顯「上帝」之「命」，此均與殷人有關。而〈文侯之命〉所言，亦是追述殷周之際，對周文王的一種稱頌。是以可知，周人接受了殷人「配帝」的觀點。又〈大誥〉言「矧曰其有能格知天命」、「紹天明即命」；〈康誥〉之「天乃大命文王殪戎殷」，〈召誥〉說「茲殷多先哲王在天」，〈多方〉云「洪惟圖天之命」，〈顧命〉道「皇天改大邦殷之命」等諸語，與上述相較，當知周人將「上帝」與「天」之意義混淆了。

　　然而，「上帝」與「天」雖在概念有混同之疑，但筆者發現一個非常有趣的現象，即殷、周之國君均不稱為「帝子」，卻均稱為「天子」〔註79〕或「王」；更進一步，筆者亦未發現殷、周之國君有稱「帝」者。而稱之為「帝」者，在《今文尚書》中僅有「堯」與「舜」二人（見〈堯典〉及〈皋陶謨〉），此極可能是後人追尊之號，因為文中均有「曰若稽古」之語。這其間的區別，

〔註79〕 如〈西伯戡黎〉中，祖伊即稱商紂為「天子」；而在〈立政〉裏，周公叩首拜成王即「天子」位；〈顧命〉則有太保、芮伯對周康王言「敢敬告『天子』」等。又，在〈洪範〉之中，箕子便認為國君就是「天子」，故有「天子作民之父母，以為天下王」之語。

可能是與堯、舜之功績極大有關？〔註80〕此推測之理由，是因爲秦始皇統一六國時，李斯曾奏言其功績是「自上古以來未嘗有，五帝所不及」，結果爲其取了一個「皇帝」的稱號，以顯他的曠古功業。〔註81〕然則，這終究只是臆度，因爲並無實質的資料可以印證。可是，國君稱「天子」而不稱「帝子」，則是一條值得深入探究的線索。

　　儘管對此線索有文獻不足之嘆，但我們對此線索深思，當可合理推知，周人混淆「帝」、「上帝」與「天」諸概念，除了有殷周鼎革之鉅變的因素外，還有一點也值得我們注意，那即是戰爭勝利之周人的謀事者，思索應如何讓廣大的殷商遺民信服，並接受殷之覆亡且周之興起的事實，換言之，此處含有濃厚的政治意涵。〔註82〕正如前面引「上帝」、「帝」與「天」相較之文，我們即可發現，周之謀事者（尤其是周公）就是透過殷人「配帝」的信念予以轉化，說明殷商的覆亡是因爲商紂多行不義之故，因此「上帝」不再保祐，遂將「天命」轉移到周人身上！以此「信仰」的理由來讓挫敗之殷人獲致心靈上的安慰，使其不致於再滋生反叛之心，顯然是一種爲政的「技術」。而這種「技術」，正是周人承繼「上帝」、「帝」與「天」之意義後所開創的新革局。

　　這個新的革局，就是爲政治民之謀事者思索到人事之應爲的面向，其動力來源即是筆者於前屢屢提及的「天命靡常」觀。雖然周公在〈大誥〉中不斷強調「紹天明即命」、「天降威」、「天明畏」、「天棐忱辭」、「天命不易」（亦見於〈君奭〉）、「天命不僭」等，認爲「天」之「意志」是公理的、是正義的，然他也不得不承認「天命」不可能一直停留在周人身上，故有「天難諶」、「天不可信」（〈君奭〉）諸語。也因此，周公驚覺到「以人事爲天命之基礎」，〔註83〕故言「王其德之用，祈天永命」、「我非敢勤，惟恭奉幣，用供王，能祈天永命」（均見〈召誥〉）。於是周公積極行爲政治民之事，〔註84〕依其說法，其目的是在祈「天命」之永恆，卻也促成了史稱「成康之治」的盛世出現。〔註85〕

〔註80〕　請參見〈堯典〉與〈皋陶謨〉。
〔註81〕　見司馬遷，《史記・秦始皇本紀》。
〔註82〕　傅佩榮即已指出這層隱義，其謂：「天、帝混用的事實可能出自政治上的考慮；亦即，設法勸服商朝遺民……。」見《儒道天論發微》，頁27。
〔註83〕　此爲傅斯年語，見《性命古訓辨正》卷中，第二章。
〔註84〕　傳說周公曾「制禮作樂」，建立典章制度，此見《禮記・明堂》。且據稱《周禮》即述周公之意而作。
〔註85〕　《史記・周本紀》云：「成康之際，天下安寧，刑錯四十餘年不用。」史家稱爲「成康之治」（西元前1115年～西元前1053年）。

由以上的討論，筆者對於西周所開創的新格局，整理歸納如下：

一、周人的新格局乃是融合了殷、周的思想而來。周人依然認定「天」是公理正義的，而「天命」則是降在施行正道的國君身上；但他們亦知「天命」之承繼的不易。

二、也因爲深知永保「天命」不墜之不易，遂驚覺到當「以人事爲天命之基礎」，而這則是來自對於殷商覆亡的深刻反省。

由此加上上節的討論，筆者認爲在「天命」變革的尾聲中，指出周人產生了「配天」與「天惟是求民主」的兩個新觀點，可知周人的新創格局是歷史上一次的大變革，此變革則影響了日後取得政權之謀事者的思維，將爲政治民之重心放在人事之應爲的焦點上，而此正是中國三千年來政治型態的奠基時期。若此，我們便能進入眞正的爲政治民之謀事者，其爲何會有堅定的理由可以自持而無所畏懼的因緣！

二、謀事者自持的歷史意識

姬周滅殷商之後，並未顯出勝利者的自狂與自傲，他們反而對於「天命」移轉的歷史事實產生了極爲深刻的自省和反思，遂有「天命靡常」(《詩經・大雅・文王》)的感嘆，亦有「天命不易」(〈大誥〉、〈君奭〉)的堅信之持。處於這環境鉅變的氛圍，卻夾雜了恐懼、無奈的茫然和希望、期盼的祈嚮，周人竟於這個繁複的氛圍中開創出新的格局，因而奠定了三千年來中國政治理念思維形成的基礎。這新的格局，即是前節所指出的，永保「天命」之不墜當思「以人事爲天命之基礎」。於是具體的典型出現了，並且落實了，如「穆穆文王」(《詩經・大雅・文王》)的贊嘆，「惟乃丕顯考文王，克明德愼罰」(〈康誥〉)的追憶；又如武王的「順天應人」〔註86〕之功，於是後人便以發揚文武之道自勵。

倘若依從前面所探討的說法，我們必然無法否認在夏、商、周三代，爲政治民之謀事者均普遍地認爲「天」是政權興衰最後的裁斷者，譬如夏啓舉兵伐有扈氏，〔註87〕其所持的理由即是「天用勦絕其命，今予惟恭行天之罰」(〈甘誓〉)。無獨有偶的，商湯伐夏桀亦用了相同的認定，而言「有夏多罪，天命殛之」(〈湯誓〉)，因此，他要「致天之罰」(同上)。到了周武，其亦以

〔註86〕語見《周易・革卦・彖傳》，其云「湯武革命，順乎天而應乎人。」
〔註87〕此另有傳說是夏禹與有扈氏戰於甘，如《墨子・明鬼下》、《呂氏春秋・召類》、《莊子・人間世》等；又或說此乃夏君相與有扈氏交戰，《呂氏春秋・先己》等。

「惟恭行天之罰」（〈牧誓〉）之名討伐商紂。由此可知，「天」是為政治民之謀事者的最終憑藉，此當無庸置疑；而因「天」所降之「命」，則成為為政治民之謀事者從事之最佳理由了，因此，謀事者的自持即在「天命」！

　　且「天命」一語之內容，為政治民之謀事者們亦皆認定，其「命」必然是去弊興利、除惡揚善的，故而有言「惟天監下民，典厥義」（〈高宗肜日〉），但「天命」並非絕對的，遂又言「降年有永有不永，非天夭民，民中絕命」（〈同上〉），可見一般人民的智識水平，並無法普遍地認知到「天」之所「命」的內涵。因此，為政治民之謀事者就有絕對的必要予以引導，孔子說：「為政以德，譬如北辰，居其所，而眾星共之」（《論語‧為政》）正可為此意之註腳。然而，欲引領眾民者，當必先知曉什麼是「天」之所「命」的「利」與「善」，殷王盤庚遷殷，即為一例。

　　然此「知」或「不知」「天命」必生紛爭，是以為政治民之謀事者們，不管有心或無意，均必得肯定「天命不易」的命題，原因無他，因為此是其施政治民的最權威之理由。一如盤庚訓斥反對他遷都的臣民，大言「予迓續乃命于天」；又如周公訓誡殷之「頑民」，〔註88〕認為殷商的覆亡無非是「天命」，而遷徙殷之遺民于洛邑，並且不進用他們，此亦是「天命」（見〈多士〉）；而周公且亦認為夏與商的覆亡是「不敬厥德」（〈召誥〉），故「早墜厥命」（〈同上〉）……，是以「天命」成為謀事者之為政治民的憑藉。然則，「天命」的內容為何？「天命」為什麼又是「不易」的呢？盤庚遷殷時曾說：「先王有服，恪謹天命，茲猶不常寧，不常厥邑，于今五邦。」（〈盤庚〉）於此，盤庚透露出，得到「天命」之外，還得需要世間人們的共同努力，所以他又說：「今不承于古，罔知天之斷命，矧曰其克從先王之烈？」（同上）此處明白的指出，「天命」的存在與否，即在於其現世的子孫後輩，是否亦有同逝去的先王努力實踐「人事之應為」的應然之事；而此處的「人事之應為」，絕不是指「遷都」之事，〔註89〕而是指在追求一長治久安的嚮望。由此推知，「天命」的內

〔註88〕《偽古文尚書‧畢命》言：「毖殷頑民，遷于洛邑」；而今之〈書序〉亦言「成周既成，遷殷頑民，周公以王命誥，作多士。」然《史記‧周本紀》將「頑民」作「遺民」，是以當為屈萬里誤引（見《尚書釋義》，頁147）。然何謂「頑民」？按孔穎達《尚書正義》之說，即「謂殷之大夫士從武庚叛者，以其無知，謂之頑民」。

〔註89〕孫星衍的《尚書今古文注疏》云：「天之斷命，言天終于此邑，將永其命於新邑，當繼古人遷都之事。」此說恐非是！

涵乃在於爲政治民之謀事者有無彰顯出「人事之應爲」的職責，因此，所謂的「天命不易」之意，則可解爲「天命是不容易實踐完成的」。所以盤庚可說：「無戲怠！懋建大命。」（同上）其意即爲「汝等不要戲怠，勉力傳達我之教命，使周知之」。〔註90〕

可是，筆者於本章第一節中認爲，「天命不易」之意是指「天命是不會輕率變易的」。此和「天命是不容易實踐完成的」之說相較，又有何異同？實則，筆者認爲此乃是爲政治民之謀事者對「天命不易」內涵之認知層面的不同，事實上則是殊途同歸的。在周人的心目當中，因爲曾對「天命靡常」的反思而產生自省自覺，遂對於「天命不易」一語的看法，不但重新肯定「天命」的意義，並以此來排除因「天命靡常」所帶來的不安和無奈，且以希望的祈嚮予以置換，故其解「天命不易」之意，當爲「天命是不會輕率變易的」之自信（此點已論述於前）。然殷商之人並未有如周人的這層反思，他們僅是依照傳統的信任「天命」，認爲只要努力實踐「天」之所「命」的內容即可。除盤庚遷殷的事例之外，在祖伊上諫商紂時亦說：「非先王不相我後人，惟王淫戲用自絕，故天棄我，不有康食，不虞天性，不迪率典。」（〈西伯戡黎〉）〔註91〕換句話說，「天」對於商紂的行爲已到了忍無可忍的地步，因而轉移「天命」予新周，縱使商紂依然自信「我生不有命在天」，但因「乃罪多參在天」（同上），是以就算是「責命于天」（同上），亦無濟於事了！如此說來，倘若商紂能如祖庚知過而改的話（見〈高宗肜日〉），那麼「天命」可能就會繼續保存在殷人的身上，而不會轉移到新周了！

因此，殷商文化蘊孕了周人的豐富思維，我們由現存的文獻即可知之。而周人一如殷人一般，依然肯定「天命」的公理正義之性格，然其對於「天命」的認知，則不只是要好好努力踐行「天」之所「命」而已，所以周公面對「天命」時的態度則充滿了誠愼恐懼。其言：「弗造哲迪民康，矧曰其有能格知天命？」（〈大誥〉）這話意思是說，「未遇明哲，以導民於安，況有能度知天命者乎」；〔註92〕《僞孔傳》講得更好，其云：「安人且猶不能，況其有能知天命者乎。」此實則是周公對眾諸侯們說明成王仍幼，無法承擔大任，〔註93〕是以周公之思，似乎已將爲政治民之念置放於認知「天命」之前，而把心思從事於爲政治民的

〔註90〕此爲周秉鈞語，見《尚書易解》，頁106～107。

〔註91〕《史記・周本紀》云：「武王乃作太誓，告于眾庶：今殷王紂乃用其婦人之言，自絕于天，毀壞其三正，……。」今僞〈泰誓〉亦有「自絕于天」一語。

〔註92〕同註90，頁157。

〔註93〕見杜正勝，〈尚書中的周公〉，《周代城邦》，頁168～169。

工作之上，不再去詢問「天」的可不可知與「天命」的內容了！周公說：

> 我不敢知曰，有夏服天命，惟有歷年；我不敢知曰，不其延，惟不
> 敬厥德，乃早墜厥命。我不敢知曰，有殷受天命，惟有歷年；我不
> 敢知曰，不其延，惟不敬厥德，乃早墜厥命。今王嗣受厥命，我亦
> 惟茲二國命，嗣若功。（〈召誥〉）

周公認為，夏、殷之覆亡，乃是「不敬厥德」，因而「早墜其命」，故以「敬」、
「德」來勉勵周成王誦，欲其牢記夏、殷二國覆亡的教訓，以此為鑑；並盼
其「王其德之用，祈天永命」（同上）。因此，新的「天命」之內涵出現了，
而此新的內涵即是「人事之應為」。對於此，馮友蘭作了如下的結論，他說：

> 這就在一定程度上對殷商以來的天命觀作了些修正，限制了些天命
> 的作用，強調了人為的力量，就這點講在當時說還是有一定的進步
> 性的。〔註94〕

馮友蘭的這個結論，筆者並不完全贊同，因為依筆者的論述觀之，周人並未
有「限定」天命的意義，他們僅是在夏、商以來的「天命」文化傳統中，添
黏了「人事之應為」的內容，但因為這個添黏，遂將往昔茫然的服膺「天命」
增加了「人」之自我體悟的色調，也因此凸顯出政治理念的崛起，是以這個
「修正」，筆者私意覺得是一個「非常大的」進步。亦是因為這是一個非常大
的進步，故我們有必要更進一步去探索「人事之應為」的真正內容為何，此
即為下一章所欲論述的焦點。

〔註94〕見馮友蘭，《中國哲學史新編》（1983）（第一冊），頁 73。

第三章　由謀事者的自持論《尚書》政治哲學的理念

提　要

　　從前章的討論裏，我們可知於《今文尚書》中所凸顯的爲政治民之謀事者的憑藉，乃是認定有個公理正義的「天」，能降下富涵公理正義的「天命」。「天命」這種奇特的想像，隨著謀事者的認知開展和自我反省的進路下，逐漸產生了變革，終於引發出「人事之應爲」才是踐行「天命」的基礎，這也逐漸形成爲永保「天命」於不墜的堅信理由。所以，我們實有必要探索這個「人事之應爲」的實質內涵，此亦正是《今文尚書》的政治理念之所在。

　　後人曾以「敬德保民」說作爲《尚書》政治理念哲學的一個解說，筆者於第一章的陳述中便已指出；而本章，筆者亦是以「敬德保民」作爲「人事之應爲」的政治思想之實質內涵。所不同的是，筆者想嘗試論述「敬」與「德」乃是二個不同的概念，以此論證出關乎「禮」的社會秩序，明「用康保民」（〈康誥〉）之旨，同時並質疑「民之所欲，天必從之」爲一個肯定用語。詳細的論說，請見本章第一節：「敬、德、保民的爲政治民之哲學」。

　　其次，西周社會是以「封建」爲主的一個階級嚴明的世代，這可能是改良了夏、商以來的「封建」制度而建構完成的。然以《今文尚書》僅有的資料中，我們只能以周人之謀事者在爲政治民之哲學理念下所開顯的政治成果之果實，嘗試評斷這「封建」下社會的優與劣。關乎此點內容，請見本章第二節：「由《尚書》中見西周封建政治的精神與良善」。

　　最後，筆者則欲從《今文尚書》論述上古先民對於「人」之普遍意涵的

初步嘗試。這問題的主軸是：一般平民大眾的命運，眞的是完全操縱在爲政治民之謀事者的手中嗎？對此，筆者嘗試解析在《今文尚書》中有關「人」與「民」之指涉與意涵，並區判國君與百官的眾謀事者和平民「小人」間的關係爲何，以期凸顯出《今文尚書》對普遍性之「人」的初步探求。諸如此類的疑問與解答，請見本章第三節：「《尚書》中謀事者與『小人』間的關係」。

第一節　敬、德、保民的爲政治民之哲學

欲進入論述「敬」、「德」與「保民」的爲政治民之哲學前，我們有必要先行探索「敬德保民」一辭究竟是怎麼來的。

蓋在〈召誥〉一文中，周公旦對周成王姬誦與召公奭說，夏、殷之覆亡，是因爲他們的國君「不敬厥德」，因而「早墜厥命」；於〈無逸〉中，周公諫成王亦有「則皇自敬德」之語，是以有「敬德」一辭的說法出現。而周公「懼康叔齒少，爲梓材，示康叔可法則」（《史記·衛世家》）的〈梓材〉之文中，其勉康叔姬封言「惟曰欲至于萬年惟王，子子孫孫永保民」；另〈無逸〉之文亦有勉成王之言，「爰知小人之依，能保惠于庶民」，因此，「保民」亦成爲一辭。後人遂將此總結爲「敬德保民」，以此作爲《尚書》政治哲學理念的一個解說。故「敬德保民」一語，乃是後人歸納而來的。

大體上，筆者接受「敬德保民」之論題，是《尚書》的政治理念哲學中一個重要的解答線索，但觀《今文尚書》諸篇文意，筆者認爲「敬」與「德」當爲二種不同的概念，因此有必要予以重新檢視；而「保民」的內涵，筆者亦認爲並非如後人所強加的「以民爲主」之「民本思想」可予以解釋，是故我們亦得深入《尚書》原文探究一番。基於此，本章所欲論述之主題排列如下：

一、《尚書》中敬的意涵與轉化；
二、《尚書》中德的本義與內化；
三、《尚書》中對保民的思索與鵠的；
依此論題的陳述，筆者希冀能明析出《今文尚書》中素樸的政治理念之哲學思想，並盼望能因此而過度認識到《今文尚書》對歷史影響的因緣。

一、《尚書》中敬的意涵與轉化

許愼《說文解字》云：「敬，肅也。」（《說文解字注》，第九篇上·三十

九左）段玉裁注：「肅者，持事振敬也。」依此，「恭」亦「敬」也。〔註1〕而「敬」字在《今文尚書》中，按筆者所記凡五十三見，分布於十六篇，大都見於爲政治民之謀事者的政治誥命與記錄時事的諸文篇章之中，且於舉兵誓師的誓文裏並未見及。〔註2〕另「恭」字於《今文尚書》內又有二十三見，亦廣布於十二篇章中，且大體與「敬」字所出現的文獻相重疊。〔註3〕是以研讀《今文尚書》，「敬」字（包括「恭」字）出現的頻率，若以篇章來計，則近乎五分之三強，由此可知，「敬」的概念在《尚書》中已被凸顯出來了！〔註4〕假如再加上亦解爲「敬」之意的「欽」字（見《僞孔傳》說）十八見，〔註5〕那麼，關於「敬」字的出現就近乎百字了。這種高頻率的現象，提供了我們探索《尚書》政治哲學的一個絕佳進路。

1、敬在《尚書》中的意涵

若從記錄時事的諸文觀之，我們或能得知「敬」字在《尚書》中的原初意涵。以〈堯典〉爲例：

> 乃命羲和，欽若昊天，厤象日月星辰，敬授人時。……申命羲叔，宅南交，曰明都，平秩南訛，敬致。……帝曰：契！百姓不親，五品不遜，汝作司徒，敬敷五教，在寬。

按：羲和乃是掌天文之官，旨在「敬記天時以授人」（《僞孔傳》說），故蔡沈認爲，「人時謂耕穫之候，凡民事早晚之所關也」（《書經集傳》）。伏生云：「知民之緩急，急則不賦籍，不舉力役，故曰敬授人時，此之謂也。」（《尚書大

〔註1〕《說文解字》云：「恭，肅也」（《說文解字注》，第十篇下·二十七左），段玉裁注云：「肅也，持事振敬也。尚書曰：此以肅釋恭者，析言則分別，渾言則互明也。論語每恭敬析言，如居處恭，執事敬；貌思恭，事思敬皆是。」由此可知，「恭」可作「敬」也。

〔註2〕此十六篇屬誥命者有〈盤庚〉、〈康誥〉、〈梓材〉、〈召誥〉、〈洛誥〉、〈多士〉、〈無逸〉、〈君奭〉、〈多方〉、〈立政〉與〈顧命〉；而屬記錄時事者有〈堯典〉、〈皋陶謨〉、〈高宗肜日〉、〈洪範〉和〈呂刑〉諸篇。

〔註3〕此十二篇與出現「敬」字之篇章相較，少了〈高宗肜日〉、〈梓材〉、〈多士〉、〈立政〉、〈呂刑〉與〈顧命〉等六篇，卻多出現於〈牧誓〉和〈酒誥〉二文當中。

〔註4〕《論語·憲問》已言：「修己以敬」，強調有如《周易·坤卦·文言》的「敬以直內」，遂有「居處恭，執事敬」（〈子路〉）的自持。而宋儒程伊川則提出「涵養須用敬，進學則在致知」（《河南程氏遺書》卷第十八）的「主敬」說，則影響了日後宋明理學在人生修養論方面的發展。

〔註5〕「欽」字出現於〈堯典〉、〈皋陶謨〉、〈盤庚〉、〈多方〉與〈立政〉等五篇。

傳》）所以其意是指謀事者對於行事之認眞的態度。而羲叔爲治南方之官，「平秩南方化育之事，敬行其教以致其功」（《僞孔傳》說），此即「敬致」之意。〔註6〕又契爲司徒，職在「敬敷五教」。「五教」者，依司馬遷之見，乃「父義、母慈、兄友、弟恭、子孝」（《史記·五帝本紀》）之人倫大事，因此，蔡沈云：「敬，敬其事也。聖賢之於事雖無所不敬，而此又事之大者，故特以敬言之。」（《書經集傳》）由是之故，我們可歸納出《尚書》中「敬」字之意涵，即是爲政治民之謀事者對其所面對之事物的一種內心尊崇且負責的嚴肅態度。而《詩經·周頌》中云：「維予小子，夙夜敬止，於乎！皇王繼序思不忘。」（〈閔予小子之什·閔予小子〉）正是此種態度的眞實寫照。〔註7〕

又於〈皋陶謨〉一文，所謂的「九德」中有「亂而敬」與「愿而恭」二德，因此，可知在《尚書》中的「敬」（或是「恭」）是廣義之「德」的一個內容。金履祥在《尚書表注》中，依「敬」爲「德」的一個內容說：「治亂曰亂，亂者恃有治亂解紛之才則易忽，亂而敬謹則爲德。」〔註8〕故〈皋陶謨〉強調爲政治民之謀事者當「達于上下，敬哉有土」，〔註9〕所以《尚書》的「敬」之原始意涵，應是筆者所提的爲宜，即是爲政治民之謀事者對其所面對之事物的一種內心尊崇且負責的嚴肅態度。

爲更進一步佐證筆者對《尚書》之「敬」的見解，試比較下列記事諸文的內容：

> 禹曰：俞哉！……惟帝時舉，敷納以言，明庶以功，車服以庸，誰敢不讓，敢不敬應？（〈皋陶謨〉）

> 王司敬民，罔非天胤，典祀無豐于昵！（〈高宗肜日〉）

> 天齊于民，俾我一日；非終惟終，在人。爾尚敬逆天命，以奉我一人，雖畏勿畏，雖休勿休；惟敬五刑，以成三德。一人有慶，兆民賴之，其寧惟永。（〈呂刑〉）

〔註6〕 「敬致」，蔡沈《書經集傳》認爲是「周禮所謂冬夏致日，蓋以夏至之日中，祠日而識其景」；周秉鈞之《尚書易解》應是據此而言，其云：「敬致，敬日之回歸也。」然「敬致」者，在於「平秩南訛」，是以其目的當如羲和般的「敬授人時」，所以《僞孔傳》說更爲發顯，因而採之。

〔註7〕 此詩之意，依毛詩注，乃是周成王即位，祭拜武王之廟時之詩。鄭玄箋言此數句之意爲：「我小子早夜愼行祖考之道，言不懈倦也。」

〔註8〕 見金履祥，《尚書表注》上卷。

〔註9〕 此意可參考本文第二章第一節，「天的至高無上性格與權威」及其註13。

按：「敢不敬應」，意即百官怎敢不敬順帝（舜）之命呢？〔註10〕「王司敬民」之語，其意是指「嗣位當敬先王以順天」。〔註11〕〈呂刑〉此段則提及「敬逆天命」（「逆，迎也」，《爾雅‧釋言》說）與「惟敬五刑」〔註12〕的「敬」之意涵，不離筆者所認定之義。然於此，我們發現「敬」之目的，乃是在於表顯出「一人有慶，兆民賴之」的景象。倘若為政治民之君王（即「一人」），能崇敬負責的面對「天命」（即「有慶」〔註13〕），億兆之民將因此而有利可享。故「其寧惟永」（「其乃安寧長永之道」，《僞孔傳》說）乃是「在人」是否「敬刑成德」，而此「人」即是為政治民之謀事者的「天子」，因為只有天子才配承授「天命」，也因此，天子的責任極為重大。此正是《論語》所強調的為政訊息，即「政者正也，子率以正，孰敢不正」（〈顏淵〉）的「上行下效」的政治觀，亦即「人事之應為」的精神所在。因為「人事之應為」的自覺，「敬」的意涵便逐漸的轉化，不再只是單純的內心真誠之嚴肅態度了！

2、敬的意涵在《尚書》中的轉化

《爾雅‧釋言》云：「誥誓，謹也。」邢昺疏：「以大義諭眾之謂誥，集將士而戒之曰誓，尚書誥誓之篇是也。」而《說文》解「謹」為「愼」（《說文解字注》，第三篇上‧十二左）；若此，「敬」之意涵顯然不再是純內心的尊崇與負責的態度了，因為此已加上了某種「形式行為之要求」。何謂「形式行為」呢？即在心中有所思念、構想，然尚未賦之踐行者。在前文探討〈呂刑〉

〔註10〕董仲舒的《春秋繁露‧制度》即云：「貴賤有等，衣服有制，朝廷有位（以上亦見《禮記‧坊記》），鄉黨有序，則民有所讓而不敢爭，所以一也。書曰：輿服以席，誰敢不讓？敢不敬應？此之謂也。」《僞孔傳》亦說：「上惟賢是用，則下皆敬應上命而讓善。」顯然是典型的「上行下效」之政治觀點，所以屈萬里言「敬致，敬順帝命」（見《尚書釋義》，頁49），是矣！惟筆者認為此處之「下」，當指為政治民之「百官」，賓下文有「弼成五服，至于五千；洲十有二師，外薄四海，咸建五常」諸語可證。

〔註11〕「王司敬民」，「司」作「嗣」，見《史記‧商本紀》，故「王司」乃嗣位於王之意。而「民」者，吳汝綸之《尚書故說》認為，「民」為「敃之省，勉也」（見屈萬里，《尚書釋義》引，頁85），頗為出奇，亦可通。然孫星衍說，「民者，對天之稱，謂先王」（《尚書今古文注疏》卷七），而《禮記‧坊記》有「先民有言，詢于芻蕘」之句，鄭元注：「先民，謂上古之君也」。若依〈高宗肜日〉乃祖庚祀武丁之祭，故孫說為是。

〔註12〕《史記‧夏本紀》云：「甫侯言于王，作修行辟」，故「五刑」者當指律罰之制定，因此不應陷于詢問何為「五刑」，因「五」者蓋表多也。

〔註13〕「慶」者，「福」也。見屈萬里，《尚書釋義》，頁196。

時，筆者就已指出「敬」之意涵已逐漸轉化了，這個轉化表現在「敬」是追求「秩序」的一個基本工夫。爲了探究這層因緣，筆者將從出現大量「敬」字的「以大義諭眾」之十餘篇誥文切入，同時並排除「集將士而戒之」的諸篇誓文，〔註14〕以此來看「敬」之意涵在《尚書》中的逐漸轉化。

嗚呼！今予告汝：不易！永敬大恤，無胥絕遠！（〈盤庚〉）

朕及篤敬，恭承民命，用永地于新邑。（同上）

王曰：嗚呼！封！敬明乃罰。人有小罪非眚，乃惟終自作不典；式爾，有厥罪小，乃不可不殺。乃有大罪非終，乃惟眚災；適爾，既道極厥辜，時乃不可殺。（〈康誥〉）

王敬作所，不可不敬德。我不可不監于有夏，亦不可不監于有殷。……惟不敬厥德，乃早墜厥命，……今天其命哲，命吉凶，命歷年；知今我初服，宅新邑。肆惟王其疾敬德？王其德之用，祈天永命。（〈召誥〉）

爾尚明時朕言，用敬保元子釗，弘濟于艱難。（〈顧命〉）

按：「永敬大恤」，「恤」乃「憂」也，〔註15〕此即顯示「居安思危」之念；而「朕及篤敬，恭承民命」之語，乃盤庚的捫心之問，認爲其是「汲汲地向著忠厚謹慎的目標邁進，恭謹地保護民眾的生命」，〔註16〕因而堅持遷都於殷。依此觀之，「敬」不再只是面對事物時之素樸的心靈，反而由此產生出踐行目的的積極動力。又周公告康叔言「敬明乃罰」，認爲「凡行刑罰，汝必敬明之」，蓋「欲其重愼」（《僞孔傳》說），因此，罪小卻又知法犯禁之人（「人有小罪非眚，乃惟終自作不典」），與罪大乃一時之失之人（「乃有大罪非終，乃惟眚災」），其刑應酌情斟定，前者當殺一以儆百（「式爾，有厥罪小，乃不可不殺」），後者則應開導以贖罪（「適爾，既道極厥辜，時乃不可殺」）。〔註17〕〈召誥〉

〔註14〕 筆者於此要強調一點，即諸篇誓文中亦含又「敬」之轉化後的意涵，然諸誓文之目的，其旨要當在爲其誓師征伐的「行爲」作一合理化的解釋，所以比較傾向外在行爲之表述，故筆者將留在討論「德之本義與內化」時再行提出。

〔註15〕《僞孔傳》、《書集傳》均作此說。

〔註16〕 此引自屈萬里，《尚書今註今譯》，頁63。而《僞孔傳》及《書經集傳》均以爲「我當與厚敬之臣奉成民命」，大謬矣！孫星衍即糾正爲，「敬恭以民于溺，以順天命」，是矣！此見《尚書今古文注疏》卷六。

〔註17〕 對此，漢代的王符曾有精彩的論述。《潛夫論·述赦》云：「尚書康誥：『王曰：於戲！封！敬明乃罰。人有小罪匪省，乃惟終自作不典；戒爾，有厥罪小，乃不可不殺。』言惡（應爲「恐」之誤，汪繼培說）人有罪雖小，然非以過差爲之也，乃欲終身行之，故雖小不可不殺也。何則？是本頑凶思惡而爲之

所言的諸語，其意是指夏、商的覆亡歸於其君王「惟不敬厥德，乃早墜厥命」，以此誡勉成王當「敬德」，遂以謹慎恭行的態度與深思來合乎「德」的行爲，並祈求「天命」之永恆。且在成王危殆之時，遺言勉求召公奭、畢公高等臣子要以「敬」之精神來保康王姬釗，可知此「敬」之意涵已有顯明的「形式行爲之要求」。

這種「形式行爲之要求」，實則是意象性的指謂；換言之，就是以「敬」之精神促使目標達成。譬如「洪範九疇」之二的「敬用五事」（見〈洪範〉），對於「貌」、「言」、「視」、「聽」、「思」等五者，均是以「敬」作爲其行爲表徵的精神。在《尚書》中，處上位的謀事者屢屢以「敬哉」、「欽哉」之語來勉其在下位的謀事者，譬如周公勉康叔言「恫瘝乃身，敬哉」（〈康誥〉），其即是「將心比心」之意。《書經集傳》云：「視民之不安如疾痛之在身，不可不敬也。」可爲此之註腳。又如〈堯典〉，帝堯命鯀治水言「往，欽哉」，嫁二女試舜之治家亦言「欽哉」；而舜攝政行事，在面對刑罰時，即不忘自勉「欽哉！欽哉！惟刑之恤哉」，又二十二賢人之輔佐，亦勉其「欽哉！惟時亮天功」……等等。除此之外，「形式行爲之要求」還包括了「敬典」、「敬忌」、「敬勞」、「敬天之休」、「敬事上帝」等，尤其又表顯在「用刑」之上。試看下文：

> 汝亦罔不克敬典，乃由裕民。惟文王之敬忌，乃裕民。曰：我惟有及。則予一人以懌。（〈康誥〉）

> 我有師師，司徒、司馬、司空、尹、旅。曰：予罔厲殺人，亦厥君先敬勞，肆徂厥敬勞。肆往，姦宄、殺人、歷人，宥；肆亦見厥君事，戕敗人，宥。（〈梓材〉）

> 王拜手稽首曰：公不敢不敬天之休，來相宅，其作周匹休！……公其以予萬億年。敬天之休。（〈洛誥〉）

> 亦越文王、武王，克知三有宅心，灼見三有俊心，以敬事上帝，立民長伯。立政：任人、準夫、牧作三事。……（〈立政〉）

> 周公若曰：太史！司寇蘇公式敬爾由獄，以長我王國。茲式有慎，

者也。『乃有大罪匪終，乃惟省災；適爾，既道極厥罪，時亦不可殺。』言殺人雖有大罪，非欲以終身爲罪，乃過誤爾，是不殺也。若此者，雖曰教之可也。金作贖刑，赦作宥罪（按：《尚書·堯典》作「金作贖刑，眚災肆赦」），皆謂良人吉士，時有過誤，不幸陷離者爾。」然其所引〈康誥〉之語，與今之經文有所出入，孫星衍說：「潛夫論異字，蓋今文也。」（《尚書今古文注疏》）

以列用中罰。(同上)

按:「典」者,爲「常」、爲「法」,〔註18〕《僞孔傳》云「稱典者,以道可百代常行」。又:「由」乃「圖」也;「裕」乃「猷、道也」,「皆啓迪誘導之意」。〔註19〕而「敬忌」者,「謂上明德敬也,慎罰忌也」(《尚書今古文注疏》卷十五)。因此,所引〈康誥〉此段的意旨,乃在「言汝亦無不能敬法,乃以道導民,思文王之敬德忌刑。乃道民曰:我思逮及法則文王,天子當悅懌汝矣」(同上)。故此乃在祈求百世的典型之刑罰,並以文王之作爲爲其榜樣,而更重要的是,其指出治民當以「導民向善」之方爲上,此正所謂「君子之德風,小人之德草:草上之風必偃」(《論語・顏淵》)的道理。故「典」是「敬」的「形式行爲之要求」內容之一。

〈梓材〉之文,《逸周書・謚法》云:「殺戮無辜曰厲。」「肆」乃「今」;「徂」爲「往」(《尚書今古文注疏》卷十七);而「敬勞」者,有人解爲「矜勞」,認爲「敬」爲「憐憫」,「勞」乃「閔昔」,〔註20〕但此說似乎不合爲政治民之正道,反而表顯出一種「以上蔑下」的不尊重。實則,我們若接續認識下文,當知此文之意旨乃在「寬宥」以往於商紂之時的違法犯禁者,是以周公欲諸位不同的謀事者,如司徒、司馬、司空等,要他們在爲政治民時,宣揚姬周之邦並不會濫殺無辜,使民心安,此即是「敬勞」眞義。王充的《論衡・效力》即云:「梓材曰:彊人有王開賢,厥率化民。〔註21〕此言賢人亦壯彊於禮義,故能開賢,其率化民。」是以本文之意是在「言當告其臣,以予無敢虐殺人,亦當自其君先之,以敬勞民。今汝往其敬勞之」(《尚書今古文注疏》卷十七),亦即「以示咸與維新之意」。〔註22〕在此,〈梓材〉則指出爲政之道不在於殺戮所產生的嚇阻作用,而是在於知民之疾苦,並用心使他的疾苦消逝;換言之,應讓人民對其爲政治民之方深具信心,此即孔子所言的「民無信不立」(《論語・顏淵》)。依此觀之,「勞」亦是「敬」的「形式行爲之要求」的內容之一。

在〈洛誥〉一文中,召公引周公之意,以「敬天之休」的理由,認爲建造

〔註18〕周秉鈞說,見《尚書易解》,頁177。

〔註19〕曾運乾說,見《尚書正讀》,頁169。然于省吾的《(雙劍誃)尚書新證》,以「裕」爲「衮」,地名,遂將此斷句爲「汝亦罔不克敬典乃由,裕民惟文王之敬忌」,此眞是一新解,見其書卷二。

〔註20〕見屈萬里,《尚書釋義》,頁130;《尚書今註今譯》,頁113。

〔註21〕此語今之〈梓材〉作「王監民,厥亂爲民」。孫星衍之《尚書今古文注疏》卷十七與皮錫瑞之《今文尚書考證》卷十六,均以王充之引文爲「今文」。

〔註22〕此引曾運乾說,見《尚書正讀》,頁184。

洛邑乃是「天命」所降，但周人卻存有祈求「天命」永恆不易的憂患之心；〈立政〉中則以「敬事上帝」的誠意態度，舉出爲政治民應有的設制。〔註23〕然而，一般民眾的心靈是渴望公正，不希望自己所努力的成果被剝削，而這種綺麗的盼望，乃是公理正義的「天」降給於每一個個人的心靈當中。〔註24〕可是，人生活於世必有行爲，若此必生好壞善惡，因此需要裁斷，故有賞善罰惡的刑罰出現；可是，裁斷是非的謀事者，爲了彰顯「天」所賦予的公理正義之心靈，在面對裁斷的時刻就不得不慎重了。所以周公稱頌司寇蘇公，〔註25〕即是因爲其在面對裁斷時的態度，是「恭敬用獄」（「式敬爾由獄」〔註26〕），遂延長了姬周國家的年祚（「以長我王國」）。是以用刑施罰不可不慎，因此說「現在用刑施罰更應謹慎，對於犯禁入罪之人，當用適當的條例予以適當的懲罰」（「茲式有慎，以列用中罰」）。〔註27〕因此，對「天」的尊崇，對「上帝」的誠心，對立官設制、用刑施罰的謹慎，也都是「敬」的「形式行爲之要求」的內容。

　　綜上所述，我們可知「敬」之意涵是由單純的尊崇負責之心，而逐漸擴大爲具有「形式行爲之要求」的意義，差別僅在於「敬」之意義尚未表顯於外，而能予人明白識知。所以，「敬」之意涵是起於人的內心深層，是眞誠、美善與無僞的，這正是「人事之應爲」的根本基礎。相對於「德」而言，「德」是發顯於外的適當行爲，根本動力亦來自於「敬」，因若無「敬」爲其根基，即無「德」之適當行爲的彰顯。且「敬」對於任事之態度，對於諸種「形式行爲之要求」，加之於下面隨即將討論的「德」之意義，此即構成了「周禮」

〔註23〕歷來對於「立政」之解釋頗多，有作「任人」、「準夫」、「牧」、「作三事」者（如曾運乾，《尚書正讀》，頁251）；又有以「任人」、「準夫」、「牧」爲三事者（如周秉鈞，《尚書易解》，頁267）；還有「以立政、常任準人，及牧治爲天地人之三事」者（如《僞孔傳》）等。總而言之，此當爲立官設制以治民之意也。

〔註24〕如「天敘有典」、「天秩有禮」、「天命有德」、「天討有罪」等的說法，又古人相信人間所有的一切乃來自於「天」，此見本文第二章第一節。

〔註25〕《左傳・成公十一年》云：「昔周克商，使諸侯撫，封蘇忿生以溫，爲司寇。」杜預注隱公十一年有云：「蘇忿生，周武王司寇蘇公也。」

〔註26〕「式敬爾由獄」者，孫星衍解「式」爲「用」，而句之意爲「用敬，汝用獄」，見《尚書今古文注疏》卷二十五。然曾運乾云：「敬讀爲矜。呂刑哀敬折獄，尚書大傳作哀矜折獄。論語所謂如得其情，則哀矜而勿喜也」，意亦通。此見《尚書正讀》，頁257。

〔註27〕「以列用中罰」者，孔穎達引《周禮・大司寇》云：「刑，新國用輕典；刑，平國用中典；刑，亂國用重典。」其《尚書正義》曰：「周公言然之時，是法爲平國，故必以其列用中罰，使不輕不重。」而鄭玄注此段《周禮》言：「平國，承平守成之國。用中典者，常行之罰。」此說有例，可茲參攷。

的實質與內涵。然而，此乃關涉到「禮」的儀式內容和價值意義，本文無法作一全面性的探索，僅能於「德的本義與內化」中作一初步的論述。

二、《尚書》中德的本義與內化

「德」，按《說文解字》之說，乃「升」之意（《說文解字注》，第二篇下・十四右）；段玉裁言此乃假借「得」字而來。其云：

> 升當做登。是部曰：遷登也。此當同之德訓登者者。……何曰登讀言得？得來之者，齊人語；齊人名求得爲得來。作登來者，其言大而急，由口授也。唐人詩，千水千山得得來。得即德也。

那麼何謂「得」呢？許慎云「行有所得也」（《說文解字注》第二篇下・十六左）。按《左傳・定公九年》所載，「書曰：得，器用也。凡獲器用曰得」。孔穎達疏言：「器用者，謂器物可爲人用。凡獲此器物之用者，謂之爲得也。」由是觀之，「德」爲「德性」之解，當爲後起。

而《尚書》中所出現的「德」字之意爲何呢？依徐復觀之見認爲：

> 周初文獻的「德」字，都指的是具體的行爲；若字形從直從心爲可靠，〔註28〕則其原義亦僅能是直心而行的負責任的行爲；作爲負責任行爲的惪，開始並不帶有好或壞的意思，所以有的是「吉德」，有的是「凶德」；而周初文獻中，只有惪字上面加上一個「敬」字或「明」字時，才表示是好的意思。後來演進而爲好的行爲。因好的行爲多是與人以好處，乃引申而爲恩惠之德。好的行爲係出于人之心，於是外在的行爲，進而內化爲人的心的作用，遂由「德行」之德，發展成爲「德性」之德。……周人建立了一個由「敬」所貫注的「敬德」、「明德」的觀念世界，來察照、指導自己的行爲，對自己的行爲負責，這正是中國人文精神最早的出現；而此種人文精神，是以「敬」爲其動力的，這便使其成爲道德的性格，與西方之所謂人文主義，有其最大不同的內容。在此人文精神之躍動中，周人遂能在制度上作了飛躍的革新。〔註29〕

〔註28〕 德字的古字——「惪」。《說文》言：「外得於人，內將得於己也。從直心。」（《說文解字注》第十篇下・二十五右），徐復觀以爲此乃後起之意，見《中國人性論史・先秦篇》，頁23。

〔註29〕 見徐復觀，《中國人性論史・先秦篇》，頁23。又王船山亦言：「德，行焉而得之謂也。」此見《大學補傳衍》。

徐說的認知進路，筆者大致同意，因其以爲周初之「德」乃指「具體的行爲」，比較先前於《說文》中求得的「德」字之意，得出「德性」觀念當爲後起之說相類；而徐氏考究認定「中國人文精神」，「是以『敬』爲其動力的」之見解，也和筆者於前文探索「敬」之意義時所得的結論相同。如是觀之，對《尚書》中「德」之意義的檢視，筆者實不必畫脂鏤冰，徒費筆墨了！然思及「天命有德」（〈皋陶謨〉）之理，覺得似乎「德」在《尚書》中並不僅僅只是如徐氏所言的「具體的行爲」、「並不帶有好或壞的意思」。因爲若由「敬」之精神所貫注而生發的「德」之意義，當是絕對且良善的行爲，然此應是「德」之意義轉化後所產生的新意。但不管如何，「德」的確是《尚書》對爲政治民之謀事者的一個「具體要求」，因此，我們有必要進入《尚書》的文脈中進行探索。

1、德在《尚書》中的本義

蓋「德」在《今文尚書》的二十八篇中，依筆者所計，共一百一十五見，分布於二十一個篇章之中，〔註30〕出現的頻率比「敬」字更高。所以，這亦提供了我們探索《尚書》政治哲學的一個良善進路。

前文曾提及「敬」之意義的轉化，出現了所謂的「形式行爲之要求」，然此要求僅止於人的內在心靈之中，並未發顯於外予人識知；相對於「敬」的精神，純粹發顯於外而可予人識知的，即是徐復觀所言「具體的行爲」，亦就是「德」。〈康誥〉：「已！汝惟小子，未其有若汝封之心，朕心朕德惟乃知。」按：此是周公告康侯的諄諄之語後所顯發的感嘆，其目的是要姬封「敬明乃罰」（同上），很明顯的是將「心」與「德」區分開來。因「心」是人的思念處所，是自省自覺的地方，這個處所，純粹是以自我爲主宰的領域。所以盤庚遷殷前後的阻難，其僅能自辯的說「汝不憂朕心之攸困，乃咸大不宣乃心，欽念以忱動予一人」（〈盤庚〉），〔註31〕遂要求抱怨不已的臣民「汝猷黜乃心」、「汝克黜乃心」（同上），並強調「無傲從康」、「施實德于民」（同上），最後則以「式敷民德，永肩一心」（同上）勉勵爲政治民的群臣。實則於〈洪範〉一文中，所謂的「洪範九疇」中便有「稽疑」一項，言欲除惑解疑時便有「謀及乃心」之說；周公勉康叔治民爲政，要作到「往盡乃心，無康好逸豫，乃其乂民」（〈康誥〉）。此正如

〔註30〕除〈禹貢〉、〈甘誓〉、〈西伯戡黎〉、〈牧誓〉、〈大誥〉、〈費誓〉和〈秦誓〉七篇之外。

〔註31〕此句之意是：「汝不憂我心之所困，乃皆不宣布腹心，欽念以誠，感動於我。」此爲蔡沈說，見其《書經集傳》卷三。

〈酒誥〉所云的「人無于水監，當于民監」，﹝註32﹞因此「民否則厥心違怨，否則厥口詛祝」（〈無逸〉），所以在「小人怨汝詈汝」之時，當「皇自敬德」、「不敢含怒」（同上）。由此觀之，均顯示出「心」與「德」是相對的，而「德」者即如「無傲從康」、「施實德于民」、「式敷民德」、「無康好逸豫，乃其乂民」與「皇自敬德」等之「具體的行為」。

此處所凸顯出的「心」，實尚未發展出如孟子對「四端之心」（見《孟子》的〈告子上〉與〈公孫丑上〉）的心性論探討，亦未有「求其放心」（《孟子·告子上》）的態度要求。在《尚書》中，「心」似乎僅是單純的思念發動處，是嚮望的開顯地，亦是「具體的行為」之趨動所。而相對於謀事者的「往盡乃心」、與眾民的「否則厥心違怨」，「德」即有如徐復觀所言的「吉德」與「凶德」之分。試先探索「凶德」。

> 夏德若茲，今朕必往。（〈湯誓〉）
>
> 故有爽德，自上其罰汝，汝罔能迪。（〈盤庚〉）
>
> 民有不若德，不聽罪。（〈高宗肜日〉）
>
> 天降威，我民用大亂喪德，亦罔非酒惟行。（〈酒誥〉）
>
> 弗惟德馨香，祀登聞于天，誕惟民怨。庶群自酒，腥聞在上。（同上）
>
> 無若殷王受之迷亂，酗于酒德哉！（〈無逸〉）
>
> 爾尚不忌于凶德，亦則以穆穆在乃位，克閱于乃邑謀介。（〈多方〉）
>
> 桀德，惟乃弗作往任，是惟暴德，罔後。……嗚呼！其（按：此指商王紂）在受德，暋惟羞刑暴德之人，同于厥邦；乃惟庶習逸德之人，同于厥政。（〈立政〉）
>
> 上帝監民，罔有馨香德，刑發聞惟馨。（〈呂刑〉）

依〈湯誓〉中的「夏德」，乃指「有夏多罪」，亦即〈立政〉中所言的「暴德」。商紂之為政治民的行為，卻是任用「羞刑暴德」（任刑棄德）與「庶習逸德」

﹝註32﹞《國語·吳語》中，申胥諫吳王夫差云：「王其盍亦鑑於人，無鑑於水。」《史記·殷本紀》引〈湯征〉言：「湯曰：人視水見形，視民知智不。」是以「人無于水監，當于民監」，「監」當為「鑑」（見皮錫瑞，《今文尚書考證》卷十五），而其意即謂「人無于水監，水能見人之妍醜而已；當于民監，則其得失可知」（蔡沈說，《書經集傳》卷四）。唐太宗曾於諫臣魏徵去逝時感傷的說，「以人為鏡，可以明得失」（見《舊唐書·魏徵列傳》），意或自此出。

（佞臣失德）之人，是以「罔于厥邦」、「罔于厥政」。然此種種，「天」（亦或「上帝」，這是周人對殷人而言的，見本文第二章）均能知曉，因其行爲（即「德」），彷彿祭祀時之絲煙可上達「天聽」，但夏桀、商紂之「德」，「罔有馨香」，而是充滿了「腥」氣，正如「庶群自酒，腥聞在上」一般，故「早墜厥命」。然對殷人而言，「上帝」所監者並不限於君王，對於「酗于酒德」、「不若德」（不善的德行）與「爽德」（差勁的德行）〔註33〕的殷民，「自上其罰汝」；周人相信「天」也是如此，因此廣大的眾民亦無法逃脫「天」的監控。可是，對於人民，爲政治民之謀事者當負起教導之責，不應教民「凶德」，而應使其克盡其責以謀善（「爾尚不忌于凶德，亦則以穆穆在乃位，克閱于乃邑謀介」）。〔註34〕若此說來，教民之謀事者誰教導之？答案也許只有在「天」了！

審視完了「凶德」，接著讓我們檢視「吉德」。

　　克明俊德，以親九族。（〈堯典〉）

　　惟乃丕顯考文王，克明德慎罰，……（〈康誥〉）

　　先王既勤用明德，懷爲夾，庶邦享作，兄弟方來。亦既用明德，后式典集，庶邦丕享。（〈梓材〉）

　　自成湯至于帝乙，罔不明德恤祀，亦惟天丕建保乂有殷，……（〈多士〉）

　　乃惟成湯克以爾多方，簡代夏作民主。……以至于帝乙，罔不明德慎罰，亦克用勸，……（〈多方〉）

〔註33〕「爽」，差也。見曾運乾，《尚書正讀》，頁106；周秉鈞，《尚書易解》，頁103。屈萬里則解爲「失」，見《尚書釋義》，頁79。

〔註34〕〈多方〉此語，有數語值得一提。「尚不忌于凶德」，《說文》引爲「上不替于凶德」（《說文解字注》第二篇上・二十五右），孫星衍認爲此是從「孔壁古文」（見《尚書今古文注疏》卷二十三）。然「忌」爲何意？曾運乾以爲：「忌讀爲惎，謀也。……左傳：惎閒王室（筆者按：此乃定公四年之語）。即謀閒王室也。」（見《尚書正讀》，頁243～244）周秉鈞言：「忌，讀爲惎。《小爾雅》：惎，教也。」（見《尚書易解》，頁260）周氏之說，實《左傳・宣公十二年》有云：「楚人惎之脫扃。」而「惎」即「教」也。然〈多方〉之語爲「爾尚不忌于凶德」，當以「不教其凶德」之說爲是，故採周說。又「穆穆」者，《爾雅・釋詁》言「敬也」；「介」乃「善」也。而「閱」者，孫星衍云：「與說通，詩傳云服也。」（同上出處）周秉鈞說，「閱，猶容也，見《禮記・表記》注」（同上出處）。若依「以穆穆在位」而言，當是心誠意服之志，故「克閱於乃邑謀介」，當亦是心誠意服，故孫說爲是。

> 丕顯文武，克愼明德，昭升于上，敷聞在下，惟時上帝集厥命于文
> 王。（〈文侯之命〉）

由以上諸引文看來，所謂「吉德」就是彰顯出先人的行為，而且這個行為是
好的、善的，可以施行於萬世的。如丕顯文王、武王，懷想成湯、帝乙，甚
至對於堯之功績，亦有「克明俊德」之追憶。因此，所謂的「吉德」已可以
「德」字稱呼了！因為這裏明顯的凸顯出：「明」為動詞，「德」乃「明」欲
彰顯之對象。孫星衍《尚書今古文注疏》卷十五有云：

> 明聲近孟，故明都即孟都。釋詁云：孟，勉也。大學引此經說之云：
> 皆自明也。亦謂自勉。大傳引作克明俊德，楚語中公巫臣曰：周書
> 曰，明德愼罰，文王所以造周也。明德，務崇之之謂也；愼罰，務
> 去之之謂也。

依孫說可知，「德」已不是不具價值判斷的「具體的行為」，其意顯然已是「吉
德」之意涵了。是以徐復觀言「周初文獻中，只有在字上面加上一個『敬』
字或『明』字時，才表示好的意思」，顯然就出現了一些誤差。因在「敬」字
與「明」字之下的「德」字，均是指具體且良善的行為，故此「德」絕對是
「吉德」，而「敬」與「明」乃是要求謀事者要如此的尊重、依循先人所遺留
的典範。由是觀之，不帶有好或壞的意思之「德」的本義，顯然已經轉化了！

2、德的本義在《尚書》中的內化

前面提及在「敬」字與「明」字之下的「德」字，實已是表示「好的行
為」，並具有價值判斷的意涵，已非「德」之本義了！我們審視〈皋陶謨〉所
提出的「九德」（即「寬而栗、柔而立、愿而恭、亂而敬、擾而毅、直而溫、
簡而廉、剛而塞、彊而義」等九者）或〈洪範〉中所言的「乂用三德」（指「正
直」、「剛克」、「柔克」），雖然都是要求為政治民之謀事者依此來行事，以求
國家安泰、人民安康，然而，此處顯然已是純粹地在要求謀事者要自我修持，
故所謂的「九德」或是「三德」均已內化成為謀事者的自我鍛鍊，不再是明
白可予人識知的「具體的行為」了！

那麼，這內化的因緣何在？當是人們面對阻難時所顯示出堅持的理由所
在，這種因緣，則以周人表現的最為明顯。周人在面對「天命靡常」所生的
恐懼與無奈時，提出以「人事之應為」來昇華此等恐懼和無奈，因而逐漸將
先人的行為變成一種學習的具體典範，並打從心靈深處尊敬他、敬愛他，甚
至是恐懼他，用徐復觀之語來說，即是以此「來照察，指導自己的行為，對

自己行為負責」，這也許是如徐氏所言的「中國人文精神最早的出現」。於論述此點之前，讓我們來看看殷、周等對先人之「德」的敬崇。

> 帝（堯）曰：格汝舜！詢事考言，乃言厎可績，三載。汝陟帝位。舜讓于德，弗嗣。（〈堯典〉）

> 肆上帝將復我高祖之德，亂越我家。朕及篤敬，恭承民命，用永地于新邑。（〈盤庚〉）

> 王（成王）執書以泣，曰：其勿穆卜！周公勤勞王家，惟予沖人弗及知。今天動威以彰周公之德，惟朕小子其新逆，我國家禮亦宜之。（〈金縢〉）

> 王（周公）曰：封！爽惟民迪吉康，我時其惟殷先哲王德，用康乂民作求。……（〈康誥〉）

> 今沖子（指成王）嗣，則無遺壽考，曰其稽我古人之德，矧曰其有能稽謀自天。（〈召誥〉）

> 天不可信，我道惟寧王德延，天不庸釋于文王受命。（〈君奭〉）

> 汝（指眾臣）明勖偶王（指成王）在亶，乘茲大命，惟文王德，丕承無疆之恤！（同上）

按：堯讓位於舜，雖堯稱舜是「詢事考言，乃言厎可績」，認為其能夠勝任帝位，但舜卻覺得自己的「德行」還是不足，因此並未接授。然舜攝政二十八載，政績顯著，堯傳其位，於其崩後三年，舜才承帝位，原因即在於「讓于德」。〔註35〕盤庚遷都的樂觀之持，乃在於其自信「將興復我高祖之德，治于我家」。〔註 36〕又周成王因「天」之怒顏而知「周公之德」，周公勉治殷之舊地的康叔云，「要時時的思念殷先王之德」（「時其惟殷先哲王德」），且亦勉剛即位的成王，因無老成之人，遂叮嚀其要「考求古人之德」（「則無遺壽考，曰其稽我古人之德」），「古人之德」的具體典型即文王，所以周公又勉召公輔

〔註35〕此中因緣，《史記·五帝本紀》記載：「堯知子丹朱之不肖，不足授天下，於是乃權授舜。……堯崩，三年之喪畢，舜讓辟丹朱於南河之南。諸侯朝覲者不之丹朱而之舜，獄訟者不之丹朱而之舜，謳歌者不謳歌丹朱而謳歌舜。舜曰天也。夫然後之中國，踐天子位焉，是為帝舜。」

〔註36〕《史記·殷本紀》云此為：「盤庚乃告諭諸侯大臣曰：昔高后成湯與爾之先祖俱定天下，法則可修。舍而弗勉，何以成德？乃遂涉河南，治亳，行湯之政，然後百姓由寧，殷道復興。諸侯來朝，以其遵成湯之德也。」

政時說「惟寧王德延，天不庸釋于文王受命」、「惟文王德丕承，無疆之恤」。自此可知，周人所謂的先人之「德」，已然成為為政治民之謀事者的典範，甚至說只要能行先王之「德」者，「天命」就永遠不會轉移，此言顯然將「德」作為施政治民的具體內容。那麼，這個內容為何呢？狹隘的講，即如盤庚的「亂越我家」或周公的「勤勞王家」；廣意的說，就是周公所說的「用康乂民」（儘管這是專對殷之遺民言）。雖然，此固屬於「具體的行為」，可是這些行為卻有所謂的「價值標準」。但是，這個「價值標準」並不是來自於每個人心靈的自我普察，而是來自於國家之「禮」的制定。此語並非騰空而來，因在〈金縢〉篇中，成王因深感周公之德，遂有言「我國家禮亦宜之」。此或為成王將心中疑懼周公對其不利的成見予以拋除後，而欣然的依從周公所制定的「禮樂制度」作為國家的制度！

然則，「禮」為何意？《禮記・曲禮上》記載云：「夫禮者，所以定親疏，決嫌疑，別同異，明是非也。」《禮記・坊記》又言：「子云禮者，所以章疑別微，以為民坊者也。故貴賤有等，衣服有別，朝廷有位，則民有所讓。」此諸語指出了「禮」之精神與功用。不過，功用可見，精神難持，因為「禮」是「先王以承天之道，以治人之情」、「夫禮必本於天，殽於地，列於鬼神，達於喪祭射御冠昏朝聘」（《禮記・禮運》），因此，「禮」之內容，上通「天」，下達「地」，中則行之於「人」。是以千餘年後集理學之大成的朱熹，他以「理」釋「禮」時曾說，「禮者：天理之節文，人事之儀則也」（《四書集註・論語・學而》）。這種思維，於今之社會，為某些人視為「不過是地主階級的統治人民思想上的工具」，[註37] 誠然是故意的扭曲。蓋《禮記・曲禮上》明言：「禮不下庶人，刑不上大夫」，的確嚴格地區分了為政治民之謀事者與被統治的平民大眾兩大階級，但其主旨乃是在於踐行良好的秩序，蓋繁文縟節的禮儀數度，平民大眾無須知曉，其只要能遵循國家所制定的刑法，即能平安地渡過一生，此為「禮不下庶人」之意；而「刑不上大夫」的意旨，乃在對犯了法禁之為官的謀事者，君王當繩之正法，不可包贓庇護，所以接續又言「刑人不在君側」，再者身為謀事者，更有「八議」[註38] 以議處。所以說「『禮』

〔註37〕 見馮友蘭，《中國哲學史新編》（1964），頁 102。其又言「從心理上麻醉人民，使他們甘心受統治者的剝削」諸語等，但再修正的《中國哲學史新編》（1983），便無此類之語了。

〔註38〕 《周禮・秋官・小司寇》云：「以八辟麗邦，法附邢罰。一曰議親之辟，二曰議故之辟，三曰議賢之辟，四曰議能之辟，五曰議功之辟，六曰議貴之辟，

的適用不能不下及于奴隸和勞動人民；『刑』的適用不能上及于中級以上的貴族。這是奴隸主等級制度一個主要精神，也是『周禮』一個主要規定」〔註39〕諸語，實則是不瞭解其中的精義。《左傳‧隱公十一年》記載：「禮：經國家，定社稷，序民人，利後嗣者也」，依馮友蘭之說，即「『禮』包括了社會組織，政治體制，社會秩序等上層建築」，〔註40〕且不論何謂「上層建築」，然馮氏此言正是「周禮」的關懷所在。「禮」之精神的貫串，正如《禮記‧禮器》中所言：「禮也者，反本脩古，不忘其初也。」此種飲水思源的耳提面命，不正是《尚書》中——尤其是周人——一直強調的「惟殷先哲王德」、「稽我古人之德」乎？而「禮」的「毋不敬」（《禮記‧曲禮上》）之態度，不亦正是《尚書》中——尤其亦是周人——所肯定的「敬典」、「敬德」、「敬天之休」、「敬事上帝」之「形式行為之要求」嗎？

　　雖然《尚書》言「禮」的論據並未如上文所言的深入、完備，但由上面的論述可知，「禮」之精神與形式於《尚書》中已有初步的揭示。自此觀之，「德」字轉化為具體良善的行為之後，更進一步內化於人心之內，此雖與後來儒家所盛言的「德性」意涵仍有相當大的差距，但「德」結合「敬」的精神，則可顯出「周禮」的完美秩序。不過，此「禮」顯然是承繼於殷，〈洛誥〉即云「（成）王，肇稱殷禮，祀于新邑，咸秩無文」。因此，孔子對於「禮」的「因革損益」之洞察，的確是不得不令人佩服！然「禮」之建立，據由《尚書》的察考，當立基於內心要求的「敬」與外在形式的「德」。可是，在「禮」尚未完備的年代，謀事者又如何維持其社會的秩序呢？又「敬」者他人無從知曉，唯將與「德」之具體行為相融，謀事者遂提出「敬德」一語，不僅以此自勉，更用於勉勵繼任之謀事者，其目的當不只是在維持政權於不墜，亦在祈求作到民安且國康！儘管這種思維，在今日高喊自由、民主的時空下，

七曰議勤之辟，八曰議賓之辟。」漢‧鄭玄注《禮記‧曲禮上》言：「八議，議有八條，事在周禮。一曰議親之辟，謂是王宗室有罪也；二曰議故之辟，謂與王故舊也；三曰議賢之辟，謂有德行者也；四曰議能之辟，謂之有道藝者也；五曰議功之辟，謂有大勳立功者也；六曰議貴之辟，謂貴者犯罪，即大夫以上也，鄭司農云：若今之吏墨綬有罪，先請者，案漢時墨綬者是貴人也；七曰議勤之辟，謂憔悴憂國也；八曰議賓之辟，謂所不臣者，三恪二代之後也。」自此可知，身為謀事者或為貴族，其雖被賦予有特別的權力，然其受限亦是更大，故他們並非如後人憑空想像的意氣風發啊！

〔註39〕見馮友蘭，《中國哲學史》（1964），頁 100。
〔註40〕見馮友蘭，《中國哲學史》（第一冊）／（1983），頁 147。

似乎格格不入，但卻能提供我們思索人該怎麼建立一種理想秩序的不同進路。

三、民之所欲天恐未必從之

前文論述，「敬」與「德」之意義的融會，即是「周禮」的骨架，謀事者遂用「敬德」一語予以自勵或勉人。而「敬德」之義乃是「恭敬其德」，此即「禮」之本原的精神。然建構此等「禮」之秩序，其目的何在？蓋一個社會必由眾民組成，謀事者當勉力滿足眾民的基本要求，而後訓其廉恥，教其禮義，《管子‧牧民》不有云「倉廩實則知禮節，衣食足則知榮辱」？但上古之三代，在《尚書》中並未見有饑饉之事，然卻有人謀不臧而生戰禍者，故有周一代，似有永遠爲眾民思索排離禍端之意，是以對「天」之認定，遂有「皇天無親，惟德是輔」〔註41〕的思索，而此之思索即是對「天命靡常」的無奈與反思。且周文王的具體典型，依司馬遷的描繪，文王是「篤仁、敬老、慈少，禮下賢者，日中暇食以待士，士以此多歸之」（《史記‧周本紀》），依此或可知文王服人之深，故有「近者悅，遠者來」（《論語‧子路》）〔註42〕之效能，一直成爲後世之爲政治民者的典範。由是觀之，爲政治民之謀事者，除了考慮維護政權於不墜之外，更有「人事之應爲」的自覺驅動，遂以「保民」作爲施政是否得當的一個標準。然在「禮」的秩序下，周王朝的謀事者如何思索「保民」，其內涵爲何？目的又何在？難道眞如文字表面所云的「民之所欲，天必從之」〔註43〕乎？

〔註41〕此《左傳‧僖公五年》曾引，今僞〈蔡仲之民〉亦可見。

〔註42〕《禮記‧學記》亦云：「……化民易俗，近者說服而遠者懷之。」而據《史記‧周本紀》，文王之「德」的影響爲「伯夷、叔齊在孤竹，聞西伯善養老，盡往歸之。大顛、閎夭、散宜生、鬻子、辛甲大夫之徒，皆往歸之」。

〔註43〕語出僞〈泰誓〉，然《左傳》之〈襄公三十一年〉、〈昭公元年〉以及《國語》中的〈周語中〉、〈鄭語〉均曾引用。〈襄公三十一年〉云：「公作楚宮。穆叔曰：太誓云，民之所欲，天必從之。君欲楚也夫，故作其宮，若不復適楚，必死，是宮也。六月辛巳，公薨于楚宮。」〈昭公元年〉云：「……太誓云，民之所欲，天必從之。……言以知物，其是之謂矣！」在《國語》的〈周語中〉，單襄公謂：「……夫仁義禮勇皆民之爲也。以義死用謂之勇，奉義順則謂之禮，蓄義豐功謂之仁。姦仁爲佻，姦禮爲羞，姦勇爲賊。……有三姦以求替其上，遠於得政矣。以吾觀之，兵在其頸，不可久也。雖吾王叔，未能違難。在太誓曰：民之所欲，天必從之。王叔欲郤至，能勿從乎？」〈鄭語〉則記載著史伯對鄭桓公問「周其弊乎」的說辭，云：「殆於必弊者也。泰誓曰：民之所欲，天必從之。今王棄高明昭顯，而好讒慝暗昧；惡角犀豐盈，而近頑童窮固。……」此處的「民之所欲」，乃是指君王自身的願望，希

　　蓋「保民」之辭,《今文尚書》中共見二次,即〈康誥〉所言的「用康保民」與〈梓材〉的「子子孫孫永保民」。然相類之意有〈康誥〉所云的「用保乂民」,〈無逸〉所說的「能保惠于庶民」、「懷保小民」,〈多方〉所言的「惟夏之恭多士,大不克明保享于民」,以及〈秦誓〉中所宣示的「以保我子孫黎民」。由此觀之,「保」有保護、照顧、憂心、承擔,以及設想等意涵,《說文》統言為「養也」(《說文解字注》,第八篇上·一左)。而在《尚書》中,則設有「太保」一制,〔註44〕但其司職不詳,〔註45〕可是《周禮》卻有「師氏,掌以媺詔王」、「保氏,掌見王惡」、「司諫,掌糾萬民之德」、「司救,掌萬民之衺惡」、「調人,掌司萬民之難」、「媒氏,掌萬民之判」等官職,〔註46〕均不離前言所云的「保」之意涵,故知「保」不僅在「保其民」,亦在「保其王」,如〈洛誥〉云「公明保予沖子(指成王)」,〈顧命〉言「用敬保元子(指康王)」等。不論是「保其民」,亦或「保其王」,若自《尚書》中見其意涵,則可顯明地發現此種思維是來自對歷史的反省。

> 今民將在祗遹乃文考,紹聞衣〔註47〕德言:往敷求于殷先哲王用保乂民,汝丕遠惟商耉成人宅心知訓,別求聞由古先哲王用康保民,弘于天若。(〈康誥〉)

> 天既遐終大邦殷之命,茲殷多先哲王在天,越厥後王後民,茲服厥命。厥終,智藏瘝在,夫知保抱攜持厥婦子,以哀籲天,徂厥亡,出執。嗚呼!天亦哀于四方民,其眷命用懋,王其疾敬德!(〈召誥〉)

> 王命予(周公)來,承保乃文祖受民命(指殷民),越乃光烈考武王

冀「天」能滿全之,遂引〈太誓〉此語作為論斷,顯然是斷章取義的。然一般言「民之所欲,天必從之」之意,以《偽孔傳》之說為標的,其言「天除惡樹善與民同」,《書經集傳》云:「民有所欲,天必從之,今民欲之紂如此,則天意可知爾」。蓋此說當為後起,與《左傳》、《國語》之斷章取義之意,又不相類矣。

〔註44〕「太保」於《今文尚書》中共出現十三次,〈召誥〉四次,〈顧命〉七次,均指官職。

〔註45〕今之偽〈周官〉有云:「仰惟前代時,若訓迪厥官。立太師、太傅、太保,茲惟三公。論道經邦,燮理陰陽」,故知「太保」為古之三公之一。但未見於《周禮》。屈萬里言「立太師、太傅、太保,茲惟三公」諸語,乃乃「鄭志所引真古文周官之文」(見《尚書釋義》,頁246)。

〔註46〕見《周禮·地官》中之〈師氏〉、〈保氏〉、〈司諫〉、〈司救〉、〈調人〉與〈媒氏〉等。

〔註47〕《禮記·中庸》「壹戎衣」注云:「衣讀為殷,聲之誤也。」

弘，朕恭。（〈洛誥〉）

惟茲（按：此指前文之伊尹、保衡等人）惟德稱，用乂厥辟，故一人有事于四方，若卜筮罔不是孚。公曰：君奭！天壽平格，保乂有殷，有殷嗣，天滅威。今汝永念，則有固命，厥亂明我新造邦。（〈君奭〉）

惟天不畀純，乃惟以爾多方之義民，不克永于多享；惟夏之恭多士，大克明保享于民，乃胥惟虐于民，至于百爲大不克開。乃惟成湯克以爾多方，簡代夏作民主。（〈多方〉）

周人對於歷史變遷的感受是精細且深刻的，他們由夏德見到夏亡，商湯代之而立（如〈多方〉所言），又見到殷之德至殷之亡（如〈康誥〉、〈召誥〉、〈君奭〉中所云），是以深深覺得政權之興衰的因緣，除了爲政治民之謀事者不「敬」先王之「德」外，就是未能踐行「保其王」與「保其民」，因此，他們思索到「天」之不可恃的恐懼，「天命」會移轉的無奈，於是覺得惟有謀事者力行「敬」先王之「德」（如夏殷之賢王，如周之文武等），「保其民」與「保其王」等的「人事之應爲」的內容，如此政權或可常存，「天命」或可常保了！以此觀之，「保民」之意涵，實包含了「保王」之意，而其旨要當在祈求政權於不墜。然政權之來源乃是「天命」，而「天亦哀于四方民」，又謀事者畏「天」之權威，故「保民」亦成了政權維繫的一個手段，以防民心求變（一如殷民般）而使政權不保。因此，「保民」之意涵與鵠的，實則是相輔相承的一體兩面。然而，「天」既是憐憫受到不公待遇之「民」，是以眾民不平則鳴的呼聲，「天」當能知曉；然謀事者僅是承「天」之「命」，其並不知曉「天」之本身爲何，僅能從「天」之所「命」中去推究「天」之意志爲何，是故此處出現了一層落差，即假如「天命」就是眾民不平的呼聲，承「天」受「命」之謀事者當應知曉這種「民意」，否則「天命」豈不淪爲欺人之口號乎？又假若這種「民意」即是「天命」，那麼爲政治民之謀事者當由這種「民意」所拱現，那麼「天命」之說不就顯得突兀，反有畫蛇添足之嫌？同時「天」之至高無上的性格便無從顯現了！因此，「民之所欲，天必從之」的意義，就有重新探討的必要。

「民之所欲，天必從之」乃逸書之文，未能見其前後文，但一般均遵循著《僞孔傳》之說，以爲「天除惡樹善與人同」；宋‧蔡沈之《書經集傳》則明白的說，「今民欲紂如此，則天意可知爾」；換句話說，「天意」之彰顯乃來自「民之所欲」，亦即今之所謂的「民意」。但《左傳》與《國語》斷章取義

所引之義則君王欲實現自身願望的肯定之語（見〔註 43〕），因此，「民之所欲」則有很大的討論空間。假如我們認定「民之所欲」的內容是如《僞孔傳》所云的「除惡樹善」，依《今文尚書》「天命觀」的理路觀之，「民之所欲」必然爲「天」所滿全，因爲「天」被認定是公理正義的。故而只有當我們認定了「民之所欲」的意旨是「除惡樹善」，而此又是公理正義之「天」所欲祈求的，那麼「天必從之」的從屬關係當可成立。但「民之所欲」眞的都是「除惡樹善」的嗎？且權就《尚書》中所列舉的經驗觀之，如〈酒誥〉顯示殷人嗜酒，終致國亡；〈無逸〉則述「相小人，厥父母勤勞稼穡，厥子乃不知稼穡之艱難，乃逸」，此等「民之所欲」顯然並非「除惡樹善」，是以認定「民之所欲」即是「除惡樹善」明顯地是難以成立。但是，若說「民之所欲，天必從之」即是「天視自我民視，天聽自我民聽」之意，〔註 48〕那麼此語顯然只是對爲政治民之謀事者的警語罷了。因爲「天視自我民視，天聽自我民聽」之意，乃是要求謀事者當知「天」之意志，明其「天命」之所在，同時亦應深知「人事之應爲」的內容，因而努力行事以達「天」之所「命」，那麼「民之所欲，天必從之」作爲謀事者之警語，就可能不是肯定的條件句了。又「天」是以憐憫的態度觀民，亦如僞〈泰誓〉所言之「天矜于民」，故「民之所欲」「天」必然知曉，只是要不要實踐，「天」當然有所保留，除非民之「欲」就是公理正義的嚮望。但察《尚書》中其他「欲」字，均只是表示素樸的要求，並無強烈的對公理正義之渴望，如「欲至于萬年惟王」（〈梓材〉）、「欲王以小民承天永命」（〈召誥〉），而這種祈求式的嚮望，「天」有何理由要助你完成呢？可是，假使仍然堅持的認定「民之所欲，天必從之」爲一肯定的條件句，最後的推論，我們可以馮友蘭的說法爲代表。他說：

> 在關于「天」的問題上，周公旦所說的天，當然仍然是有意志、有好惡、有賞罰的至上神，但是他的好惡賞罰，不是任意的而是照著一個標準。這個標準就是老百姓的願望和統治者的「德」。「民之所欲，天必從之」、「皇天無親，惟德是輔」，說的就是這兩個方面。這種說法就極大地美化了天上的王權，實際上也就是美化了地上的王權。所謂天上的上帝本來就是人間的王在人的宗教思想中的反映。照這個說法，地上的王的統治是合理的，因爲他們是受到天命爲王，統治老百姓的。而天命是順著老百姓的願望的，所以他的統治是符

〔註 48〕同註 40，頁 72。

合老百姓的願望的。天幫助有德的人，他受了天命，所以他就是有德的人。周初的統治者企圖用這種階級調和論論證周王朝這個統治的合理。但是這完全是欺騙。因爲根本就沒有上帝，根本說不上「民之所欲，天必從之」，更根本說不上「皇天無親，惟德是輔」。〔註49〕

馮友蘭這段結論相當淺白，但謬誤亦十分明顯。他說「根本就沒有上帝」，簡直就是對殷周之人的侮辱，因爲殷人是絕對相信有個至上神的「上帝」，同時亦相信有個公理正義的「天」，周人承繼這二種思維，並將其融會，最後凸顯出「天」是至高無上的。然馮氏認爲「天」即「上帝」即「至上神」，因而認定周人社會爲一神權的控制社會，此之歧出，筆者已於第二章討論過，茲不再述。但馮氏以爲此至上神之意志的標準竟是來自人間，即「老百姓的願望和統治者的『德』」，那麼，這個至上神顯然就不怎麼至上了，充其量不過是人們無謂的想像，若此，政治之標準即在於「老百姓的願望和統治者的『德』」，又怎麼可能以此來說服廣大眾民，而言謀事者的統治是合理的呢？除非「老百姓的願望」認同某個人的「德」，遂推其爲共主，而成爲爲政治民之謀事者。可是，這種思維顯然是近代才產生的，在古老年代的民智未能普遍打開之時，我們實難想像「民」與「謀事者」的關係竟是如此的直接與密切。因此「民之所欲，天必從之」，應當不是一個肯定的條件句；若非肯定句，則可能是一個疑問的條件句，即「民之所欲，天必從之」？以作爲謀事者的自惕與自勉。因爲常識告訴我們，欲求往往不是合不合理的問題，然而「天」之認定卻被周人認爲是合理的化身，所以二者顯然有不類之處，故即使「民之所欲」就是「民意」，我們也很難將「天意」等於「民意」，所以高舉「以民爲主」的旗幟來論《尚書》的政治思想，就會產生些許的偏差。倘若若要一言以蔽之的言說《尚書》的政治理論，筆者認爲即是「敬德保民」。

「敬」是開展於內心的，「德」則是發顯於外在的，起初二者是兩個沒有交集的概念，但在逐漸各自轉化之後──即「敬」由內心負責的本義轉爲「形式行爲之要求」，「德」則自無好壞之分的「具體的行爲」轉變爲具有「價值判斷」的良善行爲──融會成爲「敬德」，但其意乃是「敬崇先王之德」，於此則透顯出「周禮」的初步架構，再加上周人對於歷史經驗的反思，於是新生了「保民」的觀點，但「保民」之意不僅在「保人民」，亦在「保其王」。故連結「敬德」與「保民」，此即是《尚書》中所明言的政治哲學之理念所在，而此即顯示出「中

〔註49〕同上，頁 75～76。

國文明的成熟」。觀乎爲政治民之方法，則請見下一章的討論。

第二節　由《尚書》中見西周封建政治的精神與良善

　　前文提及，《尚書》爲政治民之謀事者的政治哲學之理念，可統結稱之爲「敬德保民」。然這個「敬德保民」的綻現，在有周一代最爲顯明，因爲他們的謀事者設計了一套社會制度，認爲透過此制度便能展現出一個永恆理想的新秩序。不過，這個設計並非一蹴即成，因爲周人的謀事者們乃是經過夏、商、周更迭的歷史省察，同時吸取先朝眾賢的卓見，加上文化的涵養，並配合著武力作爲推動彰顯此制度的背後憑勢，而逐步地開創出一個歷史的新世紀，期盼「天命」永在周之政權。而此新秩序的歷史世紀之祈嚮，早在周公姬旦的時候便已設想完備。我們察《今文尚書》二十八篇中，關乎周公之事者即有十二篇之多，〔註 50〕分量不可謂不重。近世名儒王國維，在其著名的〈殷周制度論〉中說道：

> ……而尚書言治之意者，則惟言庶民。康誥以下九篇，周之經綸天下之道胥在焉。其書皆以民爲言，召誥一篇言之尤爲反覆詳盡。曰命、曰天、曰民、曰德，四者一以貫之。其言曰：天亦哀於四方民，其眷命用懋，王其疾敬德。又曰：今天其命哲命吉凶命歷年，知今我初服，宅新邑，肆王其疾敬德，王其德之用，祈天永命。又曰：欲王以小民受天永命。且其所謂德者，又非徒仁民之謂，必天子自納於德而使民則之，故曰其惟王勿以小民淫用非彝，又曰其惟王位在德元，小民乃惟刑用於天下，越王顯。充此言以治天下，可云至治之極軌。自來言政治者，未有能高焉者也。古之聖人亦豈無一姓福祚之念存於其心？然深知夫一姓之福祚與萬姓之福祚是一非二，又知一姓萬姓之福祚與其道德是一非二，故其所以祈天永命者，乃在德與民二字。此篇乃召公之言，而史佚書之以誥天下，文、武、周公所以治天下之精義大法，胥在於此。〔註 51〕

王氏之說，筆者先前大已論及。其言「且所謂德者，又非徒仁民之謂，必天子自納於德而使民則之」，實爲至論。然此種思維之主動性僅是來自於爲政治

〔註 50〕自〈金縢〉到〈立政〉共計十二篇。
〔註 51〕見《觀堂集林》卷十。

民之謀事者是否有此醒覺，所以王國維說謀事者應認清天下眾人之福祚「是一非二」，因此「祈天永命」之意當思索「乃在德與民二字」。但王氏似有誇大〈召誥〉一文的內涵，譬如其言「康誥以下九篇，周之經綸天下之道胥在焉。其書皆以民為言，召誥一篇言之尤為反覆詳盡」、「此篇乃召公之言，而史佚書之以誥天下，文、武、周公所以治天下之精義大法，胥在於此」等等。

王氏前言極為至論，但後言則顯不妥。蓋「文、武、周公所以治天下之精義大法」，並非俱在〈召誥〉一文，譬如「彝倫攸敘」的「洪範九疇」（〈洪範〉），強調慎刑的「敬明乃罰」（〈康誥〉）、「作修刑罰」，〔註52〕撫慰殷之遺民的政策宣告（見〈康誥〉、〈酒誥〉、〈多士〉），以及勤勉謀事者的為政治民之方（如〈梓材〉、〈無逸〉、〈立政〉）等，於〈召誥〉一文中並未見及。又其云天下之道德「是一非二」，筆者深覺得不妥。倘若王國維之意是指「正道之德行」，筆者深表同意；然若其意若是指「德性」意義上的道德，這便有待商權了，因為這類思想的成立，於《尚書》中似乎並未呈顯。是以欲見周代之制，或據此以推三代之法，筆者私意，當自其所設計的制度層面切入，〔註53〕以認識周人如何體悟天下之福祚「是一非二」；且在「敬德保民」的政治哲學之思索下，他們又以什麼具體的為政治民之方，以鞏固其得之不易的政權，如何穩定其民心，展現其理想的秩序，此即為本節的討論要點所在。

一、由《尚書》中見西周封建社會秩序的精神

王國維說：「中國政治與文化之變革莫劇於殷、周之際。」〔註54〕此種劇烈的變革，一言以蔽之，即「封建政體之創新」。〔註55〕然者，何謂「封建」？麤略的說，就是「建國土，封諸侯」，〔註56〕其原始目的當在屏障政權的穩固，

〔註52〕《史記·周本紀》云：「甫侯言于王，作修刑辟。」按：甫侯乃周穆王時呂侯之後，甫侯承呂侯之志，告之于王，故〈呂刑〉又稱〈甫刑〉，見孫星衍，《尚書今古文注疏》卷二十七。

〔註53〕實則王國維即有此說。其云：「欲觀周之所以定天下，必自其制度始。」同註51。

〔註54〕同註51。

〔註55〕見錢穆，《國史大綱》，頁26。

〔註56〕《說文解字》云：「封，爵諸侯之土也。」（《說文解字注》第十三篇下·二十七）「建，立朝得也。」（同上，第二篇下·十七）然此對「封建」之意僅能得知一二。蓋古之「封建」之意，依《辭海》說：「封建者，以爵土分封諸侯，而使之建國於封定之區域，謂之封建。史稱黃帝畫野分州，得百里之國萬區，為我國封建之始。至周，定五等之爵，制度於是大備，左傳昭二十六年『武

是以柳宗元在〈封建論〉中強調：「封建非聖人之意，勢也。」〔註57〕錢賓四即站在這個立場上論道：「西周的封建，乃是一種侵略性的武裝移民，與軍事佔領」、「蓋封建即是周人之一種建國工作，不斷向東方各重要地點武裝移民，武裝墾殖，而周代的國家亦不斷的擴大與充實」。〔註58〕這種論據，僅僅見及赤裸裸的軍事衝突，以及強佔他人土地的表象事實，或者說是歷史事實描述下的初步判斷，實則忽略了「小邦」西周居安思危的孤寂心靈。雖然周人力行封建看似環境使然，如《左傳·僖公二十四年》富辰云：「昔周公弔二叔之不咸，故封建親戚以藩屏周。」又〈昭公二十六年〉言：「武王克殷，成王靖四方，康王息民，並建母弟以藩屏周。」《荀子·儒效》亦說「周公兼制天下，立七十一國，姬姓獨居五十三人」等等；然周人卻以「興滅國，繼絕世，舉逸民」〔註59〕之兢戰精神，而大封古代聖王之後以及為周取得天下的功臣謀

王克殷，成王靖四方，康王息民，並建母弟以蕃屏周』是也。秦始皇設郡縣，廢之。漢初，又兼采之：自景帝削諸王封地，激成七國之亂後，諸侯皆不遣就國，而以國相治之，封建遂名存而實廢矣。」故「封建」者，當是「封地建國」之意；而其原初目的，就在於保障政權的穩固。但今之言「封建」者，即是所謂的「封建制度」（Feudalism），《辭海》云：「封建時代，土地為國王所有，國王以之分封諸侯，諸侯又分封於卿大夫，卿大夫之下有家臣，家臣之下為農民或農奴，如此層層相因，各階級遞相隸屬之社會關係，謂之封建制度。」若僅見「如此層層相因，各階級遞相隸屬之社會關係」諸語觀之，實則就是柳宗元〈封建論〉所說的白話解釋，並無新意。且又「封建」一語，似僅柳宗元真正提及，故稱「封建制度」者，當是後人命名所釋，然其內容與精神，似乎已和西周的「封建」意義不同了！

蓋今人言某人有「封建思想」，即是極盡貶折之能事；但以周之「封建」觀之，似乎是一美善的年代。且所謂的「如此層層相因，各階級遞相隸屬之社會關係」，實並非為全面性的面貌，今人徐復觀對此有深入的探究，見其著《兩漢思想史》卷一，「西周政治社會的結構性格問題」。然關乎「封建」或「封建制度」的真實內涵，筆者倍感複雜，且未見詳論之文，故心中疑惑，僅能暫存，以待來日了！

〔註57〕見柳宗元，《柳宗元集》卷三。

〔註58〕同註55，頁30、31。

〔註59〕語出《論語·堯曰》。清·劉寶楠之《論語正義》解此云：「尚書大傳：古者諸侯始受封，則有采地。百里諸侯以三十里，七十里諸侯以二十里，五十里諸侯以十五里。其後子孫，雖有黜，其采地不黜，使其子孫賢者守之，世世以祠其始受封之人。此之謂興滅國，繼絕世。書曰：茲予大享于先王，爾祖其從與享之。此之謂也。韓詩外傳同。此言平時立國，不以有黜其采地，亦興滅繼絕之義。凡封國當有此制也。……古春秋左氏說：卿大夫得世祿，不世位，父為大夫死，子得食故采地。如有賢才，則復父故位。……尚書云：世選爾勞，予不絕爾善。……」

士，〔註60〕並訪求殷之賢能者如箕子等。其間，周人曾受到殷裔武庚，管叔、蔡叔、霍叔之三監，以及東夷諸部落（如奄、淮夷、徐戎等）聯合起來的嚴重抵抗，最後周人仍以軍事力量平反，使政權得以真正穩固，而未讓他們「反鄙我周邦」（〈大誥〉）。在此同時，周公等的謀事者體悟出「敬德保民」的重要，故對教育後繼之謀事者，言「樂所以脩內，禮所以脩外也。禮樂交錯於中，發形於外，是故其成也懌，恭敬而溫之」（《禮記・文王世子》），期盼以在上位之謀事者的德行能引領在下位的庶民導向德行，而使天下的新秩序之嚮望得以彰顯。

然封建社會之秩序，其基本精神乃在於「親親」一義。「親親」者爲何？《禮記・大傳》孔穎達疏云：「親親者，父母爲首，次以妻子伯叔。」是以言「親親以三爲五，以五爲九，上殺、下殺、旁殺，而親畢矣」（《禮記・喪服小記》）！〔註61〕所以「親親」者乃親其親人之義。蓋人皆有父母，是以「親親」爲人倫之基石；《尚書》中亦揭示爲政治民之標的，乃在於「克明俊德，以親九族」（〈堯

蓋劉寶楠引《尚書大傳》之說，乃伏生解〈殷庚〉時之論。但《大傳》之文爲「茲予大享于先生，爾祖其從與享之。」察應爲《大傳》之誤。因歷年來，《大傳》之文散於眾典籍中，但原書已佚，後爲清人陳壽祺於書海中收集「輯校」成書，故而此《大傳》之文，極可能是傳抄之誤，非伏生之過，亦不一定。然「輯校」之文引自路史的《國名紀》，而亦以「生」作「王」，並不與《尚書》原文相類，但陳夢家亦不察（見《尚書通論》，頁205）。且如劉寶楠引《尚書》之言爲「世選爾勞，予不絕爾善」，然《尚書》原文「絕」作「掩」。按：劉寶楠所引之《尚書》乃出自〈盤庚〉，原文曰：「古我先王暨乃祖乃父，胥及逸勤，予敢動用非罰？世選爾勞，予不掩爾善。茲予大享于先王，爾祖其從與享之。作福作災，予亦不敢動用非德。」此語是盤庚遷都於殷時，向抱怨的臣民訓話中的一段。其意譯爲白話是說：你我的祖先，都是一起辛勞，一同享逸的，我怎麼會用不擇手段的方式來刑罰你們？況且，我們世世代代都數著（注：鄭玄云選即數）你們的功勞，因此，我當然不可以掩飾你們辛勤的真貌。而我祭祀先王，你們的祖先亦與之相隨，故同受我的祭祀，故即使我有作福作災的能力，但我絕不敢給你們不當的行賞。換言之，這是盤庚自我立場的表達，但他所顯發出的精神是重視努力的延續與代價。以此觀之，伏生之說加深了這層意義的烙印；而寶楠之言，則使其精神得以真正的彰顯於世。

〔註60〕《史記・周本紀》云：「武王追思先聖王，乃褒封神農之後於焦，黃帝之後於祝，帝堯之後於薊，帝舜之後於陳，大禹之後於杞。於是封功臣謀士，而師尚父爲首封，封尚父於營丘，曰齊。」

〔註61〕漢・鄭玄注：「己上親父，下親子，三也；以父親祖，以子親孫，五也；以祖親高祖，以孫親玄孫，九也。殺謂親」。顧炎武即言此「是所謂九族者也」，見《日知錄》卷二，「九族」條。

典〉）。「克明俊德」是謀事者的自我要求，亦是使「以親九族」（即「親親」）得以踐行的內在根基，是以〈中庸〉說「親親為大」。然而，親人之間有長幼輩分之別，於己之上有父母、祖父母、曾祖父母，於己之下則有子女、元孫、曾孫，為確立長幼之序，故而有「尊尊」之教。《禮記・大傳》云：「上治祖禰，尊尊也；下治子孫，親親也。」周人就是自此出發，思索制度能久能大，遂以「人情」（見《禮記・禮運》說）為基礎，建構出如《詩經・小雅・谷風之什・北山》所言的「溥天之下，莫非王土；率土之濱，莫非王臣」，故有「以天下為一家，以中國為一人」（《禮記・禮運》）的思維。因此，由家族的「親親」之義起，以此擴大到為政治民的制度層面，故言「尊尊」。然「尊尊」者何？《禮記・大傳》孔穎達疏言：「尊尊者，君為首，次以公卿大夫。」此種等級的區分亦如家族中的長幼輩分，主旨即在建立一個新的社會秩序，是以《禮記・坊記》言：「天無二日，土無二王，家無二主，尊無二上，示民有君臣之別也。」於此值得一提的是，有人將此視之為「普遍王權」的特徵，實則精神並不相類。〔註62〕又「君臣之別」乃在於君使臣，臣治民，故君當舉賢者為業，《尚書・皋陶謨》中，皋陶即對大禹陳述為政治民之道，主旨即在於「知人」、「安民」。而「知人」之責在君，「安民」之任在臣，如此權責分明，此之謂「賢賢」。若非如此，將有「大夫不均，我從事獨賢」（〈北山〉）的困難。〔註63〕故王國維總結殷商之制時說道：

〔註62〕 這是美國當代漢學家史華茲（Benjamin I. Schwartz）所提的論點，他說'Ancient texts such as the *Book of Poetry*（筆者按：即《詩經》）and *Book of Documents*（按：指《尚書》）do emphasize the predynas-tic development of the Chou（周），*polity*. Chang（按：指 Chang, kwang-chih）does not, however, deal with the strong evidence found in the very ancient texts cited by him that rulers of these poli-ties had already claimed universal dominion or kingship（即「普遍王權」），although he does refer to the"relative political eminence"of each of these polities at different points of time.' 又說'They（按：early Chinese culture）seem to have created,in the first instance,a religious base for an extraordinary, powerful conception of universal kingship and, by extension, for the early emergence within the high culture of the concept of a total all-embracing social and cosmic or-der.' 見其所著 *The World of Thought in Ancient China* (Harvard University press, 1985), Ch1, PP.16-17, P.37。然史氏之說，其以「普遍王權」之義來解釋傳統中國的政治理論。依筆者所見，史氏僅見及「親親」而「尊尊」的權限擴大，但未能明曉「敬德保民」之內涵；再者，以「普遍王權」之說，可否用來真正的解釋傳統中國數千年之政治型態，則非常值得商榷！譬如錢賓四認為中國傳統政治的特色之一是「平等開放的政治」，此與史氏之說就完全相悖，見其著《現代中國學術論衡》，頁 177～194。

〔註63〕 「大夫均，我從事獨賢」者，鄭箋云：「賢，勞也。王不均大夫之使，而專以我有賢才之故，獨使我從事於役。自苦之辭！」因「賢」而「勞」，故《詩經》

「然尊尊、親親、賢賢，此三者治天下之通義也。周人以尊尊、親親二義，上治祖禰，下治子孫，旁治昆弟，而以賢賢之義治官。」又云：「以親親、尊尊、賢賢，明男女之別於上，而民風化於下，此之謂治，反是則謂之亂。」〔註64〕此實則爲封建社會之秩序之所以得以成立的因緣！由此可知謀事者與天下眾民之福祚「是一非二」。

但封建制度並不始於西周，〔註65〕在現有的資料中，我們僅能說封建制度到西周時方才大備。據可靠的《今文尚書》觀之，於〈甘誓〉中曾記載夏伐有扈氏，據稱有扈氏即是夏之諸侯之一。〔註66〕〈西伯戡黎〉則明言周伐殷之諸侯國黎；又〈盤庚〉之文，則顯出盤庚遷殷的目的是在「重我民，無盡劉」的憂心之上，且其教民與勉眾官之謀事者，要其恪守法制（「盤庚于民，由乃在位，以常舊服，正法度」），不可輕忽老年人及幼兒（「汝無侮老成人，無弱孤有幼」），此均透顯出封建制度完備前的雛形，故說封建制度當不始於西周。不過，封建制度之大備，當是自西周起，尤其是周公「制禮作樂」之後，我們由〈金縢〉一文中，周成王言「今天動威以彰周公之德，惟朕小子其新逆，我國家禮亦宜之」的寥寥數語，便可得證。而更爲強烈的證據，則顯示在〈顧命〉一文；其言康王釗於太廟中，祭祀病逝的成王，並勉懷文王、武王之德。文中陳述，先命史官作冊，以審議考察「居喪節次及見廟策告典禮」，〔註67〕舉凡喪者之遺服、衣飾，廟中諸物位向的擺設，均各有規矩；人員的分制與定位，亦各有各的準則。均就位後，「太史秉書，由賓階隮，御王冊命」，接著一陣對康王的勉語，然後是康王的自惕答語。最後於眾官的監禮下，康王要三次前進的於太保之前「受同」（接受王位之意），再行祭酒三次，奠酒三次之禮，才完成此項莊嚴而榮重的祭祀，並正式繼承天子之位。出廟門後，又要接見天下的諸侯，而此亦有不同的儀度秩序，則充分表現出封建

下文接著又說「四牡彭彭，王事傍傍」，鄭箋解此爲「彭彭然，不得息；傍傍然，不得已。」是故身爲謀事者，不舉賢以治，則將勞碌政事不止。此意乃在質疑天下之事，豈能一人獨治？故君王應舉賢者共治，否則只能徒嘆而發「自苦之辭」了。

〔註64〕同註51。
〔註65〕但亦有人認爲封建制渡始於西周，如鄺士元以「奴隸制」的說法，認爲封建社會始於西周，見《國史論衡》（第一冊），頁28～30。
〔註66〕見孔穎達，《尚書正義》說。且漢・高誘注《呂氏春秋・召類》時說：「有扈，夏同姓諸侯。」
〔註67〕見曾運乾，《尚書正讀》，頁264。

秩序的美善精神。然關乎封建社會的具體內容，由於非關本文主旨，故於此打住。但我們見「三禮」以及「春秋三傳」的若干記載，或可瞭解封建社會的美善秩序。

可是，欲使一制度顯出其美善的秩序，其間最重要的因子即在於「人」是否真去踐行，且其所踐行的方法到底可不可行。前文便已提及，周人面對「天命」的變革與歷史的變遷之事實，常抱懷著茫然與期盼之夾雜的百般滋味，然於此煎熬中，他們則構思出「人事之應為」的設計，而此之設計的內涵，即是「敬德保民」的政治哲學，但其具體的方法仍未呈顯，以下的討論便是針對這個問題。

二、維持封建社會良善秩序的兩大原則

蓋《尚書》為政治民的指標在於「敬德保民」，「敬德」是謀事者的一己之事，「保民」則是謀事者責無旁貸的使命。此一己之事，背後有個「天命」的認定，亦有具體的典型，更有漫漫歷史的惕勵；然責無旁貸的使命，要如何運用具體方法予以呈顯呢？在〈堯典〉中，後人盛贊帝堯〔註68〕的為政治民之方：

> 欽、明、文、思：安安；允恭克讓；光被四表，格于上下。克明俊
> 德，以親九族；九族既睦，平章百姓；百姓昭明，協和萬邦，黎民
> 於變時雍。

此四十八字，常為後人所引用。清人陳甫蘭的《東塾讀書記》中即云：「欽、明、文、思：安安；允恭克讓。此述帝堯之德。」又云：「克明俊德以下三十字，記堯數十年所行之政，簡括極矣。」而我們翻開皮錫瑞的《今文尚書考證》，即可見漢代之謀事者常引此諸語來自惕勉人。此箇中因緣何在？讓我們分析一下。

蓋「欽、明、文、思」，乃四種敬責之行，〔註69〕是為政治民之謀事者踐行「安安」的必要條件；而所謂的「安安」，即是安定天下之眾民的意思，〔註70〕其原則便是「允恭克讓」的德行。〔註71〕故此之內「敬」外「德」，

〔註68〕因〈堯典〉一開始即言「曰若稽古帝堯」，按此即後人述古之文辭。詳細舉證，
　　　　見屈萬里，《尚書釋義》，頁20～23。

〔註69〕馬融曰：「威義表備謂之欽，臨照四方謂之明，經緯天地謂之文，道德純備謂
　　　　之思。」鄭玄亦言：「敬事節用謂之欽，臨照四方謂之明，經緯天地謂之文，
　　　　慮事通達謂之思。」可知此為四種敬責之行。

〔註70〕孔穎達的《尚書正義》云：「敬以此四德，安天下之當安者。」「安安」又作「晏

若能相即相融，便能達致「光被四表，格于上下」〔註72〕的景況。但其具體的方法是「克明俊德，以親九族」，使「能明俊德之士任用之」（《僞孔傳》說），以讓九族親密和睦，並以此爲基而「平章百姓」。「平」者辨也，「章」者明也，「百姓」即百官，〔註73〕故「平章百姓」之意即是使眾數的爲政治民之百官深切知曉「安安」之道。而眾百官以「允恭克讓」之則，以「克明俊德」之行，來「協和萬邦」，若此，眾民將順此教而化之爲善爲和；〔註74〕換言之，「協和萬邦」的理想，正是《尚書》政治理念的終極標誌。此雖有封建社會之秩序的精神，亦有「敬德保民」之政治哲學的意涵，但爲政治民之方總顯高調，且未有細則之綱，是以陳蘭甫言此數語爲「簡括極矣」！

而〈堯典〉接續陳述帝堯「欽若昊天，厤象日月星辰，敬授人時」之政，舉鯀治水，命舜自代等，亦僅是說明帝堯之功蹟。又舜「齊七政」，並「象以典刑」，〔註75〕流共工、驩兜、鯀等不適任之臣，逐三苗，有「四罪而天下威服」的功業；而其受禪後，舉賢二十二人謀事，以求「亮天工」，自此觀之，亦未詳言爲政治民之方的細則。由此我們可以發現，爲政治民之謀事者似乎僅有兩大原則，而這兩大原則可以皋陶所言的「在知人，在安民」（〈皋陶謨〉）來概括。蔡沈的《書經集傳》中即引「楊氏」說：

> 知人、安民，此皋陶一篇之體要也。九德而下，知人之事也；天秩有典而下，安民之道也。非知人而能安民者，未之有也。

　晏」，此見《後漢書》之〈馮衍傳〉與〈陳寵傳〉。李賢注認爲此引《尚書·考靈耀》所言。然〈考靈耀〉爲何，不得而知。但李賢引鄭玄注云「寬容覆載謂之晏」，自此可知，「安安」之意當爲安天下之眾民。然近來有人將「欽、明、文、思」與「安安」合爲五德，此說見周秉鈞的《尚書易解》，頁32。

〔註71〕「允恭克讓」，鄭玄云：「不懈于位曰恭，惟賢尚善曰讓。」此指帝堯之德行也。而孔穎達則言：「恭則人不敢侮，讓則人莫與爭，由此爲下所服。」可同時參考。

〔註72〕「光被四表，格于上下」，鄭玄注：「言堯德光耀及四海之外，至于天地。所謂大人與天地合其德，與日月齊其明。」實則即歌頌帝堯之德行。

〔註73〕周秉鈞說：「平章者，一作辯章，一作辨章。平與便、辯、辨，古代通用，故平有辨義。鄭玄云：『辨，別也；章，明也。』百姓者，《周語》『百姓兆民』注：『百姓，百官也，官有世功，受氏姓也。』」此見《尚書易解》，頁3。

〔註74〕《潛夫論·考績》云：「此堯舜所以養黎民而致時雍也。」應劭注《漢書·成帝紀》的陽朔元年詔云：「黎，眾也；雍，和也。言眾民於是變化，用是大和也。」是矣！

〔註75〕孫星衍，《尚書今古文注疏》云：「象者，畫象；典者，釋詁云常也」，換言之，即現今之法律條文的制定。

此「楊氏」不知何人，當非龜山（楊時）即慈湖（楊簡）。而其言「知人」、「安民」，爲「皋陶一篇之體要」，但筆者覺得此當爲整部《尚書》的體要，實則即是「敬德保民」的爲政治民之政治哲學的指標。然又依「楊氏」之說，二者相較，「知人」者易曉，「安民」者難尋。此意爲何？試看帝禹的嘆息：

> 禹曰：吁！咸若時，惟帝其難之。知人則哲，能官人；安民則惠，黎民懷之。能哲而惠，何憂乎驩兜？何遷乎有苗？何畏乎巧言令色孔壬？

連堯（即句中之「帝」）都覺得「知人」、「安民」是「難之」之事，更何況是一般爲官的謀事者呢？在《論語》中，子路曾問孔子何謂「君子」，子曰「修己以敬」，子路又問「如斯而已乎」？孔子又說：「修己以安人」，而子路卻輕蔑的又問，「如斯而已乎」？孔子又說：「修己以安百姓，修己以安百姓，堯舜其猶病諸！」（見〈憲問〉）由此可見，此「博施於民，而能濟衆」（〈雍也〉）之事，著實不是易事。但反過來想，亦正是因爲不易，故有追求嚮望之價值。

而「楊氏」說「九德而下，知人之事也」，何以知之？皋陶曾明白指出：「亦行有九德。亦言其人有德，乃言曰：載采采。」（〈皋陶謨〉）此處標舉出選人爲官當應以傳言與事實行爲一致的觀點，《論衡・荅佞》即云：「唯聖賢之人，以九德檢其行，以事效考其言。行不合於九德，言不驗於事效，人非賢則佞矣！」由此觀之，舉賢人雖難，但總是有個規矩作爲準繩，而此規矩就是「九德」。〈皋陶謨〉曰：

> 寬而栗，柔而立，愿而恭，亂而敬，擾而毅，直而溫，簡而廉，剛而塞，彊而義。

宋、元之際的金履祥，在其《尚書表注》裏，對此「九德」有詳密的紹介。其云：

> 九德凡十八字，而合爲九德者。上九字其資質，下九字則進修，亦有德行之全美者。寬者易弛，寬而堅栗則爲德；柔者易弱，柔而卓立則爲德；謹厚曰愿，愿者易同流合汙而不莊，愿而嚴恭則爲德；治亂曰亂，亂者恃有治亂解紛之才則易忽，亂而敬謹則爲德；擾者馴熟而易奕，擾而剛毅則爲德；直者徑行而易詰，直而溫和則爲德；簡者多率略，簡而有廉隅則爲德；剛者多無蓄，剛而塞實則爲德；彊者恃勇而不審宜，故以彊而義爲德也。

此處乃就人之天生資質與後天自持能否相即相融而言。若能相即相融，則能

「彰厥有常吉哉」(〈皋陶謨〉)。於此則是強調，若有此「九德」之人，當舉其作為政治民之官，因為舉薦此種人為官，則「百僚師師，百工惟時，撫于五辰，庶績其凝。無教逸欲，有邦兢兢業業，一日二日萬幾！」(〈皋陶謨〉)而此現象是「百僚互相效法，百官思善，順從於國君，〔註76〕則眾功皆成矣」，並且「有國者莫效逸遊，當戒其危，日日變化甚多也」。〔註77〕

由此可以肯定地說，這是標準「上行下效」的政治理論，亦是整部《今文尚書》政治學說的主張。若由封建社會「親親」之義起，而至「尊尊」之制，再至「賢賢」之舉的意義脈絡審視之，「上行」而「下效」的論點，顯然是合理的，而且亦能綻現於世。可是，此處仍不免有二個疑竇：其一、居「天子」之位的謀事者，其必然是主導「知人」的最後裁斷者，那麼他的能力又是誰來裁斷呢？其二、「上行」而「下效」的論點，其勢必然是講一種心理感受的擴散效應，但此效應當非「普遍的」擴散，那麼在此擴散效應之外的眾民，又當如何治之？

關於第一個問題，筆者雖曾於本文第二章中指出，「天子」是承受「天命」而得其位，可是問題在於「天命」是個抽象語詞，雖然「天命」是從「天」之「意志」而出，且其意志被認定是公理正義的，但此抽象之詞，當為某人或某些人之思；倘若我們認為商、周的為政治民之謀事者是以「天命」來作「天子」之位合理化的一個說辭，那麼「天」本身便沒有什麼神聖性可言。〔註78〕然而，

〔註76〕 「撫于王辰」，周秉均認為「五辰」即「北辰」，借喻為國君，見《尚書易解》，頁 31～32。

〔註77〕 見周秉鈞，《尚書易解》，頁 32。

〔註78〕 馮友蘭即是持此種見解。其言：「所謂天上的上帝本來就是人間的王在人的宗教思想中的反映。照這個說法，地上的王的統治是合理的，因為他是受到天命為王，統治老百姓的。而天命是順著老百姓的願望的，所以他的統治是符合老百姓的願望的。天幫助有德的人，他受了天命，所以他就是有德的人。周初的統治者企圖用這種階級條和論論證周朝這個統治的合理。但是這完全是欺騙。因為根本就沒有上帝，根本說不上『民之所欲，天必從之』，更根本說不上『皇天無親，惟德是輔』。」〔《中國哲學史》(1983) 第一冊，頁 75～76〕但這個推論有很大的破綻，如我們看「根本就沒有上帝」以下的結論，其一、搖未能區分「天」與「上帝」的異同，故將「民之所欲，天必從之」與「皇天無親，惟德是輔」連起來看，關乎此的辯議，可見本文第二章的討論；其二、「民之所欲，天必從之」為一斷語，上既無文，下亦無語，故難以陳說其真意所在，關乎此，可見本章第一節的討論。此外言「天幫助有德的人」之語，似不是《尚書》所欲表顯的主題。蓋《尚書》主題在於「天」欲使天下長治久安，故擇一人間的代言人，而這人是有德的。故在邏輯的推衍上，筆者與馮友蘭

若僅就《今文尚書》的記載來說,「天命」是人們心中實踐動力來源的認定,而「天命」又是來自於至高無上且公理正義的「天」,在〈泰誓〉逸文即言,「天佑下民,作之君,作之師」,〔註79〕由此可知,「天子」即是「天」所揀擇的人間代言人,所以周人強烈地認定「天惟是求民主」(〈多方〉)。不過,「天」所揀擇的「天子」,並不是如「天」一般的全德全行;換言之,即使貴爲「天子」亦會有所過失,那麼,「上行」而「下效」的論據,可能就得再深一層的探討了。

實則,「天」是全能的,是絕對公理正義的,故其降下的「天命」亦當爲公理正義的,因此,「天」爲民求得之「主」,雖非至聖之人,但總能堅守「天命」所賦予的責任,譬如商湯、文王、武王。而其後人,並非「天」所直接任「命」之人,故他們應兢戰的努力踐行「敬德保民」,如此方能保「天命」於其身。然「天子」亦有犯過的可能,故若其又不力行於「敬德保民」的「天」之「意志」,此即是其自棄「天命」在身而已。而不知情的人民,亦仿其跡,故有上下昏亂之景。因此,對於第二個疑竇,「上行」而「下效」的擴散效並非全面,這個舉證是顯白的,譬如商紂禍國,在孟津一役,眾多殷人倒戈;武王伐紂後,依然有殷之「頑民」不服等,故問題焦點在於未被感受之民,謀事者當如何治之?欲解決此疑難,我們就得進入「敬德保民」的具體而詳密的方法上陳述了。

三、由《尚書》政治理念見封建社會良善秩序的眞正內涵

在《尚書》中,眞正提出爲政治民的具體方法,我們就得翻開〈周書〉諸篇一一審視,而〈洪範〉一文爲其大要所在。《尚書大傳》即言:「洪範可以觀度」。「度」者,即「法度也」。〔註80〕

前文提及,人間一切的名物數度均來自於「天」,故連「定民之常道」(《僞孔傳》說)的「彝倫攸敘」(〈洪範〉)亦是「天」之「意志」,因爲「惟天陰騭下民,相協厥居」。故「洪範九疇」亦是「天」所降,然問題是降於那兒呢?

之間有著極大的出路。

〔註79〕 語出僞〈泰誓〉,然此是改《孟子・梁惠王下》所引的古〈泰誓〉而來。但孟子言「天降下民」,僞文則改爲「天佑下民」,然此一字差,意別甚大。

〔註80〕 此乃《說文解字》說。段玉裁注云:「論語曰:謹權量,審法度。中庸曰:非天子不制度。今天下車同軌,古者五度,分寸尺丈,引謂之制。周禮出其淳制,天子巡守禮制,幣丈八尺,純二咫。純謂幅廣。」(《說文解字注》第三篇下・二十右)

〈洪範〉言「天乃錫禹洪範九疇，彝倫攸敘」，而後爲箕子所知，武王克殷後便請教箕子此中道理。於此，「天」所降之「彝倫攸敘」的「定民之常道」，當是爲政治民之謀事者無可推卸的責任，尤其是身爲天下共主的「天子」。此間或有近於「神話」傳說的成份，[註81] 對此我們可以略而不論，而僅就合理的、得以深究的部分展開探討。

「洪範九疇」之意，即是「大法九類」。[註82] 〈洪範〉陳述：

初一曰五行，次二曰敬用五事，次三曰農用八政，次四曰協用五紀，
次五曰建用皇極，次六曰乂用三德，次七曰明用稽疑，次八曰念用
庶徵，次九曰嚮用五福，威用六極。

首先談「五行」。「五行」即是指「水、火、木、金、土」五者，〈洪範〉文中分別陳述其性質和氣味，如「水曰潤下」、「潤下作鹹」等。孔穎達引《尚書大傳》與《左傳》之文，強調「五行」爲「世所行用」，[註83] 亦即是「人民生活之本」。[註84] 此說非常地樸實。時人方東美對此乃詮釋爲「說明客觀宇宙的結構成分」，[註85] 將人事與自然融入一個體系之中，稱之爲「機體主義」者，極富哲學旨趣。但素樸地說，「五行」若是指「人民生活之本」，而謀事

[註81] 孔穎達《尚書正義》云：「易繫辭云：河出圖，洛出書，聖人則之。九類各有文字，即是書也。而云天乃錫禹，知此天與禹者，即是洛書也。漢書五行志，劉歆以爲伏羲繼（按阮元云：「繼」字之誤）天而王，河出圖，則畫之八卦是也。禹治洪水，錫洛書法而陳之，洪範是也。先達共爲此說。龜負洛書，經無其事，中侯及諸緯，多說黃帝堯舜禹湯文武受圖書之事，皆云龍負圖，龜負書。緯侯之書，不知誰作，通人討覈，謂僞起哀平。雖復前漢之末，始有此書，以前學者必相傳此說。故孔以九類是神龜負文而出，列於背，有數從，一而至於九，禹見其文，遂因而第之，以成此九類法也。」（卷第十二，〈洪範〉第六）

[註82] 「洪範九疇」者，《僞孔傳》云：「洪，大；範，法也。言天地之大法。」又言「疇，類也」，故其意爲「大法九類」，後人均從之。

[註83] 〈洪範〉原文云：「水曰潤下，火曰炎上，木曰曲直，金曰從革，土爰稼穡。潤下作鹹，炎上作苦，曲直作酸，從革作辛，稼穡作甘。」
孔穎達《尚書正義》云：「此章所演，文有三重，第一言其名次，第二言其體性，第三言其氣味。言五者性異而味別，名爲人之用。書傳云：水火者，百姓之求飲食也；金木者，百姓之所興作也；土者，萬物之所資生也，是爲人用。五行即五材也。襄二十七年左傳云：天生五材，民並用之。言五者，各有材幹也。謂之行者，若在天，則五氣流行；在地，世所行用也。」

[註84] 「人民生活之本」乃周秉鈞語，見《尚書易解》，頁133。

[註85] 見方東美，《原始儒家道家哲學》，頁70。但馮友蘭指出：「〈洪範〉中所說的『五行』並不是構成宇宙的五種成分或勢力，而只是對於人的生活有用的和不可缺少的五種物質。」見《中國哲學史新編》（1964），頁55。

者竟「威侮」〔註86〕之，此種行爲就無異於像是商紂「俾暴瘧于百姓，以姦宄于商邑」（〈牧誓〉）的表徵，故以「弔民罰罪」之名，恭行「天」之罰，不顯其義正而詞嚴？因此，謀事者之爲政之方、治民之鑰，其首要項目就是保障人民的基本生活能力，而就《尚書》言，這指的就是「五行」。

其次是「敬用五事」。〈洪範〉言：

> 五事，一曰貌，二曰言，三曰視，四曰聽，五曰思。貌曰恭，言曰從，視曰明，聽曰聰，思曰睿。恭作肅，從作乂，明作哲，聰作謀，睿作聖。

按其文意，當是皋陶「九德」說的再重複，但相較於皋陶之說，此則凸顯出「作」之意，故身爲一個謀事者，尤其是「天子」，其爲政治民當不止於是空中樓閣之理念，更重要的是其理念要能落實於現世人間。鄭玄云：「此恭明聰睿，行之於我身，其從，則是後人從我，以與上下違者，我是而彼從，亦我所爲不乖倒也。」然孫星衍言其爲「費詞」，而認爲「解爲從順，則差勝也」。孫氏所言，或與清人的政治氣氛有關。然我們考察《尚書》中的政治理念，並無要求大眾人民要「絕對的從順」（即不可有任何異議），譬如盤庚遷殷、周治殷民，均是如此（此均顯出異議的聲音）。且試想具有「肅、乂、哲、謀、聖」的謀事者，其爲政治民當然能達到「出令而從，所以爲治」的景狀，並能引發出「上聰則下進其謀」（均馬融語）的互動，所以孔穎達曰：「此據人主爲文，皆是人主之事。」然而，這個「人主」當不只是指天子一人，亦應包括天下所有爲政治民的大小官吏之謀事者，而鄭玄「皆謂其政所致也」，或可爲此作註腳。

自此，我們可以濃縮出二層意義，其一，謀事者應是聰明睿智的，尤其是天子；其次，謀事者之責任在於達到「其政所致」，若非，當「禪讓」其位。故謀事者當具有崇高的理想，因此〈洪範〉強調「敬」字，所以謀事者絕對不該有「尸位素餐」〔註87〕的心態與行爲，這有強烈地將自身置於「哲學王」的文化氛圍當中。這兩層意義，在西周初年的周公，表現的最爲顯眼。周公兢兢戰戰的誓師東征，平亂之後，勉勵封於殷地的康叔說「惟乃丕顯考文王，

〔註86〕「威侮」，意爲「暴虐、輕慢」，王引之說，見《經義述聞》卷三，「威侮五行」條。
〔註87〕語出《漢書‧朱雲傳》，其云：「今朝廷大臣，上不能匡王，下亡以益民，皆尸位素餐。」

克明德慎罰，不敢侮鰥寡，庸庸、祗祗、威威、顯民」，所以要求「求于殷先哲王，用保乂民」，尋求「耈成人，宅心知訓」，並謹記「用康保民」、「德裕乃身」，同時要「往盡乃心，無康好逸豫，乃其乂民」（以上均見〈康誥〉）等等。周公的這些心思，成王有如下的贊述：

> 公！明保予沖子。公稱丕顯德，以予小子，揚文武烈，奉答天命，
> 和恒四方民，居師。惇宗將禮，稱秩元祀，咸秩無文。惟公德明，
> 光于上下，勤施于四方，旁作穆穆，迓衡不迷，文武勤教。（〈洛誥〉）

而周公在達致「其政所致」之後，即「朕復子明辟」（同上），歸政成王。此種範典，當為後世的我們細細品味！

第三類是「八政」：「食、貨、祀、司空、司徒、司寇、賓、師」，即為八大方面的作為。鄭康成云：「此數本諸其職先後之宜也。」孔穎達也說：「八政者，人主施政教於民，有八事也。」是矣！而《漢書・食貨志》言，「食」、「貨」二者，乃「生民之本」，何謂也？因「食謂農殖嘉穀可食之物，貨謂布帛可衣，及金刀龜貝，所以分財布利，通有無者也。」（同上）然其中則又以「食」為重，《尚書大傳》即言：「八政何以先食？傳曰：食者萬物之始，人事之本也，故八政先食。」《論衡・訊日》亦言：「人道所重，莫如食急。」是以「食」為重。而「祀」者，依《漢書・郊祀志》云：「祀者，所以昭孝事祖，通神明也。」此雖是漢人之說，但這和《禮記》所說的「反本脩古，不忘其初」（〈禮器〉）的精神相互契合。其意蓋即指先祖倘有遺留之典範，後世當思及並遵行，若非，當至少不辱先人之名；而先祖倘有誤失之處，後人亦當思之而免重蹈覆徹，並能嘗試彌補先人之過。故以此教化眾人，影響必然深遠！

而在周興之初，不時有「乃告太王、王季、文王」（〈金滕〉）、「惟乃丕顯考文王，克明德慎罰」（〈康誥〉）、「嗣守文武大訓」（〈顧命〉）等諸語，此不僅彰顯出追承古人之遺風的精神，而更重要的意義乃在於謀事者對自我不斷提升的要求。至西周末年時，在〈文侯之命〉的僅有記載中，亦有「丕顯文武」的自勵勉人之語，由是可知「祀」之精神的影響！

又依鄭玄之說，「八政」乃是八種官職。其云：「食，謂掌民食之官，若后稷者也。貨，掌金帛之官，若周禮司貨賄是也。祀，掌祀祭之官，若宗伯者也。司空，掌居民之官。司徒，掌教民之官也。司寇，掌詰盜賊之官。賓，掌諸侯朝覲之官，周禮大行人是也。師，掌軍旅之官，若司馬也。」若依此說，我們可知「八政」皆有司職，但其職掌的範圍為何？宋人蔡沈對此有明

白的淺說，並對其精神有所敘述。他說：

　　食者，民之所急；貨者，民之所資。故食爲首，而貨次之。食貨所
　　以養生也，祭祀所以報本也。司空掌土，所以安其居也；司徒掌教，
　　所以成其性也；司寇掌禁，所以治其姦也；賓者，禮諸侯遠人，所
　　以往來交際也；師者，除殘禁暴也；兵非聖人之得已，故居末也。（《書
　　經集傳》卷四）

由此觀之，方東美認爲「八政」爲「八項政府職掌範圍」〔註88〕之說，可知是
有所本。身爲爲政治民的最高謀事者——天子，如何落實這個關係到人民大眾
的生活秩序、社會組織的八種政務呢？由〈立政〉一文，我們或可得到解答。

　　〈立政〉的主旨在於周公告誡成王如何設官任人。他們從夏、商二代設
官任人的得失中開始反省，認爲夏、商之初，均能「尊上帝迪」（遵循上帝的
啟迪）、「丕釐上帝之耿命」（大受上帝降下之明命），因而任用「九德之行」、
「三宅三俊」之賢人。可是，夏之後人任人爲官，竟淪落到「謀面，用丕訓
德」（以貌取人，不依德行爲用人之準），遂有夏桀之「暴德」；而商紂則用「惟
羞刑暴德之人，同于厥邦；乃惟庶習逸德之人，同于厥政」，試問以刑殺暴虐
之人治國，以狎習放蕩之人謀政，〔註89〕如此國家怎能安泰，政治怎能清明，
人民又怎不思變乎？所以周公感慨的說道：「帝欽罰之，乃伻我有夏，式商受
命，奄甸萬姓。」這意思是說：「言天興罰討罪，使我有中國之人，用受商之
大命，大治萬民。」〔註90〕然文王、武王深知設官任人的重要，故「以敬事
上帝」的恭敬態度來設官立政，用「克俊有德」之人，因此周公勉成王「勿
誤于庶獄庶慎，惟正是乂之」，意思就是要作到刑法獄政是公道的，〔註91〕而
盼「其克詰爾戎兵，以陟禹之跡，方行天下，至于海表，罔有不服。以覲文
王之耿光，以揚武王之大烈」。是以「立政」首要當用「常人」，而「常人」
即是「吉士」，〔註92〕所以王引之引《爾雅・釋詁》說：「正，長也。故官之

〔註88〕參見方東美，《中國哲學之精神及其發展》，頁61。
〔註89〕《漢書・韋賢傳》注曾言：「臣瓚曰：放也，研惟進用刑殺暴虐爲德之人，與
　　　　之治國；乃惟眾狹習放蕩之人，與之謀政也。」
〔註90〕見孫星衍，《尚書今古文注疏》，卷二十四〈立政〉。
〔註91〕孫星衍云：「正，治獄之官。周書嘗麥解云：王命大正正刑書，言繼自今，守
　　　　文之子孫，其勿誤於諸獄眾慎之事，惟大正是治之。獄者，萬民之命，故周
　　　　公以立政告王，獨於庶獄庶慎之事，反復致戒。篇中又呼司寇蘇公而告之，
　　　　仁厚之至也。」出處同上注。
〔註92〕蔡沈《書經集傳》說：「常人，常德之人也。皋陶曰：彰厥有常，吉哉！常人

長謂之正。洪範曰：凡厥正人。」又說：「解者不知政爲正之假借，而以爲政治之政，於是立政一篇，遂全失其旨。」〔註93〕由此觀之，天子設官任人當以德行和能力爲評斷之標準，倘若任人得當，「八政」即可順利施行。

第四項大法則是「協用五紀」。「五紀」者，「一曰歲，二曰月，三曰日，四曰星辰，五曰曆數」。蓋此乃「曆象日月星辰，敬授人時」（〈堯典〉）之意。《漢書‧律曆志》即云：「周武王訪箕子，箕子言大法九章，而五紀明曆法。」此因古代乃以「農業」爲主，強調「食」與「貨」之有無，因此，爲政者當制訂判別四時、十二節氣之方，年、月、日之法，以合農時。所以孔穎達說：「凡此五者，皆所以紀天時。」

第五個大法是「建用皇極」。「皇」者，有人認爲是指「國君」，但亦有人認爲此是「大」者之意。〔註94〕將「皇」解爲「大」者，雖自《爾雅‧釋詁》始，以至到漢儒（如許慎的《說文解字》）大都作此種解說，可是「皇極」一詞，伏生的《尚書大傳‧洪範五行傳》卻作「王極」，其言：「爰用五事，建用王極。」又說：「王之不極，是謂不建。」鄭玄注云：「王，君也。不名體而言王者，五事象五行，則王極象天也。……」鄭說或有「天人感應」的讖緯成分，對此我們可以存而不論，不過，這裏終究凸顯「皇極」一詞原作「王極」。又「極」之意，歷來均作「中」解，或引申爲「法則」，〔註95〕鄭康成在解「王極」時說：「王象天，以性情覆成五事，爲中和之政也。王政不中，則是不能立其事也。」誠然，價值的彰顯，當是人主動地去創造，而「極」作「中」，爲一「中和」的價值狀態，故「皇」當解作是人的「國君」才是。

與吉士同實而異名者也。」然〈立政〉即云：「繼自今立政，其勿以憸人，其惟吉士，用勱相我國家。」此即可佐證「常人」爲「吉士」。

〔註93〕見王引之，《經義述聞》卷三，〈尚書上〉「聰作理」條；而「借正爲政」，見卷三十二，〈通說下〉「經文假說」條，詳說則見卷四〈尚書下〉「惟正之共」條，與卷八〈毛詩下〉「無俾正敗」條。

〔註94〕除《僞孔傳》與孔穎達的《尚書正義》，主張「皇」作「大」之解外，餘者均作「君」之解，如蔡沈《書經集傳》（卷四）、曾運乾的《尚書正讀》（頁128）、周秉鈞的《尚書易解》（頁134）、屈萬里的《尚書釋義》（頁94）以及《尚書今註今譯》（頁75），而孫星衍似兼採二說，見《尚書今古文注疏》卷十二。今人亦有作「大」解者，而將「皇極」解作「大中」，如方東美，見《中國哲學之精神及其發展》（頁61～2；74～5）以及《原始儒家道家哲學》（頁58），則詮釋出恢宏的氣度。

〔註95〕自《僞孔傳》以下，「極」均作「中」，且孫星衍所引的馬融亦持此說。而屈萬里則引申爲「法則」，此見《尚書今註今譯》，頁75。

近人皮錫瑞即深深覺得鄭說甚爲精湛，但對「訓皇爲大」之說提出反駁，他說：「案：皇與王雖可通用，而義則當從五行志（按：其指《漢書・五行志》）訓君。蓋王之不極、皇之不極必訓爲君而後可通，若訓爲大之不中，則不辭甚矣！」〔註96〕又〈洪範〉本文，對「建用皇極」有如下的敘述：

> 皇建其有極。斂時五福，用敷錫厥庶民，惟時厥庶民于汝極。錫汝保極。凡厥庶民，無有淫朋；人無有比德，惟皇作極。凡厥庶民，有猷有爲有守，汝則念之。不協于極，不罹于咎，皇則受之。而康而色，曰予攸好德，汝則錫之福，時人斯其惟皇之極。無虐煢獨，而畏高明，人之有能有爲，使羞其行，而邦其昌。凡厥正人，既富方穀，汝弗能使有好于而家，時人斯其辜；于其無好德，汝雖錫之福，其作汝用咎。無偏無陂，遵王之義；無有作好，遵王之道；無有作惡，遵王之路；無偏無黨，王道蕩蕩；無黨無偏，王道平平；無反無側，王道正直。會其有極，歸其有極。曰皇極之敷言，是彝是訓，于帝其訓；凡厥庶民，極之敷言，是訓是行，以近天子之光。曰天子作民父母，以爲天下王。

這兩百多字，顯然是訓誡君王之道。「斂時五福，用敷錫厥庶民，惟時厥庶民于汝極」諸語，馬融說：「當斂是五福之道，用布予眾民」、「以其能斂是五福，故眾民於汝取中正，以歸心也」，顯明是針對爲政治民之謀事者來說的。且文末亦言「天子作民父母，以爲天下王」，更可知此當是對天子的訓誡。而此訓誡中，國君以中道示民（「惟皇作極」），使民不有「淫朋」；相對的，庶民中若「有猷（謀也）有爲有守」者，君王則應予以重視。假如「臣民之行有不合於中，亦不至獲咎於汝，爲君者當寬容以受之」（「不協于極，不罹于咎，皇則受之」）；〔註97〕換言之，君王與臣民間的關係是互動的。君王應和顏悅色的告訴臣民說「予攸好德」，使臣民能遵循君王之德而行（「時人斯其惟皇之極」）；而治臣則應「不侮鰥寡，不畏強禦者」（「無虐煢獨，而畏高明」），且「下有能有爲之人，皆當進用」（「人之有能有爲，使羞其行」），若此國家方能昌盛。〔註98〕因此，身爲爲治民之謀事者，「當重其祿，使之作善。汝不能使賢者善於家國，是人以此爲其罪也」（「凡厥正人，既富方穀，

〔註96〕見皮錫瑞，《今文尚書考證》卷十一。
〔註97〕解釋見孫星衍，《尚書今古文注疏》卷十二，〈洪範〉第十二下。
〔註98〕同上註。

汝弗能使有好于而家，時人斯其辜」）；但「非善人，雖厚其祿，猶腬民以為汝斂怨也」（「于其無好德，汝雖錫之福，其作汝用咎」），〔註99〕所以鄭康成說：「謂為天子結怨于民。」由此可見任人為官之重要，故身為「天子」者，不可不慎！

承此，箕子因而接著提出君王應守的「王道」之法，其言：「無偏無陂，遵王之義；無有作好，遵王之道；無有作惡，遵王之路；無偏無黨，王道蕩蕩；無黨無偏，王道平平；無反無側，王道正直。」此四十八字的意義即在強調「中道」，沒有偏頗，沒有惡念，所求的就是一個「蕩蕩」、「平平」和「正直」的「王道」。因此，君王「當會聚有中之人以為臣」（「會其有極」），而治臣亦「當就有中之君而事之」（「歸其有極」），〔註100〕雖說此「中道」是「天」所賦予，而「天子」是順其「天」之意志來訓誡臣民，但臣民若順此則言行，即能近於天子之德行。〔註101〕

此處揭示了政治理念中的大原則，亦即是「持中」，這不但是君王為政的義務，更是君王治民的責任。《呂氏春秋·貴公》將此「中」解為「公」，其云：「昔先聖王之治天下也，必先公，公則天下平矣；平得於公。嘗試觀於上志，得天下者眾矣。其得之以公，其失之以偏。凡主之立也，生於公。故鴻範曰：無偏無黨，王道蕩蕩；無偏無頗，遵王之義；無或作好，遵王之道；無或作惡，遵王之路。天下非一人天下也，天下之天下也。」《呂氏春秋》此說，可能是最早對〈洪範〉一文的詮釋。但察〈周書〉其他篇章，並無此「公」天下的思惟，然「中道」精神，則無時無不表露，如〈康誥〉所強調的「敬明乃罰」的慎刑，〈酒誥〉訓誡「飲惟祀，德將無醉」的酒德，〈梓材〉言「予罔厲殺人」（我不濫殺人之意）的君王用權態度，〈洛誥〉云「享多儀，儀不

〔註99〕同上註。

〔註100〕此為鄭玄語，見《史記集解》。

〔註101〕此乃是解「曰皇極之敷言，是彞是訓，于帝其訓；凡厥庶民，極之敷言，是訓是行，以近天子之光」。蔡沈對此解道：「言人君以極之理而反復推衍，為言者天下之常理，天下之大訓，非君之訓也。蓋理出乎天，言純乎天，則天之言矣！」又說：「天子之於庶民，牲一而已。庶民於極之敷言，是訓是行，則可以近天子道德之光華也。」（見《書經集傳》卷四）周秉鈞則引劉申受之言說：「言王者常以極之敷言為教訓，斯順于帝則；庶民亦順行是言，則可以近天子盛德之光輝也。」（見《尚書易解》，頁140）二說之意相似，均強調君民依「帝」所予之「極」（中道）來行事。然尤其強調君王當以身作則，眾民視如此言行，必然起而效之。
觀於「帝」與「天」之異同，見第二章第二節的探討。

及物，惟曰不享」之禮儀精神，〈無逸〉說「繼自今嗣王，則其無淫于觀于逸于遊于田，以萬民惟正之供」的君王以身作則，以及〈君奭〉「其汝克敬德，明我俊民，在讓後人于丕時」的典範樹立等，均彰顯出〈洪範〉所揭示的「中道」精神。然就〈洪範〉的文脈觀之，此「中道」精神，實則是訓誡君王爲政治民時的自持之道，所以我們可以稱之爲「王道」。

第六類大法是「乂用三德」。「三德」是指「正直」、「剛克」與「柔克」三者。何言此三德？孔穎達曰：「此三德者，人君之德也。」孔解似獨對國君而言，所強調的是「聖王」氣象；清人朱駿聲對此則云：「此言人臣有三德，惟天子擇而用之，以成治功也。」〔註102〕其言國君任臣，當曉臣民之德行，而舉有德之人。此二說何者爲確呢？〈洪範〉解此曰：

> 平康正直，彊弗友剛克，燮友柔克；沈潛剛克，高明柔克。惟辟作福，惟辟作威，惟辟玉食。臣無有作福作威玉食。臣之有作福作威玉食，害于而家，凶于而國。人用側頗僻，民用僭忒。

依此文意，「平康正直」是德行的目標，亦即前文所曾提及的「中道」行事。而「剛克」與「柔克」，對中道而言，一者屬於「過」，一者屬於「不及」，二者均不合乎「中道」。因此，對於不合中道的「沈潛」之「彊弗友」，當以「剛克」治之；而對過於中道的「高明」之「燮友」，當以「柔克」治之；換言之，應使不合「中道」之人，回歸「平康正治」之路。依此而言，使人民回歸「中道」或實踐「中道」者，就是爲政治民之謀事者。然而，這謀事者僅指「天子」一人乎？按〈洪範〉之意，此是箕子告訴武王的治世之方，孔穎達亦言〈洪範〉乃是「據人主爲說」，但這不免引人疑竇，即「一人」如何平治天下、安置眾民？是以朱駿聲之說應是合理的解釋。由是之故，爲政治民之謀事者，除天子一人外，當更包含「天子擇而用之」的眾多官吏。若他們能同心同力，必能「裁制天下之人，使無過不及之差」。〔註103〕

然「惟辟作福」而後，爭議頗大。按自《僞孔傳》以來，此段意思是指君臣之分，即君王有「行賞慶，施刑罰，備珍美之權利」，〔註104〕倘若這些權利主導於臣子，則會「害于而家，凶于而國」，若此，百官將傾側不正，眾民亦會不守本分而鑄錯！但有人指出，此處「語意尊君卑臣，與三德說不

〔註102〕見朱駿聲，《尚書古注便讀》卷四上。
〔註103〕見曾運乾，《尚書正讀》，頁133。
〔註104〕見周秉鈞，《尚書易解》，頁141。

類，疑本皇極敷衍文」；〔註 105〕又有人以為，「辟」解作「君」是錯誤的，而應解為「邪僻」，因為「邪僻」之人才會作威作福，一個聖君賢相怎麼可能如此？遂有此說。〔註 106〕對於錯簡一事，筆者未曾涉獵，故存而不論；然將「作威作無玉食」作為權利、身份位階的表徵，甚至以道德德性的判準來評斷，這個關懷雖是令人敬佩；不過，〈洪範〉之意並不在此。按〈洪範〉的主旨是在說明治世的道理與方法，指出一人之力有限，必得天下之賢人共治，當然，被舉之人，必然得有相當的德性水平之上。因此，筆者覺得，自《偽孔傳》以來明君臣之分的說法，與整部《尚書》的為政治民之方的論據是比較一致的。

而「乂用三德」之意，是指施行「中道」，這個觀點在〈呂刑〉中亦曾特別強調。其言：「惟敬五刑，以成三德。」而《逸周書‧寤儆》亦言：「奉若稽古，維王克明三德，維則威和，遠人維庸。」意思是「承順天道，合于天之無私，則民歸往之。」〔註 107〕或者說，因中道之行，即可促成「近者說，遠者來」（《論語‧子路》）的和樂昇平之景況。可是孫星衍不以為然，他認為「此言人三德，當自治其性也」，此顯然是將「德」作為「德性」之意解，但筆者認為此當是誤植了！〔註 108〕

接著的原則是「明用稽疑」。「稽疑」者，鄭康成說「將考疑事」，於是要

〔註 105〕見曾運乾，《尚書正讀》，頁 134。朱廷獻的《尚書研究》則明言「惟辟作福」以下四十八字「當移於五皇極『歸其有極』之下，上下文義始得連貫」（頁 498）。皮錫瑞對此亦言「古文尊說，殊乖經旨」（見《今文尚書考證》，頁 262），可知其也疑異。

〔註 106〕見方東美，《原始儒家道家哲學》，頁 62。

〔註 107〕見朱右曾，《逸周書集訓校釋》卷三，頁 44。

〔註 108〕見孫星衍，《尚書今古文注疏》卷十二〈洪範〉第十二下。他更進一步認為，此「似如皋陶謨言九德，據德行言之，不及政治。偽傳所說未是，馬、鄭亦未文得之」。接著抒發己見，認為「此三德謂天地人之道。正直者，論語云人之生也直；人道也。剛克天道，柔克地道。克者，釋詁云勝也。皋陶謨疏以九德配三德，云其洪範三德，先人事而後天地是也」。
按：〈皋陶謨〉所言之「九德」，是就「知人」與「安民」的脈絡來說的。「九德」固然是指人的「德行」，人亦「當自治其性」，可是，這僅是就個人的德行而言。但就為政治民之謀事者來說，論者是期盼天子能舉有「九德」之人來「安民」，是以這絕對是牽涉到「政治」的。倘若以「創造性的詮釋」角度來看孫星衍之說，其採和天地人三道的易學思想，的確是創進思想的一個嘗試。不過，《尚書》中的「德」，是指人的「德行」，而非只是「德性」，且《尚書》則是一部名副其實的政治書。因此，就《尚書》論《尚書》，筆者認為孫星衍之說是不確切的。

「擇建立卜筮人」，就是說「選擇可立者，立爲卜人、筮人。」〔註109〕以白話來說，卜筮亦特有專人司職。按「卜」爲龜卜，「筮」爲著占，是「上古時代，人們向天神或鬼神卜問吉凶禍福的方法」，〔註110〕所以朱熹說「易本卜筮之書」。〔註111〕而「易」之起始，據《易傳・繫辭下》所言，乃是古人仰望天象，俯察地理而來。然其所彰顯的意義是：古人對己身之外的事物產生驚奇而極欲予以瞭解，並自此間整理出人生應然的準則。但問題是，神妙與幽明的世界，非一般人皆可知曉，所以立一熟悉之人爲官來專職司事。但卜筮不是漫無節制而是有規矩的，也就是說，一有疑問，不是就能立刻卜筮。倘真有疑惑，〈洪範〉說，當「謀及乃心，謀及卿士，謀及庶人」，假若還是不能解除疑惑，才去「謀及卜筮」。而所謂的「謀」，依《說文》解釋，即「慮難」之意，〔註112〕就是尋求解決困擾之「議」。〔註113〕《尚書表注》對此說的好，「盡人謀，然後以卜筮決之。」此意盡矣！

在此，我們發現了肯定人的智識與理性的說法，「盡人謀，然後以卜筮決之」即是這種精神。所以，我們注視的焦點不應只放在「卜筮」二字，認爲這是「迷信」。同時，這兒又有個疑問：即爲政治民之謀事者若遇到疑難不解，除自我深思之外，與眾官吏的商討也是可以理解的，但爲何也要和「庶人」討論呢？依照我們以往所接受的觀點，不是都認爲上古人民沒什麼地位？既無地位，爲何又要與其商討解決不了的疑問？實則，我們試想武王訪箕子之治國大道，以箕子之身分而言，不正是「庶人」？而孟子言說「舜發於畎畝之中，傅說舉於版築之間，膠鬲舉於魚鹽之中」（《孟子・告子下》），亦可間接明證帝堯、殷高宗、周文王均曾有「謀及庶人」之事。然而，此處最重要的意義還是在肯定了人的智識和理性，尤其是凸顯出「庶人」角色的重要。

第八個大法是「念用庶徵」，意思是注意自然萬象所顯出的徵兆，目的在求有備無患。倘若各種自然因素配合美好，人們又能把握時機，則「百穀用成」，而致「乂用明，俊民用章，家用安康」的國泰民安之境；反之，若不注意時節的配合，則「百穀用不成，乂用昏不明，俊民用微，家用不寧」。換言之，這就是〈堯典〉所強調的「敬授人時」的意義。不過，此處有些神秘的

〔註109〕出處同上注。而鄭玄亦言：「立是能分別兆卦之名者，以爲卜筮人。」
〔註110〕此乃朱伯崑之說，見《易學哲學史》（上冊），頁2。
〔註111〕見《朱子語類》卷六十六。
〔註112〕見《說文解字注》第三篇上・十一右。
〔註113〕《說文解字》云：「議，謀也。」出處同上，左。

說法，以為國君敬肅時（肅），則會有及時雨（時雨若），若國君狂暴時（狂），則會久雨不停（恆若雨），似乎天地四時之自然現象，是隨著國君的心情變化而變化，這種天人相交的說法，我們不能說沒有什麼根據，但非關本文主旨，可以略而不談。然對自然萬象之關注，後來則逐漸轉到人事應然的關懷之上，在《尚書‧金縢》中便透露出這個訊息。

〈金縢〉中的故事是說武王克殷後不久大病，「弗豫」。周公於是設壇作冊，祭告先祖及鬼神，願代武王死。事畢，「乃納冊于金縢匱之中」，而武王「翼日乃瘳」。殆武王薨，周公攝政踐祚，三監及殷裔流言「公將不利于孺子」，遂行軍變，致使周公親自東征。數年亂平，周公以〈鴟鴞〉一詩予孺子成王，但此孺子仍疑周公之心。後自然之變起，「秋，大熟，未獲，天大雷電以風，禾盡偃，大木斯拔」，遂使「邦人大恐」，孺子成王方與大夫均著禮服（弁），恭敬的開啓藏於金縢中之書冊，乃知有周公願代武王死之事，於是感動的泣淚說：「昔周公勤勞王家，惟予沖人弗及知。今天動威以彰周公之德，惟朕小子其新逆，我國家禮亦宜之。」而親自至郊外迎周公歸來。稍時，「天乃雨，及風，禾則盡起」、「歲則大熟」。在此，人與自然萬象變化的關係所顯現的意義雖是從屬的，也就是說，人是因為自然災異的突變而驚覺到己身可能有所誤失，但若改正，其突變之異象則將消失，故言「念用庶徵」。不過，這種對自然異象之驚奇而促使己身反省的從屬關係，隨著時間的流變，人們的理智逐漸開展之後，遂成為平行的關係了。清人吳汝綸就說：「此周史故為奇詭以發揮周公之忠藎。所謂精變天地以寄當時不知之慨，不必真以天變為因周公而見也。」〔註114〕可是，「不必真以天變為因周公而見」之說，則與漢人的思維不類。〔註115〕但這兒則肯定人

〔註114〕見吳汝綸，《尚書大義》，頁 46‧下。

〔註115〕漢人之思，大都以「昔周公薨，成王葬以變禮而當天心」（《漢書‧儒林傳》）的角度來論述，此與《偽孔傳》之後的說法不類（本文陳述即以《偽孔傳》之說為本）。《尚書大傳》言：「三年之後，周公老于豐，心不敢遠成王，而欲事文武之廟。然後周公疾，曰吾死必葬于成周，示天下臣於成王。成王曰：周公生欲事宗廟，死欲聚骨於畢。畢者，文王之墓也。故周公薨，成王不葬於成周，而葬之於畢，示天下不敢臣也。」又云：「周公死，成王欲葬之於成周，天乃雷雨以風，禾盡偃，大木斯拔，國人大恐，王乃葬周公於畢，示不敢臣也。」王充的《論衡‧感類》中則說的更明白：「天之欲令成王以天子之禮葬周公，以公有聖德，以公有王功。」又說：「周公不以天子禮葬，故為雷雨，以責成王。」

按：漢人之說與他時注解不同，尤其在歷史的事實上更不相類。此可參第二章第一節註 29。

的智識與理性的意義。

　　而最後一項大法是「嚮用五福，威用六極」。「五福」指的是「壽、富、康寧、攸好德、考命終」，這是希望人們能高壽、富貴、健康安全、有美好德行並能善終一生；「六極」則指「凶短折、疾、憂、貧、惡、弱」，是說人一生的種種困厄，夭折、患疾、憂愁、貧窮、不修德行以及身體衰弱。而身爲爲政治民的謀事者，當盡其能力爲人們創造踐行五福之條件，而去除六極之困厄。對於此，王符曾說：「德政加於民，則多滌暢、姣好、堅彊、考壽；惡正加於民，則多罪癙、尪病、夭昏、札瘥。故尚書美考終命，而惡兇短折。」（《潛夫論・德化》）由此可知，施政於民能不愼乎？故在皇極的大法中，論者不就訓誡君王當「斂時五福，用敷錫厥民，惟時厥庶民于汝極」乎？

　　綜上所論，《尚書》的爲政治民之方，是爲求君王、臣子與庶民之福祚「是一非二」，因而建構出一套新的政治秩序。這個建構是一體的，精神是良善的，而秩序維持的原則是「知人」與「安民」，具體實踐的方法則可縮爲如〈洪範〉所言之「九疇」。此處則彰顯分工之責，即「知人」是國君的任務，而「安民」則爲百官的責任，以此權責相分共治天下，以求國泰民安，此便是《尚書》爲政治民之眞正意義所在。北周宇文泰一則詔書中有段話，精神即自此出，可爲此節作一最佳註腳。其言：

　　　古之帝王，所以外建諸侯、內立百官者，非欲富貴其身而尊榮之。蓋以天下至廣，非一人所能獨治，是以博訪賢才，助己爲治。若其知賢也，則以禮命之。其人聞命之日，則慘然曰：凡受人之事，任人之勞，何捨己而從人？又自勉曰：天生儁士，所以利時，彼人主者，欲與我爲治，安可苟辭？於是降心而受命。及居官也，則晝不甘食，夜不甘寢，思所以上匡人主，下安百姓，不遑恤其私而憂其家，故妻子或有饑寒之弊而不顧也。於是人主賜之予俸祿，尊之以軒冕、而不以爲惠也；賢臣受之，亦不以爲德；位不虛加，祿不妄賜。爲人君者，誠能以此道授官；爲人臣者，誠能以此情受位，則天下之大，可不言而治矣。昔堯、舜之爲君，稷、契之爲臣，用此道也。及後世衰微，此道遂廢，乃以官職爲私恩，爵祿爲榮惠。人君之命官也，親則授之，愛則任之。人臣之受位也，可以尊身而潤屋者，則迂道而求之；損身而利物者，則巧言而辭之。於是至公之道沒，而姦詐之萌生，天下不治，正爲此矣。

〔註116〕
此說意盡也。因此，就《尚書》的政治理想而論，誠如王國維所說：「自來言政治者，未有能高焉者也。」然後世子孫之詆毀、遺棄，甚至嗤之以鼻，使之埋沒於無光的厚塵之間，豈不令人悲嘆可惜呢！

第三節　《尚書》中謀事者與「小人」間的關係

政治，基本上是少數人統治多數人，因此，「人」往往被化約成統治者與被統治者。於是，有人據此認為，被統治者的生存、權利等往往為統治者所剝削，因而將被統治者稱作「被壓迫階級」，並以為《尚書》中所出現的「民」字，便呈顯出上古中國對此階級壓迫的事實；而相對於「被壓迫階級」，即為所謂的「統治階層」，亦以為《尚書》中所出現的「人」字，就是這個階層的表彰。〔註117〕依此思路，此段時期的社會就被歸約稱為「奴隸社會」。〔註118〕當然，這種「奴隸社會」的說法，因為文字的解釋，考古訓詁的運用，以及思維邏輯方向的不同，遭到強烈且鉅大的批判和反擊；〔註119〕若純就《尚書》而言，此種化約式的思索，也受到同樣的嚴厲駁斥，〔註120〕而且均達到相當大的澄清效果，故筆者對此可略而不談。

而由前文的探究可知，筆者將所謂的統治者定稱為「為政治民之謀事者」，此處則將被統治者稱作「小人」，目的即在避開統治者與被統治者的單純化分，以及他那已被過分渲染的意涵。又依前文，知謀事者之務乃在「知人」與「安民」，亦即「為政治民」之意；然「小人」怎麼會被用來稱呼被統治者呢？按《尚書》文意，「小人」乃是指平民大眾，亦即某些人所言的被統治者。譬如：

〔註116〕見《周書》卷一，「帝紀第二‧文帝下」，十三年春三月。

〔註117〕此說可以侯外廬為代表，見《中國古代社會史論》，第四章「古文獻中最初所表現的文明人類」，頁133～142；或見《中國思想通史》第一卷，頁34，侯氏仍作如此敘述。

〔註118〕此種論斷，除侯外廬主張之外（見前揭書），還有從金文考證上來論證的，如郭沫若，見〈矢銘考釋〉（見《考古學報》，1956年第一期）。另外，楊寬則主張「部族奴隸」，此見《古史新探》，頁73。

〔註119〕此說可以徐復觀為代表，見《兩漢思想史》（卷一）——「周秦政治社會結構之研究」，頁1～13之〈對西周奴隸社會論者的檢討〉。

〔註120〕如侯家駒之〈詩、書中的「人」——兼駁侯外廬「人」指統治者階層說〉，見《漢學研究》，第六卷、第二期。

> 嗚呼！君子所其無逸！先知稼穡之艱難，乃逸，則知小人之依。（〈無
> 逸〉）

「小人之依」乃是「稼穡之艱難」，而「依」即是隱痛之意，〔註121〕是以若能知曉農作種植的困苦與艱辛，人們心中自然有所警惕，而能達到使自己的行爲不致於過分地逸樂；這是周公訓誡謀事者（即「君子」〔註122〕）應有此認知的一段話。但怎知此處的「小人」就是平民大眾？欲明此，我們得續看下文：

> 相小人：厥父母勤勞稼穡，厥子乃不知稼穡之艱難，乃逸、乃諺，
> 既誕；否則侮厥父母，曰昔之人無聞知。（同上）

對此，《史記・魯世家》言：「毋逸（按：即〈無逸〉）稱：爲人父母，爲業至長久，子孫驕奢忘之，以亡其家，爲人子可不愼乎！」又〈無逸〉之文中，將「君子」（謀事者）與「小人」對稱，認爲謀事者應「知」小人之依，應「相」小人之狀，亦即探求民隱，如此才能自惕過分的逸樂是不對的。因此，此處之「小人」當指平民大眾明矣。而《尚書》中另出現數次的「小人」，大體上亦均是此意。〔註123〕

　　明乎此，則「爲政治民之謀事者」與大眾平民的「小人」之間便有某種互動的關聯，因爲在《尚書》的行文中二者常常是並舉的。基本上，「民惟邦本，本固邦寧」（《僞古文尚書・五子之歌》）的認知，爲政治民之謀事者必當

〔註121〕王引之的《經義述聞》言：「……則知小人之依。引之謹案：依，隱也；謂知小人之隱也。周語：勤恤民隱。韋注曰：隱，痛也。小人之隱，即上文稼穡之艱難……。」

〔註122〕鄭玄曰：「君子謂在官長者。君子處位爲政，其無自逸豫也。」

〔註123〕《今文尚書》中，所出現的「小人」一辭共計十次，其中八次出現在〈無逸〉一文。按〈無逸〉文旨，乃在要求謀事者當警戒過分的逸樂，然其間所提到的「小人」，均是指大眾平民，除了正文所引出的二次之外，剩餘的六次亦是如此。譬如「其再高宗，時舊勞於外，爰暨小人」，意思是高宗在當太子時，「久在民間勞動，於是和百姓一起生活」（見朱廷獻，《尚書研究》，頁593），又如「其在祖甲，不義惟王，舊爲小人。作其即位，爰知小人之依」，意思是說祖甲「以爲自己作君王是不合理的，因而他作了很久的平民。等到他即位時，深深瞭解到人民的痛苦」（出處同上），又像「自時厥後，立王生則逸，……不聞小人之依……」，以及出現二次的「小人怨汝詈汝」，明顯地都是指平民大眾。而另外二次的「小人」，則分別出現在〈盤庚〉與〈康誥〉。〈盤庚〉說「無或敢伏小人之攸箴」，這意思是告戒官吏「不要有人膽敢隱瞞著民眾對政府的規諫」（見屈萬里，《尚書今註今譯》，頁53；朱廷獻承其解，前揭書，頁457），〈康誥〉則言「小人難保」，意思則是說「百姓們是不容易保護的」（見屈萬里，前揭書，頁99）。故依書中之文義，「小人」一詞均是指涉平民顯矣。

知之，因此，謀事者必得設想出如前節所探究的政治制度與其內涵。而在這雙方面的互動中，謀事者的角色已然清析（即應堅守「知人」與「安民」二大原則），但所謂「小人」的角色為何？既然否定奴隸社會的論調，那麼一般大眾平民的身份地位又在何處？這是本節欲探索的焦點所在。

一、「人」與「民」的指涉和意義

在《今文尚書》中，計「人」字出現了一百七十二次，而「民」字更出現了一百八十八次之多，頻率極高，指涉亦雜。然以今之時文觀之（如「人民」一詞，《今文尚書》中未見），《尚書》似乎頗為重視平民大眾，然真實情況為何，以下便試就「人」與「民」之指涉和意義分別析述之。

1、「人」的指涉與意義

「人」在《今文尚書》之中，並無「天地之心」之類的形而上學的價值導向之說法。〔註124〕據筆者之見，《今文尚書》中的「人」，若單獨陳述時，可以作為泛指「所有人」的普通名詞，是以此時「人」之意義並無什麼深奧難解之秘；但若是在表明指涉對象時，大都會加上一些辭語來形容，如「小人」之「小」是用來表示大眾平民，「咨汝二十二人」（〈堯典〉）是指特定的二十二個官吏等。為明析這層觀察，筆者分兩部分來探索。

一、「人」作為普通名詞的用法，此「人」之意涵就包括了謀事者和平民大眾，然此又可區分二種涵蘊的指涉。第一種涵蘊的指涉，譬如皋陶對大禹所說的「知人」中的「人」，是意指能代「天工」之「人」。

皋陶云：

〔註124〕此乃《禮記・禮運》中對「人」的說法。其言：「故人者：天地之心也，五行之端也，食味別聲被色而生者也。」又云：「故人者：其天地之德，陰陽之交，鬼神之會，五行之秀氣也。」充分彰顯出「人」的價值的至高無上性。而《偽古文尚書・大禹謨》所言的「人心惟危，道心惟微，惟精惟一，允厥其中」，亦即宋儒們所稱的「十六字心傳」，雖是將「人」的生命意義朝價值方向引導，而創造出「天理與人欲」的辯證思維，開拓出氣勢恢宏的理學體系，但就《尚書》本身而言，其終究是偽文。雖然在《荀子・解蔽》中有「故道經曰：人心之危，道心之微」數語，但此亦難證明此為真本《尚書》之文，況「道經」者不知何物。又清人閻若璩有「言人心惟危道心惟微純出荀子所引道經」之說，並不認為此為《尚書》本文，此見《尚書古文疏證》卷二。由是之故，所謂的「人心惟危，道心惟微，惟精惟一，允厥其中」之十六字心傳，恐怕就不是《尚書》的本文了！

　　皋陶曰：都！在知人，……知人則哲，能官人。……亦行有九德，
　亦言其人有德，乃言曰：載采采！……無曠庶官，天工，人其代之。
　（〈皋陶謨〉）

「知人」的「人」，當然可對所有的人而言，因為只要其人有「九德」，就應
選拔出來，以使設官立職的用意與功能可展現出來：其功能就是替代「天工」，
以實踐「天」之「意志」；其用意即為〈堯典〉所強調的「神人以和」之景狀。
而〈秦誓〉中的秦穆公，對於「知人」則有另一番的體會。他說：

　　昧昧我思之，如有一介臣，斷斷猗，無他技，其心休休焉，其如有容。
　人之有技，若己有之；人之彥聖，其心好之，不啻如自其口出：是能
　容之。以保我子孫黎民，亦職有利哉。人之有技，冒疾以惡之；人之
　彥聖，而違之俾不達：是不能容。以不能保我子孫黎民，亦曰殆哉！

這是秦穆公於殽之役為晉襄公所敗，歸國後的一段自省之語。〔註125〕但其「知
人」之意，乃是說其「臣」能不能容於「有技」與「彥聖」之「人」，是以其「知
人」之意已然狹隘；且其目的的焦點僅只在「他的」子孫黎民能不能保，故也
已非是「徧及群神」式的「神人以和」之思。儘管如此，此處之「人」亦可泛
稱所有的人，只是其義涵蘊的是所有的人之中為「有技」、「彥聖」之人罷了！

　　相較於上面之「人」是在眾人當中，隱含指涉有特殊的德行與技術之人，
在〈盤庚〉之中遲任所言的「人惟求舊，器非求舊、惟新」，以及〈微子〉一文
裏父師的自白，言「……自靖，人自獻于先王，我不顧行遯」二語，其中所出
現的「人」字，就明明白白地是指涉所有的人。「人自獻于先王」的「人」，乃
指每一個人；因為父師希望每一個人反躬自省（「自靖」），而努力謀求奉獻予先
王，所以他堅持地說「我不顧行遯」。因此，此處之「人」可指所有的人，包括
了謀事者以及平民大眾。而「人惟求舊，器非求舊、惟新」之語，一般均將「人」
作為「官吏」解，〔註126〕這恐是因《尚書》曾出現過數個「舊人」一詞，而「舊

〔註125〕此事見《左傳》之〈魯僖公三十二年〉與〈魯僖公三十三年〉。《左傳》與〈書
　　　序〉均認為〈秦誓〉是「敗殽還歸」時而作，但《史記・秦本紀》中，三十
　　　六年的記載卻以為是「封殽尸為發喪哭之後」而作，二說時間差了六年之久。
　　　清人閻若璩對此疑異解道：「余以左傳考之，誓（按：即〈秦誓〉）當作於僖
　　　三十三年夏，秦伯素服郊次鄉師而哭之日，不作于文三年夏，封殽尸將霸西
　　　戎之時。蓋霸西戎，則其志業遂矣，豈復作悔痛之辭哉。」（見《四書釋地又
　　　續》，「秦誓」）今人均依此說，茲從之。
〔註126〕如屈萬里，見《尚書釋義》（頁75）、《尚書今註今譯》（頁56）；朱廷獻，見
　　　《尚書研究》（頁461）。

人」乃指「以往的老官吏」，﹝註127﹞故將「人惟求舊」之「人」作爲「官吏」。
然此說合理乎？不無疑問！因爲此處之「人」乃與「器」對舉，而「器」是指
名物數度，故「人」則應指所有的人。倘若「人」僅指爲「官吏」的話，那所
謂名物數度的文明，不就將非官吏的其他人排除在外，這似乎並不合理。若合
理的話，與《尚書》同一年代的《詩經》，其間表顯眾多大眾平民之生活型態，
是否亦得將其排除在名物數度的文明之外？如果答案是肯定的話，爲官者又何
必「知小人之依」呢？因此，「人惟求舊」之「人」，不可單單解爲「官吏」。那
麼，解爲「所有的人」之原因何在？筆者認爲關鍵即在於「求」字。蓋「求」
者，「救」也。﹝註128﹞若此，試見「人惟救舊，器非救舊、惟新」之語，其意思
是說：所有的人都會年老，所以我們應當設想如何救助與保護，並將其以往的
經驗智慧傳授下來；但名物數度之事，則不在於墨守舊規，而要應時空的變遷
有所創新。說這話的證據，乃在於盤庚接此之下所言的「古我先王暨乃祖乃父，
胥及逸勤，予敢動用非罰……汝無侮老成人，無弱孤有幼，各長于厥居……」
一段說辭，指出他不可能否定眾人祖先的辛勞與功績，反而會揚昇他們的偉大
之處，但爲了繼續促使這光榮延綿，所以要找一個「長于厥居」之地，使老有
所終、幼有所長。由此觀之，遷都於殷才是「器非求舊、惟新」的意旨，與此

﹝註127﹞「舊人」，《僞孔傳》說是「老成人」；孫疏則說「久於其位者」（見《尚書今
　　　古文注疏》卷六）；周秉鈞承孫說（見《尚書易解》，頁92）；屈萬里則云「共
　　　事年久之人」（見《尚書釋義》，頁73；《尚書今註今譯》，頁53）；以及朱廷
　　　獻言「長久共事之人」（見《尚書研究》，頁458）。
　　　按：「老成人」乃出自〈盤庚〉，其云：「汝無侮老成人，無弱孤有幼。」《僞
　　　孔傳》解此爲「不用老成人之言，是侮老之；不徙則孤幼受害，是弱易之。」
　　　孔穎達《尚書正義》則云：「老謂見其年老，謂其無所復意也。老成人之言可
　　　徙，不用其言是侮老之也。不徙，則水泉鹹鹵，孤幼受害，不念其意，則是
　　　卑若輕易之也。」此將「老」與「幼」並舉，是以「老成人」即今之「老年
　　　人」之義；而蔡沈亦作此解（見《書經集注》卷三）。孫星衍引鄭注言「老弱，
　　　皆輕忽之意也」（出處同上），亦近此說。又，孫疏解「舊人」爲「久於其位
　　　者」，而「位」乃指「中廷之左右」（見《說文解字注》，第八篇上、十四·右）。
　　　換句話說，「位」之義是指官吏，〈微子〉便有「舊有位人」之語。可是，不
　　　可能所有的老年人都曾爲官，所以以解「老成人」之義來說「舊人」是不對
　　　的，蔡沈有言：「若以舊人爲老人，又何有侮老成人之有？」因此，「舊人」
　　　是指以往的老官吏，此當是無疑的，況且〈盤庚〉原文是說「亦惟圖舊人共
　　　政」，故「舊人」一辭之義，就明顯可知。
﹝註128﹞「求」作「救」解，孫星衍（《尚書今古文注疏》卷六）與皮錫瑞（《今文尚
　　　書考證》卷六），均引《周禮·大司徒職》中之「正日景以求地中」的鄭注，
　　　云「故書求爲救」。

相對的「人惟求舊」之「人」，理所當然地就是指所有的人了！

　　除此之外，像「邦人大恐」（〈金縢〉）、「降于國人」（〈君奭〉）以及「責人斯無難」（〈秦誓〉）等之「人」，均是指在某一時空中的每一個人，此意當是顯明而淺白的。

　　二、「人」所指涉的對象，若是明顯的指謂，可簡單地分為「為政治民之謀事者」與平民大眾的「小人」。指涉平民之辭，除了「小人」一辭之外，在〈周書〉的〈康誥〉中，則有另一種表達法。〈康誥〉曰：

　　　　非汝封刑人殺人，無或刑人殺人；非汝封又曰劓刵人，無或劓刵人。

這是周公告誡康叔的一段話，目的在使其明白「敬德明罰」（同上）的「明罰」之理，意思是不可隨便刑求殺人。《史記‧衛世家》云：「周公旦懼康叔齒少，乃申告康叔曰：必求殷之賢人君子長者，問其先殷所以興所以亡，而務愛民。」參之〈康誥〉之「小人難保，往盡乃心，無康好逸樂，乃又其民」諸語，即可推史遷「愛民」之說或自此出。又尋《禮記》所言之「刑不上大夫」（〈王制〉）之意，我們即可總結的說：〈康誥〉此處所說之「人」當是「小人」，亦是史遷所言之「民」。〔註129〕此外，如〈梓材〉中所出現的「人」字，其意均是指「小人」之意。〔註130〕

　　除了將「人」指作平民大眾外，還有把「人」指作「為政治民之謀事者」，以及少部分是指禮式儀度中類似「儐相」的人，譬如〈顧命〉言「二人雀弁，……四人綦弁」，語意明白，當無疑義之處。然「人」指涉為為政治民之謀事者，又可分二點陳述：其一是指「天子」自稱，其二則指百官眾吏。言及「天子」自稱，有「予一人」、「予沖人」、「我一人」和「我幼沖人」等說法，在《今文尚書》中各出現十一次、四次、三次和一次。而在文意的脈絡中，天子的談話常常期盼著眾官眾民能體會、瞭悟其用心，而且在這深層的期盼之後，又會指出其抉擇是來自無上的權威，眾官眾民們不可不聽。譬如：

　　　　予告汝于難，若射之有志，汝無侮老成人，無弱孤有幼，各長于厥
　　　　居，勉出乃力，聽予一人之作猷。無有遠邇，用罪伐厥死，用德章
　　　　厥善。邦之臧，惟汝眾；邦之不臧，惟予一人有佚罰。（〈盤庚〉）

〔註129〕侯家駒有相似之說，同註120，頁53。

〔註130〕〈梓材〉中所出現的「人」字有「予罔厲殺人」、「肆往，姦宄、殺人、歷人，
　　　　宥；肆亦見厥君，戕敗人，宥」，為何都指平民？因為其文有言：「王啟監，
　　　　厥亂為民。」遂知「姦宄、殺人、歷人、戕賊人」均是指「民」，而此民當「亂」
　　　　（即「治」），由是可知此「人」為平民。

肆予沖人永思艱，曰：嗚呼！允蠢鰥寡，哀哉！予造天役，遺大投
艱于朕身，越予沖人，不卬自恤。（〈大誥〉）

王（周公）曰：猷！告爾多士，予惟時其遷居西爾，非我一人奉德
不康寧，時惟天命。無違！朕不敢有後，無我怨。（〈多士〉）

〈大誥〉是周公東征前的「檄文」，明白說出周公「思艱」之處是「西土人亦
不靜，越茲蠢」；而依〈大誥〉之意，此「西土人」乃指管、霍、蔡三監。又
殷裔武庚乘周武王薨之際，舉兵言稱「予復」（同上），周公遂感嘆的說：「允
蠢鰥寡，哀哉！」意思是說「三監之叛，誠擾幼鰥寡，可哀之甚」；〔註 131〕
但他認為這是「天役」，是「天之使役，惟大任以艱之事于我身，予幼沖人不
暇自憂矣」。〔註 132〕而〈多士〉則是周公東征後，於東都雒邑告誡殷之「遺民」，
說殷商的亡國是「天命」，將殷之遺民遷於雒邑亦是「天命」，「非我一人奉德
不康寧」，這不是我一人的私見，故要求眾人「無我怨」！相較於周公的「稱
天而治」，盤庚則訴諸於民眾對祖先的情感來行遷都之實。盤庚認為，他的用
意是為了人民大眾好，而且規劃妥當，責任亦有歸屬，雖然遷都困難，但卻
勢在必行。〔註 133〕而盤庚的憑藉何在？他說：

汝萬民乃不生生，暨予一人猷同心，先后丕降與汝罪疾，曰：曷不
暨朕幼孫有比？故有爽德，自上其罰汝，汝罔能迪？（〈盤庚〉）

故知盤庚自恃的憑藉即在於祖先，是不同於周公所憑藉之「天命」的。

然而，盤庚這指涉祖先的說法，在《尚書》中之「人」所指涉為此的亦
不少，譬如〈皋陶謨〉說「予欲觀古人之象」、〈無逸〉所言的「古之人猶胥
訓告」中之「古人」和「古之人」，又如〈多士〉云「惟殷先人有冊有典」、〈君
奭〉之「嗣前人恭明德」等之「先人」與「前人」，均是要人們深知前人祖先
之事蹟，並能承其續而發揚之，所以在「先人」、「前人」之說後，又有「非
先王不相我後人」（〈西伯戡黎〉）、「在我後之人」（〈顧命〉）之語。而這承先
啟後的意義是值得我們關注的。

其次，指涉百官眾吏之「人」則不勝枚舉，如〈堯典〉的「咨汝二十有二
人」，是指「禹、垂、益、伯夷、夔、龍六人新命有職，四岳十二牧，凡二十二

〔註 131〕見孫星衍，《尚書今古文注疏》卷十四。
〔註 132〕見周秉鈞，《尚書易解》，頁 160。
〔註 133〕朱駿聲的《尚書古注便讀》即云：「言為政甚難。我于此重大之舉，籌之至熟，
如射者之詳審精密而後發矢，事在必行，不可易也。」見卷三。

人」（鄭玄說）。而〈甘誓〉的「六事之人」〔註134〕、〈盤庚〉之「邦伯、師長、百執事之人」等「人」，均明顯的是指涉為政治民之謀事者。又〈洪範〉中所出現的「人」，大都是指謀事者（除「庶人」一語外），因為洪範九疇之功乃在「彝倫攸敘」方可知曉。因此，〈洪範〉中言「擇建立卜筮人，立時人作卜筮」等之「人」，當指官吏，即專職卜筮之官。〔註135〕依此，〈西伯戡黎〉所言的「格人元龜」之「人」，亦當指官吏才是。〔註136〕其他如「正人」與「政人」（〈康誥〉）、「牧人」和「準人」（〈立政〉）、「尹人」及「宗人」（〈顧命〉）等，都是指官吏。

但「人」指涉為為政治民之官吏，較有新義凸顯的，則為下面二段：

王（周公）曰：封！予不惟若茲多誥。古人有言曰：人無于水監，當于民監。今惟殷墜厥命，我其可不大監撫于時！（〈酒誥〉）

周公曰：嗚呼！我聞曰：古之人猶胥訓告，胥保惠，胥教誨，民無或胥譸張為幻。此厥不聽，人乃訓之；乃變亂先王之正刑，至于小大。……（〈無逸〉）

「人無于水監，當于民監」，《史記‧殷本紀》引〈湯征〉云：「人視水見形，視民知治不。」可知此處之「人」是就為政治民之謀事者而言，而在〈酒誥〉中此則是指康王封。但〈無逸〉之言，就明白指出為政治民之謀事者，當「胥訓告，胥保惠，胥教誨」，以使「民無有譸為詐惑者」；若不遵從此之訓誡，將會造成「變亂先王之法度，至於小大臣民」，〔註137〕而使得「小人怨汝詈汝」。這段是周公勸誡謀事者當兢戰為之。他舉殷王中宗、高宗和祖甲，以及周文

〔註134〕鄭玄認為「六事之人」及為上文之「六卿」，意思是「天子六軍，其將皆命卿」。因此，「六事之人」即為「卿」，所以此處之「人」的指攝是官吏。

〔註135〕但侯家駒指此「人」是所有的人，「是泛指職業，而非官名」。同註120，頁53、62。

〔註136〕「格人元龜」，鄭注云「至人以人事觀殷，大龜以神靈考之」，孔疏從之。蔡沈亦言「格人，猶言至人也」（見《書經集注》卷三）；孫疏則作「正人大龜」（見《尚書今古文注疏》卷八）；曾運乾則認為「格人」是指「能知天地吉凶者」的賢人（見《尚書正讀》，頁114）；而屈萬里將「格」作「假」，借之意（見《尚書釋義》，頁86），此當引《史記‧殷本紀》說。而朱廷獻則云：「格，告也。人為爾之壞字。」（見《尚書研究》，頁476）

按：「格」有訓「至」、「正」、「假」……等義，所以于省吾說「尚書格字非一訓」（見《（雙劍）尚書新證》）。但此處之「格人元龜」之「格」字當作何解？依〈西伯戡黎〉之言：「天既訖我殷命，格人元龜，罔敢告知吉。」可知「天」欲展現其意志，必透過會卜筮之「人」來看龜兆，因此，推此「格」為「假」之義，亦即借也。而此處之「人」，當指卜筮之官。

〔註137〕見孫星衍，《尚書今古文注疏》卷二十一。

王四人，對「小人怨汝詈汝」時，則會「皇自敬德」，「不啻不敢含怒」，反而說「朕之愆，允若時」，認真反省之後也真的認為是自己的過失（「愆」）；倘若謀事者不能從這四人一樣的虛心檢視，將造成「人乃譸張為幻」，意思是官員們就會互相欺詐作偽了！另外，假如「小人怨汝詈汝」，你馬上就相信，這樣的為政將會促成「不永念厥辟，不寬綽厥心；亂罰無罪，殺無辜」，〔註138〕於是民怨就起來了！當然，這種謀事者亦將會在「位」不久！

綜合上述的分析與討論，「人」的複雜指涉已然明顯，而其所彰顯的意義可歸納於下：

一、「人」在《尚書》中，若作為普通名詞之用時，似乎已凸顯出人的積極意識，如「天工，人其代之」、「人之有技」、「人之有彥」；同時，其訴求著「人惟求（救）舊」的「無侮老成人」之精神。

二、《尚書》中之「人」，假如有特別的指涉時，其所凸顯的意義有三：（一）身為平民之「小人」應當受到保護；（二）身為為政治民之謀事者，其背後則有來自祖先或是「天命」之權威作為憑藉；（三）謀事者（尤其是「天子」）應承先人之遺風並以身作則，才能達致「上行下效」之功。

而相較於「人」之指稱與意義之複雜，「民」之指涉與意義顯然就單純得多了！

2、「民」的指涉與意義

「民」字的指涉只有單純的二義，一是指包括謀事者的所有人，二則是純粹指涉平民大眾。

指涉所有人的「民」字，在《今文尚書》的行文中，均與超乎人間世的抽象者相對舉，例如：「惟天監下民，典厥義。降年有永有不永，非天夭民，民中絕命。」（〈高宗肜日〉）「天」是超越現實的存有，而「民」則指現實的存有者，故知與「天」對舉之「民」字，當指包括謀事者的所有人。這種說法，在其他篇章中亦不斷出現，如〈洪範〉的「天陰騭下民」、〈大誥〉的「天亦惟用勤毖我民」、〈酒誥〉的「惟天降命，肇我民」、〈梓材〉之「皇天既付中國民越厥疆土于先王」與〈召誥〉的「天亦哀于四方民」等等，而〈呂刑〉之「上帝監民」之語，亦屬此類。而這層意義在於：人間世之上仍有一主持公理正義之超越者存在（此可見於本文第二章的探究）。

〔註138〕此段話的意思是：「不長念其法，不寬裕其心，妄行殺罰。」見周秉鈞，《尚書易解》，頁241。

其次，「民」之意是指平民大眾，譬如〈皋陶謨〉的「在安民」。而〈洪範〉所言「天子作民父母，以爲天下王」，這理論的根據，當是來自於「天惟時求民主」（〈多方〉）。因此，在「天」覆蓋之下，「民」之意有了分歧，隨著「天子」於「知人」任官之後，「民」就僅是指涉平民之意了。例如周公誡康王言，謀事者當「用保乂民」、「用康保民」，其謀事者的態度應「往盡乃心，無康好逸豫」（以上均見〈康誥〉）。所以，「民」作爲平民之意，且與謀事者對舉時，「民」就成了被保護的對象，故謀事者的目的就是以「乂」以「康」來「安民」。於是爲政治民之謀事者與平民大眾（即「小人」）之間，就有了交集關係！

二、謀事者與「小人」間的互動

前文指出，《尚書》的政治原則是「在知人，在安民」；而「知人」是國君（或謂「天子」）之務，「安民」則是國君知人所任之官的眾吏百官之責。因此，爲政治民之謀事者和一般平民之「小人」間的關係，我們就得分二個層次探索：一是國君與「小人」間的關係，二是眾官百吏與「小人」間的互動。

1、國君與「小人」間的關係

一國之君與「小人」間的關係，就《今文尚書》的記載來說，是一種「間接」的形式。在全書的二十八篇中，〈商書〉裏的〈盤庚〉與〈周書〉裏的〈多士〉，或可謂君民的直接接觸；然則，其屬特殊的景況，不可作爲國君直接統治人民的依據。爲了明析這個說法，我們得先指出何謂「間接」的形式。

「知人」而「安民」，這是《尚書》中不斷透顯出的政治理念；換言之，「安民」的先決條件在於「知人」，亦即舉賢人來治，天下眾人可服。〈堯典〉中對帝堯的贊譽，即可作爲整部《尚書》政治理念的一個註腳。其云：「欽、明、文、思：安安。允恭克讓，光被四表，格于上下。克明俊德，以親九族；九族既睦，平章百姓；百姓昭明，協和萬邦，黎民於變時雍。」這話是說帝堯的作爲，「恭」於其位，「讓」於賢人，〔註139〕因此其人格的光輝被散宇宙。然則，此作爲是由己而外、由親而疏的漸進。因爲「九族」是指親人，且若能明揚九族中之賢才來親和眾人，則親人可「睦」；〔註140〕以此方法治國，亦能「平章百姓」。「百姓」

〔註139〕鄭玄曰：「不懈于位曰恭，推賢尚善曰讓。」
〔註140〕「九族」者，《僞孔傳》言「上自高祖，下至玄孫，凡九族。馬鄭同。」歷來大體均依此解。但「九族」亦有他解，故生「異姓」、「同姓」之爭。如孫星衍《尚書今古文注疏》注曰：「夏侯歐陽等說：九族者，父族四，母族三，妻族二，皆

者，眾官之意。〔註141〕而「百姓」以此理以「昭」民，「萬邦」亦能因此而「協和」，所以廣大眾民變化爲和善當是水到自然渠成！〔註142〕

此種樂觀之見，當是在於君臣雙方的相互配合，帝舜即將臣子比擬爲國君之「股肱」，他說：「臣作朕股肱耳目。予欲左右有民，汝翼；予欲宣力四方，汝爲；……。」（〈皋陶謨〉）「翼」爲輔佐，「爲」是幫助，輔佐、幫助國君進行政通以至人和。據〈堯典〉的記載，帝舜對於君臣同心協力與否有著深刻的體會，譬如舜代帝堯攝政時，「流共工于幽州，放驩兜于崇山，竄三苗于三危，殛鯀于羽山」，因爲他們不適於其位，且其人格低劣，〔註143〕故當舜作出撤職流放之舉時，「四罪而天下咸服」（見〈堯典〉）。而舜即天子位後，曾感嘆說道：「食哉惟時！柔遠能邇，惇德允元，而難任人，蠻夷率服。」（同上），意思是說親近有德之人，遠離佞人，如此知人任官，天下均服，這就像「食」之物必有其「時」以生，若錯失時序，即無食糧可吃一般。對此思維，皋陶進言帝舜後歌曰：

元首明哉！股肱良哉！庶事康哉！（〈皋陶謨〉）

元首叢脞哉！股肱惰哉！萬事墮哉！（同上）

據異姓有服。古尚書說：九族者，從高祖至元孫凡九，皆同姓。馬融鄭康成皆同。」其中涉及古禮的考辨，可見孫疏卷一及皮錫瑞《今文尚書考證》卷一。「克明俊德」，《僞孔傳》言「能明俊德之士任用之」，目的在於「以睦高祖玄孫之親」，歷來均依此說。

皮錫瑞之《今文尚書考證》引《漢書·平當傳》云：「昔者帝堯南面而治，先克明俊德，以親九族，而化及萬國。」故可推之：此「俊德」之士，當自九族中選拔，故言「能明揚九族中之賢才來親和眾人」。

「睦」者，鄭玄曰「親也」，即和睦義。

〔註141〕「百姓」，《僞孔傳》言即「百官」。孔穎達《尚書正義》云「百姓謂百官族姓」，認爲「百姓是群臣弟子」，此或依鄭說（見孫星衍，《尚書今古文注疏》卷一），當可據之。

〔註142〕此乃解「百姓昭明，協和萬邦，黎民於變時雍」之語。今人周秉鈞之解亦可參考，其云：「眾族昭明，又協調四方諸侯，眾民遞變至于和善。」（見《尚書易解》，頁3）

〔註143〕《史記·五帝本紀》本〈堯典〉之說即曰：「讙兜進言共工，堯曰不可，而試之工師，共工果淫辟。四嶽舉鯀治鴻水，堯以爲不可，嶽彊請試之，試之而無功，故百姓不便。三苗在江淮、荊州數爲亂，於是舜歸而言於帝，請共流共工于幽陵，以變北狄；放讙兜于崇山，以變南蠻；遷三苗于三危，以變西戎；殛鯀于羽山，以變東夷。」《正義》曰：「言四凶流四裔，各於四夷，放共工等爲中國之風俗也。」不論孰之風俗變化，由《史記》之載可知，讙兜等四人於其位是不適任的。

前段言君明臣良，眾事自然安康；後言君怠〔註144〕臣懈，萬事自然俱廢！帝舜聽之，即答「往！欽哉！」意思即是勉勵大家都應誠敬其職！

　　僅管國君與「小人」之間的政治接觸是間接的形式，但國君的為政目標仍是以抒解民困為務，亦即「安民」。例如「湯湯洪水方割，蕩蕩懷山襄陵」，這種「浩浩滔天」的恐怖景況，帝堯即憂困地詢問四方官吏（即「四岳」）說：「下民其咨，有誰俾乂？」又如帝堯時，「黎民阻飢」，他便要求棄主稷之職，使「播種百穀」；又如「百姓不親，五品不遜」，他就命令契做司徒而「敬敷五教」，以使不親不遜之百姓受到教化；另制定刑罰，學習音律等，均是希冀能達到「神人以和」似的樂土之願（見〈堯典〉）。而禹與皋陶對話時，在皋陶提出為政治民之道乃是「在知人，在安民」後，他即說：「知人則哲，能官人；安民則惠，黎民懷之。」（〈皋陶謨〉）亦即說明了國君與「小人」間政治關係的思維內涵。禹之治水，任益與稷同其事，並使民「化居」（即遷居意），而完成了「烝民乃粒，萬邦作乂」〔註145〕（同上）的安治之功，即說明禹是「哲」亦「惠」的國君，是以《史記‧匈奴傳》對大禹贊語言：「堯雖賢，興事業不成，得禹而九州寧。」可知禹之功績後人是極為稱頌的。

　　這種與人民大眾保持「間接」關係的治國之道，主旨乃在凸顯「蓋以天下至廣，非一人所能獨治」的事實，故應「博訪賢才，助己為治」（《〔北〕周

〔註144〕「叢脞」指的是眾多的瑣碎之事，鄭玄曰：「叢脞，總聚小小之事，以亂大政。」故「元首從脞哉！股肱惰哉！萬事墮哉」之義，即言「君行臣職，煩瑣細碎，則臣下懈怠，不肯任事，而萬事廢壞」（見蔡沈，《書經集傳》卷一）。此乃勸誡國君之語！

〔註145〕王引之《經義述聞》云：「粒，當讀為周頌思文立我烝民之立。立者，成也、定也。……烝民乃立，即承上文言之，決九川濬畎澮，平土可得而居矣；奏庶艱食，五穀可得而食矣；奏庶鮮食，鳥獸可得而食矣。懋遷有無化居，百貨可得而用矣！於時眾民皆有安居和味宜服利用器備，昔也昏墊而今也安定矣！故史記夏本紀作眾民乃定也。烝民乃立，非專指艱食言之，則非米粒之粒可知。作粒者，字之假借耳。」

按：「粒」作「米」解，乃鄭玄說，後人依之。然此未明上下之文，不脫望文引義之嫌。雖說民因有食，而萬邦可治，義亦可通，但其未能明指《尚書》真義。蓋《尚書》為政之義，目的在於「安民」，「安民」絕不可能只是講求飯足肚飽即可。孔子曾說「自古皆有死，民無信不立」，故在「信」、「食」二者「必不得已而去」其一時，孔子主張「去食」（見《論語‧顏淵》）。這說明了「食」並非為政治民之全部，是以將「烝民乃粒，萬邦作乂」作此解，其義即嫌貧乏。然王引之見即上下文脈，並引《史記》之說，認為此處之「粒」乃假借之字，其義為「立」、為「定」，據此方是為政治民之宏道。故遵從王說。

書・文帝下》）。雖然此種思維的目的在於「安民」，可是其間仍有一現實的考量，即「民」爲邦之本，若無民，則邦不成邦了。因此，在這種思維之下所作的推衍，〈商書・盤庚〉與〈周書・多士〉所記載之君民直接接觸的史實，必然有其特別的因緣。

蓋〈盤庚〉一文，〈書序〉言因「盤庚五遷，將治亳殷，民咨胥怨」，但歷代學者對此之內容解釋極爲紛歧，〔註146〕儘管如此，「民咨胥怨」則是盤庚所要面對的焦點。蓋民之怨在於遷都殷時的「惟涉河，以民遷」而起，盤庚面對沸騰的不悅民心，發表了一段四百多字的長話。依金履祥《尚書表注》的歸納，其要點有四：一、「先王遷都無非體民，今日之遷本是體民」，是以「民不體君，祇以自誤」；二、「人民安土重遷，不能遠慮，適自促其生機。今遷新邑，乃爲民造命也」；三、因「殷俗尚鬼」，故盤庚「舉鬼神以警之」；四、盤庚的作爲只是「嚴一時在道之禁」，目的則在於「施悠久定居之計」。〔註147〕然而，沸騰的民怨之背後，有某些官吏的推波助瀾，因此「盤庚敩于民，由乃在位，以常舊服正法度」，認爲要曉諭民眾，當先從在位的眾官百吏之整頓開始，故明言法度與常規，警告「無或敢伏小人之攸箴」，「使在位之臣無或敢伏小人之所箴規焉耳」。〔註148〕由此觀之，盤庚之治亦非直接統治人民，而是因爲遷都大事遭受眾多臣與民的質疑和抱怨，遂不得不挺身爲己答辯，一對大眾人民講明因原以

〔註146〕〈盤庚〉一文，〈書序〉言有三篇，《史記・殷本紀》亦作此言。然三篇內容，歷代學者說法不一。鄭玄云：「至陽甲立，盤庚爲之臣，乃謀徙居湯舊都。上篇是盤庚爲臣時事，下篇是盤庚爲君時事。」孔穎達《尚書正義》從之。蔡沈之《書經集傳》曰：「王氏曰：上篇告群臣，中篇告庶民，下篇告百官族姓。」然「王氏」不知何人。近人楊筠如之《尚書覈詁》說：「按此篇首云盤庚遷于殷，民有不適居，當在遷後而未定居之時。中篇言盤庚作，惟涉河，以民遷，則明在未遷之前，故又曰今予將誠以女遷也。下篇首言盤庚既遷，奠厥攸居，則明在遷後，民亦定居之時，更在上篇之後。惟上中二篇，何以倒置，殊不可解。」屈萬里同之（見《尚書釋義》，頁70）。但皮錫瑞則以俞樾之說是，俞樾在《群經平議》中說：「盤庚之作，因百姓思盤庚而作，則所重者盤庚之政也。其首篇述盤庚遷殷之後，以常舊服正法度，即所謂盤庚之政也。此作書之本旨也。其中下兩篇，則取盤庚未遷與始遷之時，告誡其民之語附益之，故雖三篇，而伏生止作一篇。……故始所作者，蓋止今之上篇，載盤庚遷殷正法度之言而已，無中篇、下篇也。然而盤庚未遷與始遷時，再三致告其民者，民猶熟而能詳也，於是亦附其後也，此中下兩篇所以作也。……是故盤庚三篇，宜仍伏生之舊合爲一篇，而其義則從史記，爲百姓追思而作。」今人朱廷獻從之（見《尚書研究》，頁454）。

〔註147〕見金履祥之《尚書表注》卷上。

〔註148〕見蔡沈，《書經集傳》卷三。

定人心，二要眾官百吏明其應盡的職責，而要「無傲從康」。

　　然相較於〈盤庚〉的〈多士〉一文，周公面對的景況則更爲急切。依〈書序〉之言：「成周既成，遷殷頑民，周公以王命告，作多士。」「頑民」者，殷商之「遺民」是也。〔註149〕殷商的復國運動受挫於周公東征之下，故使殷商之臣子自周勝利之時，身份隨即降爲平民（雖然當代人對此有多種不同的看法〔註150〕），但是殷人終究是人數眾多的民族，故言其爲「多士」，如「爾殷遺多士」。周公將其遷於雒邑，講了一段六百餘字的訓言，強調周代殷而立是「天」之意志，況且殷之祖先神（「帝」）亦不保其後代子孫，原因在於殷國上下「誕淫厥泆」（此在〈酒誥〉中亦可見），所以周代殷而治是合理的必然結果。蓋「誕淫厥泆」的殷人，在於對「天」之意志「不明厥德」，所以周公欲「明致天罰」，於是將殷裔遷至雒邑，而這是「時惟天命」。諸此說法，目的無非是要殷人「比事臣我宗，多遜」。〔註151〕然在此同時，周公宣佈的「安民」之策，則發揮了安撫的功效。其言：

　　　　今予惟不爾殺，……爾乃尚有爾土，爾乃尚寧幹止。……今爾惟時宅
　　　爾邑，繼爾居，爾厥有幹有年于茲洛，爾小子乃興從爾遷。（〈多士〉）

誠然，不言「殺」之政，無疑使人感念，〔註152〕而且又可保有土地、工作（「幹」）和住所（「止」），〔註153〕並可以永遠住在雒邑發展，亦可「宅爾宅，田爾田」（〈多方〉），這等策略，縱是在懷柔人心，但不啻使人降低反叛之念，因爲既無生命的威脅，未來又有開拓的契機，如此民心又怎會不「安」乎？〔註154〕

〔註149〕《史記・周本紀》即作此說。

〔註150〕郭沫若在〈矢殷銘考釋〉中，認爲殷商貴族至周立之後隨即淪爲奴隸；侯外廬引王國維〈與友人論詩書中成語書二〉（見《觀堂集林》卷二）中，「蓋四國之民與武庚爲亂，成王不殺而遷之，是重予以性命也」諸語，認爲「周人已懂得大規模地使用奴隸勞動力」〔見《中國思想通史》（第一卷），頁73〕，此思路顯然是順承郭氏之說而來，並且扭曲了王氏的說法。對此，今人杜正勝提出反駁，他認爲「勝國遺民和周的平民構成國人階級，產生舉足輕重的政治力量」。所謂的「國人」，即是「居住城郭之內者」，換言之，即今之所謂的平民。見《周代城邦》，頁29～31、頁15。

〔註151〕這意思是說：「今遷汝洛邑，遠汝故土，附近臣事我宗周，庶其多遜順矣！」見孫星衍，《尚書今古文注疏》卷二十。

〔註152〕此感念的理論根基在於「上行下效」這一說法。譬如《論語・顏淵》記載：「季康子問政於孔子曰：如殺無道以就有道，何如？孔子對曰：子爲政，焉用殺？子欲善而民善矣！君子之德風，小人之德草，草上之風，必偃！」

〔註153〕見蔡沈，《書經集傳》卷五。

〔註154〕杜正勝對此的說法是：「……周人武裝殖民只是營建軍政據點，維持共主權威

總之，君王直接面對天下眾民，就〈盤庚〉與〈多士〉的記載而言，都是因為國家面臨了特殊的景況，前者是因遷都而產生的人心浮動；後者則是因改朝換代時，面對敵方之遺民的安撫。由是之故，我們沒有任何證據顯示上古中國之天子是直接統治天下的眾民。在《今文尚書》中，除此二篇以及征戰之檄文外，大體均曾提及國君統治天下是透過百官眾吏教化人民大眾的一種「間接」統治之政治型態。以下即針對官吏與人民之間的關係作一探討。

2、百官眾吏與「小人」間的關係

筆者一直強調，就《今文尚書》的內容而言，居天下統治地位的天子並未直接統治人民，直接與「小人」面對接觸的，則是百官眾吏。對此，〈虞夏書〉與〈商書〉中的內容已於上文大體呈顯，故無需再述。因此，這一部分的討論將僅限於〈周書〉之中。

在〈洪範〉中，曾列舉「八政」、「五紀」之官，這些官吏所執掌的職務與「小人」之間大體上均有直接的關係，因此遂言「農用八政」、「協用五紀」。〔註155〕在〈康誥〉中，周公勉康叔「今民將在祇遹乃文考，紹聞衣德言，往敷求于殷先哲王，用保乂民」，〔註156〕即明白的顯示出，直接治理人民的是百官眾吏，如封在康地的姬封。然「用保乂民」終非易事，因為「小人難保」，是以為政治民者僅能「往盡乃心，無康好逸豫，乃其乂民」，並求作到「怨不在大，亦不在小；惠不惠，懋不懋」，〔註157〕故言「敬德明罰」。再者，康叔所在之地為殷地，所以其所治之民大體均為殷民，自此可見周人對殷民之重視，亦知周人並未歧視殷民。〈酒誥〉乃因紂「以淫於酒」（《史記·衛世家》）

的羈縻政策，對傳統社會結構未摧毀或更動。以勝國之遺的殷人來說，周人採取『啟以商政，疆以周索』（左定四）的政策，允許殷人內政自治。唯奉周人為主，聽之羈縻而已。」見《周代城邦》，頁 37。若以今之時語言之，其類似今之所謂的「地方自治」。

〔註155〕「農用八政」指的是八種政事之官，「協用五紀」指的是五種記時之方。均與人民有關，詳見〈洪範〉之說。

〔註156〕曾運乾之《尚書正讀》解此曰：「言汝紹文考所聞殷德言，敬遵循之。並遍求殷先哲王之道以治殷民。」見頁 161。

〔註157〕此則《國語》、《左傳》各引其半。《國語·晉語九》之「智伯國謙智襄子」：「周書有之曰：怨不在大，亦不在小。夫君子能勤小物，故無大患。」又《左傳·昭公八年》「傳」子旗曰：「周書曰：惠不惠，茂不茂，康叔所以服弘大也。」孫星衍解此云：「此申小人難保之義。言民之怨不在大，亦不在小，恆起不意。當順擾其不順者，懋勉其不勉者。」見《尚書今古文注疏》卷十五。

而亡國所作，〔註158〕在文中周公下了戒酒之令，明指「祀茲酒」（指祭祀時可以飲酒，下文即言「越庶國飲，惟祀」）與「父母慶」時才可以飲酒，但飲酒需遵守「德將，無醉」的原則。按〈酒誥〉言「庶群自酒，腥聞在上」之語，我們可以推知，至少在殷紂的年代，全國的嗜酒風氣極盛，而這終於導致「惟民自速辜」的亡國下場。有此前車之鑑，故周公告誡康叔務必「勿辯乃司民湎于酒」（不要使你所治之民沉醉於酒中）；可是，我們於此僅見周公的訓誡之語，而未看到一般人民對於「戒酒」之令是否產生反動，至為可惜。而〈梓材〉一文，其旨在於「撫殷民，宣德化，尚寬宥，戒虐殺；以共營洛邑，屏藩王室」。〔註159〕然更重要的一點，其明言「王啓監，厥亂為民」，這是說天子「建國置侯，大率為民」，〔註160〕因此，周公訓誡百官眾吏說：「無胥戕，無胥虐，至于敬寡，至于屬婦，合由以容。」〔註161〕〈無逸〉一文則明言國君當以身作則，「無淫于觀，于逸，于遊，于田」，更應兢戰的從事「以庶邦為正之供」、「以萬民惟正之供」；〔註162〕〈君奭〉裏，周公對輔國之召公亦言要其「作汝民極」，換言之，天子抑或百官眾吏，均應作為天下人民之表率，因為「上行」之，「下」者必然「效」之，而這種思維亦是來自歷史經驗的啓發。周公在〈無逸〉即就殷王「惟耽樂之從」而指出君王之不正，而使一般人民亦行之不正的景狀。

> 我聞曰：古之人猶胥訓告，胥保惠，胥教誨，民無或胥譸張為幻。
>
> 此厥不聽，人乃訓之；乃變亂先王之正刑，至于小大。民否則厥心
>
> 違怨，否則厥口詛祝。

周公以為，不聞「上行下效」之道而縱情逸樂的殷王，從祖甲之後就開始了，所以他們「不知稼穡之艱難，不聞小人之勞」，因此他們在位時間均不長久；

〔註158〕〈無逸〉亦有言：「無若殷王受之迷亂，酗于酒德哉！」言殷紂迷惑昏亂，沈溺于飲酒的行為。

〔註159〕此為朱廷獻語，見《尚書研究》，頁 550。

〔註160〕見曾運乾之《尚書正讀》，頁 184。

〔註161〕「無胥戕，無胥虐」，依鄭注為「無相殘賊」、「無相暴虐」。而「至于敬寡，至于屬婦」者，孫星衍《尚書今古文注疏》曰：「敬寡，即矜寡。……屬婦聲亦相近，疑亦弱也。……」「合由以容」，為「窮民無告，有罪寬之」。換言之，為官者之間不可互贖，而應以「為民」之事為念，尤其是對孤弱無依之平民。

〔註162〕「以庶幫惟正之供」謂恭於政事，「以萬民惟正之供」謂恭於民情。蓋「供」即「恭」，此《國語》可證。《國語・楚語上》之「左史倚相做申公子亹」中，左史倚相曰：「周書曰：文王至於日中昃，不皇暇食；惠於想民，唯政之恭。文王猶不敢驕。」

相對於殷王之中宗、高宗及祖甲等的「無逸之君」，享國甚久，是以周公要周人常以此為鑑。而享國較久之因，即在於他們以身作則，「胥訓告，胥保惠，胥教誨」，因而「民無或胥譸張為幻」；反之，在位不久者，因其縱逸淫樂，故「人乃訓（順）之」而「變亂先王之正刑」，致使民心生怨，遂有「厥口詛祝」，最後則形成「怨有同，是叢于厥身」（〈無逸〉），使所有人之怨恨匯集起來，而將所有罪過的原因認為均是來自於君王身上。因為周公對此段歷史有深刻的反省，並思及文王之德的效應，於是對召公言「作汝民極」。在〈無逸〉中，周公即有段對文王之德的描述，其云：

> 文王卑服，即康功田功。徽柔懿恭，懷保小民，惠鮮鰥寡。自朝至于日中昃，不遑暇食，用咸和萬民。文王不敢盤于遊田，以庶邦惟正之供。文王受命惟中身，厥享國五十年。

也因為文王的此種施政治民，使天下三分有其二，亦促使了「天命」延續在周，詩云：「大明文王有明德，故天復命武王也。」（《詩經‧大雅‧文王之什‧大明》）由此可知，周公勉召公作眾民之學習對象，而其應以文王之德為榜樣。故「作汝民極」之「極」，乃指「文王德」（〈君奭〉），而文王之德在於「克明德慎罰」（〈康誥〉），因此「天休于寧王」（〈大誥〉），原因即在於「天惟純佑命」（〈君奭〉），[註163] 所以周公又說「亦惟德佑秉德，迪知天威」，也因此，「則商實百姓王人，罔不秉德明恤，小臣屏侯甸，矧咸奔走」，周公以為，如此天下則可長治久安！由此亦可明白「天惟時求民主」（〈多方〉），而以賢能之臣輔之的用意所在。[註164]

而〈立政〉者，或言為立「正」之道。[註165] 周公曰：「繼自今立政，其勿以憸人，其惟吉士，用勱相我國家。」蓋自古以來，親賢臣，遠小人，就是國家之所以興盛之主因，而遠在三千年前的周公對此即有深刻的體悟，所以明言為政治民之謀事者，任人為官不可就「憸人」，而當用「吉士」。其又舉「司寇蘇公式敬爾由獄，以長我王國」為例，說明所立之官為政若是公道行施，則國祚可以延長；由此反推，若為政者行施不公不正，甚至殺戮無辜，必然會滋生民憤，而至於泯泯棼棼，因之，覆亡之日也就為期不遠，夏

〔註163〕周秉鈞之《尚書易解》引李光地之說，言「純佑猶良佐也。命，教也，告也。天惟純佑命，天以良佐教告也。」

〔註164〕宋人葉適於《習學記言序目‧晉語》中曾言：「國之興衰，全在人主及一二賢者合德之臣，其餘只是隨大勢起何。」

〔註165〕見王引之《經義述聞》卷四，「惟正之共」條。

桀、商紂即是顯例，對此，〈周書〉中言之甚詳。〔註166〕

此種以史爲鑑的兢戰心靈，促使周人思索到爲政者與平民大眾之間的互動，必然得有一定的常軌以供遵循，〈呂刑〉中的一段話，可爲此作一明證。

> 若古有訓，蚩尤惟始作亂，延及于平民；罔不寇賊，鴟義姦宄，奪攘矯虔。苗民弗用靈，制以刑，惟作五虐之刑曰法，殺戮無辜。爰始淫爲劓刵椓黥。越茲麗刑并制，罔差有辭。民興胥漸，泯泯棼棼，罔中于信，以覆詛盟。虐威庶戮，方告無辜于上。上帝監民，罔有馨香德，刑發聞惟腥。皇帝哀矜庶戮之不辜，報虐以威，遏絕苗民，無世在下。乃命重黎，絕地天通，罔有降格。群后之逮在下，明明棐常，鰥寡無蓋。皇帝清問下民，鰥寡有辭于苗。德威惟畏，德明惟明。乃命三后，恤功于民。伯夷降典，折民惟刑；禹平水土，主名山川；稷降播種，農殖嘉穀。三后成功，惟殷于民。士制百姓于刑之中，以教祗德。穆穆在上，明明在下，灼於四方，罔不惟德之勤。故乃明于刑之中，率乂于民棐彝。典獄非訖于威，惟訖于富。

〈呂刑〉將爲政者與平民大眾間的互動定之於「刑」，此點頗爲有趣。蓋「絕地天通」之舉，乃在明「人事之應爲」，而舜命之「三后」得以有大功於民，〈堯典〉對此即有詳述。而所謂「人事之應爲」的內涵，即在於「德威惟畏，德明惟明」此八字。〈呂刑〉記蚩尤之亂，苗人效之，遂使天下紛亂，「上帝」亦不知誰是誰非，只曉「罔有馨香德，刑發聞惟腥」，若非堯命重與黎「絕地天通」，人間世之人還不知何爲人事之應爲，而起於畎畝之中的舜，任人爲官以「惟殷于民」，〔註167〕人間之景緻不知又爲何種樣子？這當然是贊頌堯與舜的偉大，然於此亦透顯出周人所欲憑藉的理由所在。周人依著「伯夷降典，折民惟刑」的歷史經驗，以爲「士」之職責，即在於「制百姓于刑中，以教祗德」，以便遠離「不教而殺，謂之虐；不戒視成，謂之暴」（《論語‧堯曰》）的暴虐政治，而達「穆穆在上，明明在下，灼於四方」的「勤德」之功。易言之，「刑」者，「非訖于威，惟訖于富」，也就是說其目的在於爲民「作福」。〔註168〕是以治民之責在於百官眾吏，但百官眾吏之良窳，身爲國君者舉之不可不慎！也因此，《尚書》

〔註166〕〈召誥〉、〈多士〉、〈多方〉及〈立政〉等，均並舉夏桀與商紂亡國之因；而〈康誥〉、〈酒誥〉、〈無逸〉及〈君奭〉等，則詳論商紂之失。
〔註167〕朱駿聲之《尚書古注便讀》言此爲「所謂正民而不邪妄也」，見卷四下。
〔註168〕見孫星衍，《尚書今古文注疏》卷二十七。

的政治思想特別凸出「萬方有罪，罪在朕躬」、「百姓有過，在予一人」〔註169〕的自持；換言之，爲政治民之謀事者所掌握的權限愈大，其所負的責任也就愈寬，因此其自省亦應更強才是！是以爲君者非任何人均可擔當。

由以上的探討，總結《今文尚書》對於爲政治民之謀事者與平民「小人」之間的關係，我們可歸納出以下二點：

一、天子並未直接統治天下眾民，而是透過設官任人來從事爲政治民的工作，亦即作「知人」之工以達「安民」之效，因此其爲政治民之終極目的亦在於安天下之眾民。故當國家有重大事件或危機時，如盤庚欲遷都抑或周公平殷亂等，天子應讓臣民明其眞正用心，以釋天下之疑。又因爲「知人」之任在君王之身，因此，天下若有錯失，罪過均會歸之於君王一身。所以「萬方有罪，罪在朕躬」、「百姓有過，在予一人」的思維，就會被特別地強調出來。

二、百官眾吏被擇出以治民，故其爲政當以求民溫飽、免於恐懼，並應以教其何爲是非對錯爲志。而此教授當是以身作則，故強調「立正之道」、刑罰著重於中道；此目的無非是「非訖于威，惟訖于富」。換言之，「人事之應爲」即在於「德威惟畏，德明惟明」，以求達致「穆穆在上，明明在下，灼於四方」的「勤德」之功。

總之，《尚書》處處呈顯出以「上行下效」爲主軸的政治思想。這個思維，使得爲政治民之謀事者非得恪實本身操守以及外在行爲，以使其內外一致、表裏如一，以作爲天下眾民之表率。自此觀之，一般人民的價值取向，不都是來自於爲政者的規定？實則，這存在著一個值得討論的問題：上古中國之平民的具體地位究竟何在？

三、由《今文尚書》初探「人」的普遍意涵

基本上，《尚書》的主旨誠如孔穎達所言：「夫書者，人君辭誥之典。」(《尚書正義·序》) 因之，由此中欲找出平民大眾的具體地位，嚴格說來，確屬困難。然則，在「民惟邦本，本固邦寧」(《僞古文尚書·五子之歌》) 的認知之下，近人常引「天視自我民視，天聽自我民聽」(《僞古文尚書·泰誓》) 抑或

〔註169〕此二語出自《論語·堯曰》。分別在《僞古文尚書》之〈湯誥〉和〈泰誓〉中可見，然〈湯誥〉之語則有些出入。其言：「其爾萬方有罪，在予一人；予一人有罪，無以爾萬方。」義未有變動。

「天聰明，自我民聰明；天明畏，自我民明威」（〈皋陶謨〉）二語，強解爲「天意」即爲「民意」，以求表顯出自古以來中國之「以民爲本」的思維是「近於現代民主」，以慰藉面對百餘年挫折所產生的中西文明落差的失落感。這種心態儘管值得批判，但由此則透顯出一個訊息，那即是《尚書》對於現今所謂的「人民」這個角色，究竟將其置於何種地位？

侯外廬面對這個問題時，曾引王國維之說作了以下的表示：

一、據史冊所載，殷人滅國的事是罕見的，而殺伐的戎事卻是常例。周人不然，王氏說：「〈酒誥〉云惟天降命肇我民，天降命正與下文天降威相對爲文。……天降命于君謂付以天下，君降命于民則謂全其生命。〈多士〉云昔朕來自奄，予大降爾四國民命。……蓋四國之民與武庚爲亂，成王不殺而遷之，是重予以性命也。」（《觀堂集林》卷一，〈與友人論詩書中成語書〉）這一斷案，正確不易。周器中的俘虜人數最多有萬三千八百十一人，且與馬牛同列在一起（見〈小盂鼎〉），所謂「重性命而不殺」者，意味著周人已懂得大規模地使用奴隸勞動力。……

二、卜辭中沒有「民」字，周人才重視了「民」。金文「民」字象刺目形，即奴隸的總稱，所謂「作新民」的新義正指出不同於殷代的舊事物。……〔註170〕

侯氏斷章取王國維之說並加以延意，加上〈小盂鼎〉的金文之載，遂將「重性命而不殺」解爲「周人已懂得大規模地使用奴隸勞動力」，並將「民」視爲「奴隸」之代辭。對於此，「民」之內涵已於前文探究，是以不必費言再述；而將王氏之說強解爲其意，亦不遑辯，因見王氏之書即可知曉。〔註171〕至於侯氏提出〈小盂鼎〉之載，對於非研究金文的人而言，確實有嚇阻之效，然近人嘗言，「周時文字，點畫自由，略無定律」，〔註172〕其間又以「金文」爲最。〔註173〕再觀侯氏之論對王氏之說的曲解，對「民」字之意的簡化，且又

〔註170〕見《中國思想通史》（第一卷），頁73。

〔註171〕察王國維此處之義是說：「傳以民命爲四國君，以降爲殺，大失經旨矣！」又說：「此等成語，無不有相沿之意義在，今日固無以知之，學者姑從蓋闕可矣！」見《觀堂集林》卷三，〈與友人論詩書中成語書二〉。是以王說並無侯氏之說的意義。

〔註172〕見楊樹達，《積微居金文說》，頁78。

〔註173〕見徐復觀，《兩漢思想史》（卷一），頁4。他更言：「故對金文之解讀，必以在典冊中可以得到互證旁證者爲近於眞實。又其文字簡質，在解釋時若無典

未引出〈小盂鼎〉之載的情況下，我們或可大膽的排除侯氏對於《尚書》中之平民地位的主張，至少對其論斷我們有理由可以存而不論。

但相對於侯氏的這種論斷，徐復觀則有幾乎與之完全相反的論述，他引述了許多《尚書》的原文來支持他的想法。他說：

> ……因周初人文精神的覺醒，不僅把殷人一般性地「乃祖乃父」、「先王先公」，集中到「克明德慎罰」的文王一人之身，文王……實質上成了人文精神的象徵；並且此種人文精神，乃來自政治上之敬畏之心，於是對作為政治對象之人民，亦將其抬高到天命同等的地位；人民的意向，成為天命的代言人，要求統治者應通過人民生活去了解天命。……周初已認為上帝不是為事奉自己而選擇政治的領導人，乃是為了人民而選擇可以為人民作主的人。當時認為天命並不先降在王身上，而係先降在人民身上；所以〈酒誥〉說「惟天降命肇（始）我民」。又以為……天命乃顯現於民情之中，從民情中去把握天命。所以〈酒誥〉說「在今後嗣王（紂）酗身，厥命罔顯於民」。因為紂以為天命是落在自己身上，所以說「我生不有命在天」，而不知天命是顯於民的。並且民情較天命為可信，應當由人民來決定統治者的是非得失。所以〈大誥〉說「天棐（匪）忱（信）辭，其考（考察）我民」。〈康誥〉說「天畏（威）棐忱，民情大可見」。〈酒誥〉說「人無於水監，當於民監」。〈召誥〉說「王不敢後，用顧畏於民碞（多言）」。又說「欲王以小民受天永命」。當時因為把人民與天命看作處於同等的地位，所以常將天與民並稱，「受命」即是「受民」。〈康誥〉「亦惟助王宅天命，作新民」。〈酒誥〉「殷先哲王，迪畏天，顯小民」。〈召誥〉「天亦哀於四方民，其眷用命懋，王其疾敬德」。〈洛誥〉「誕保文武受民」。「王命予來承保乃文祖受命民」。天，天命，民，三者並稱，隨處可見。因此，便產生「若保赤子」、「用康保民」（〈康誥〉）等強烈地愛民觀念，而將刑殺之權，離開統治者的意志，以歸於客觀的標準，因而首先提出道德節目中的「義」的觀念來。〈康誥〉說「非汝封刑人殺人，無或刑人殺人……」。「用其義刑義殺，勿庸以次（就）汝封」。「汝乃其速由茲義率殺」。這是開始由道德地人文精神之光，照出了人民存在的價值，因而使人民在

政治中得到生存的最低限度的保障。〔註174〕

徐氏這段論說，將天意等同民意，因而說「統治者應通過人民生活去了解天命」，他稱此爲「人文精神」；據此推究，他下了這個論斷：「民情較天命爲可靠，應由人民來決定統治者的是非得失。」乍見其說，似爲今之「民主」論者的再現，而與今之「民主」的差別僅只於有無投票權而已。此種論述，大概是在徐氏的強烈使命感下而造作出來的吧！他說「我的政治思想，是要把儒家精神，與民主之政體，融合爲一的」。〔註175〕考量他那種孤臣孽子之心，絕非身處在追求物質感官之年代中的我們所能擬之，是以對此因緣，我們當心懷敬意才是！然此同時，徐氏亦就《尚書》的內容，指出一些無庸置疑的卓見，譬如周初是中國「人文精神」揚昇的年代，周人將刑殺之權，歸於客觀的標準等，這些是我們應當加以肯定的。可是，他之論點所產生的疑義處在於：據《尚書》之載，周人眞否「把人民與天命看作處於同等的地位」？又，將民意同等天命，眞是「將人民之地位提昇」乎？對此諸問題，我們當自徐氏所述的《尚書》引文處中著手。

> 王（周公）曰：爾惟舊人，爾丕克遠省，爾知寧王若勤哉。天閟毖我成功所，予不敢不極卒寧王圖事！肆予大化誘我友邦君，天棐忱辭，其考我民，予曷其不于前寧人圖功攸終！天亦惟用勤毖我民，若有疾，予曷敢不于前寧人攸受休畢！（〈大誥〉）

> 王（周公）曰：嗚呼！小子封，恫瘝乃身，敬哉！天畏棐忱，民情大可見。小人難保，往盡乃心，無康好逸豫，乃其乂民。我聞曰：怨不在大，亦不在小，惠不惠，懋不懋。已！汝惟小子，乃服惟弘王，應保殷民，亦惟助王宅天命，作新民。（〈康誥〉）

> 乃穆考文王……厥誥毖庶邦庶士，越少正御事，朝夕曰祀茲酒。惟天降命肇我民，惟元祀。天降威，我民用大亂喪德，亦罔非酒惟行……。我（周公）聞亦惟曰：在今後嗣王酗身，厥命罔顯于民祇。保越怨不易，誕惟厥縱淫泆于非彝，用燕喪威儀，民罔不盡傷心。（〈酒誥〉）

> （周公）……今休，王不敢後，用顧畏于民碞。……上下勤恤，其曰我受天命，丕若有夏歷年，式勿替有殷歷年，欲王以小民受天永

〔註174〕見徐復觀，《中國人性史・先秦篇》，頁29～30。
〔註175〕見徐復觀，《儒家政治思想與民主自由人權》，頁351。

命。(〈召誥〉)

首先,周公在〈大誥〉中處處顯出欲遵循如文王般的典型,是以他要求眾官百吏之「舊人」能「丕克遠省」,以「知寧王若勤」。在這前提之下,我們所見得的是時時自惕的周公,如「予不敢不極卒寧王圖事」、「予曷其不前寧人圖功攸終」,以及「(民)若有疾,予曷敢不于前寧人攸受休畢」三語,此間之「予不敢不」、「予曷其不于」和「予曷敢不于」則顯現出周公為政的兢戰態度,而其所欲成就之事的背後理由,依此文義即是來自於「天」和「寧王」、「前寧人」。「寧王」與「前寧人」所指的就是具體典型之文王,而文王的事乃即是循順「天」之「意志」遂有所成就(見第二章第一節之討論),因此,「天閟毖我成功所」之「成功所」,所指的即是文王的事功。然此事功乃「天」之所「閟毖」,〔註176〕但文王生前並未完成,所以周公「急」〔註177〕於完成「寧王圖事」。又依文義,「天閟毖我成功所」與「肆予大化誘我友邦君,天棐忱辭,其考我民」、「天亦惟用勤毖我民」二句,乃為平列之語,且其共同的主詞為「天」,然「天」是透過周公來「極卒寧王事」,同樣的,「天」亦是透過周公來「大化誘我友邦君」、「用勤毖我民」。因之,「天棐忱辭,其考我民」之意,我們很難解之為「民情較天命為可信,應由人民來決定統治者的是非得失」,原因在於此語並無如徐氏所言之「天與民並稱」,更無「把人民與天命看作處於同等地位」。為明析這個論點,我們可由好古而近於泥古的王莽「依周書作大誥」〔註178〕之語觀之。王

〔註176〕阮元於《尚書注疏校勘記》卷十三說:「錢大昕曰:『天閟毖我成功所』,傳訓毖為慎,又解之云『天慎勞我周家成功所在』。孔疏云:『閟,慎;釋詁文』。考釋詁本云:『毖,慎也。』經既以閟為毖,不當重出『毖』字。據莽誥云『天毖勞我成功所』,則知此經『毖』乃『勞』之字,形相涉,後人傳寫致誤,偽孔傳尚未誤也。按下經『勤毖』,傳解作『勞慎』。此傳云『勞慎』,則經當作『毖勤』。莽誥於下云『天亦惟勞我民』,是訓『勤』為『勞』也。」皮錫瑞亦同意此說,其引段玉裁之語說:「毖、祕、閟,古通用。尚書斷複用閟、毖二字之理。蓋今文尚書古文尚書多一『勞』字,故孟注『慎勞』,仍是毖訓慎也。下文『天亦惟用勤毖我民,若有疾』,莽作『天亦惟勞我民,若有疾』,蓋今文尚書無『毖』字,勞非釋毖也。」按:孟注乃孟康注〈莽誥〉「天毖勞我成功所,予不敢不極卒安皇帝之所圖事」,其言「天慎勞我國家成功之所在」。皮氏認其說為是,曰:「段說是也。莽作『毖勞』,孟康訓以慎勞,是今文尚書作『毖勞』二字,與古文或作『閟』,或作『毖』,止當為一字者不同。」見《今文尚書考證》卷十二。是以可知,「閟毖」二字,其一為重出,義為「慎」也。

〔註177〕「急」乃「予不敢不極卒寧王圖事」之「極」義,見朱廷獻之《尚書研究》,頁520。或謂「極」為「極盡」之義,此見《偽孔傳》。

〔註178〕此見《漢書·翟方進傳附翟義傳》卷八十四。今人陳夢家於《尚書通論》中,

莽將「天棐忱辭，其考我民」改文爲「天輔誠辭，天其累我以民」，這裏指出「其考我民」之「考」並非如徐氏所言之「考察」之意，而是「累託」之意，〔註179〕且此語句之主辭亦非周公自身，而是超越現世的公理正義之「天」。儘管此有增字解經之嫌，〔註180〕但依〈大誥〉整篇文字觀之，並未扭曲其義，反有棄暗明義之功。再者，「天」之「命」僅授予於有「敬」、有「德」而能「保民」之「主」（見本章第一節的討論），因此，「其考我民」並無「天」直接去成就人民之意，是以《僞孔傳》和徐說恐有必要保留，而其所謂的「『受命』即是『受民』」之說，恐亦得重新加以檢視。

同理，〈康誥〉所言之「天畏棐忱，民情大可見」，乃是爲政治民之謀事者當以「天畏」之「棐忱」爲念，時時析辨「民情」，要有「恫瘝乃身」的人饑己饑、人溺己溺之感。所以，這裏所彰顯的意義是謀事者應主動爲民情解困，所謂「怨不在大，亦不在小，惠不惠，懋不懋」即是此意，儘管「小人難保」是個永久的客觀事實，但謀事者若能「往盡乃心」，並能「無康好逸豫」，如此方能治民而安民。因之，周公希望康王姬封能秉此念治國，對殷之遺民亦當如此，以助天子（即「王」）實踐「天之意志」（即「天命」），使殷人能捨棄舊有惡習而「作新民」。

然殷人之惡習爲何？〈酒誥〉便明白指出其一爲「嗜酒」。殷人飲酒不循一定的儀度（如「罔非酒惟行」），因而使社會大亂且失去德行，所以「天降威」。周文王深知此事，遂行「朝夕曰祀茲酒」之行，〔註181〕而這精神即是下文所言的「惟天降命肇我民，惟元祀」。蓋「惟元祀」是指大的祀典，而祀典必有其對象，而此對象即爲「惟天降命肇我民」之事。「惟天降命」

注解〈大誥〉曾提及此文與今本不同的原因，可能在於：「（一）今本有誤；（二）〈莽誥〉以故訓代經文，如《史記》之例；（三）〈莽誥〉有節略。出土石經、魏三體石經，不見此篇。《雲窗叢刻》『古寫隸古定尚書周書殘卷』（東瀛宋寫本），有此篇。」陳氏將王莽依〈大誥〉而作之文稱爲〈莽誥〉（皮錫瑞之《今文尚書考證》中即作此稱），實在別異二者之分。分析三項原因均有可能，但依〈王莽傳〉（見《漢書》卷九十九）中之描述，信古而泥古的王莽，其所作之〈大誥〉，文與今文不同之因當爲陳氏分析的第二點。依此來解，便能顯出語句之通暢。

〔註179〕《漢書》顏師古注：「累，託也。言天以百姓託我也。」江聲的《尚書集註音疏》亦云：「考有疵累之義。」

〔註180〕皮錫瑞云：「〈莽誥〉多增字釋經，使人易曉。」見《今古文尚書考證》卷十二。

〔註181〕《論衡·語增》言：「酒誥之篇，朝夕曰祀茲酒。此言文王戒慎酒也。朝夕戒慎則民化之，祀茲酒謂文王不欽而敬祭此酒。」

之「惟」乃「思」之意（見《爾雅·釋詁》），而「天降命」之目的即在於爲民求主，是以思「天」爲民求主之意義，遂行一眞誠的祭祀。故而依文脈觀之，此處「肇我民」之意當爲治理我邦國之人民，〔註182〕而非徐氏所言之「當時認爲天命並不先降在王身上，而係先降在人民身上」。明析此點，對下文「在今後嗣王酗身，厥命罔顯于民祗」之意，徐氏解之爲「天命乃顯現於民情之中」，而應「從民情中去把握天命」，對〈酒誥〉之文而言，則正好作了顛倒的解釋。誠然，欲解民困，當知民情希冀爲何，但爲求「天」所賦予的「安民」之任，絕非是把握住民情即能安民；再者，倘若民情有如盤庚遷都於殷時臣民所生之怨憤，試問謀事者是滿全他們抑或開導他們？是以此處之「厥命罔顯于民祗」之意，乃是說商紂未將其所承受的「天命」好好表顯出來，不「知人」以任賢，當然就無法「安民」了！因此商紂所下的命令，人民也就不會遵循。故周公對康王說：「保越怨不易，誕惟厥縱淫于非彝，用燕喪威儀，民罔不盡傷心。」〔註183〕而此顯然是針對「天命」與民情間之落差的感嘆、警示之語。由此推知，我們不該說「天命」要由民情中去把握，因爲知「天命」者惟有「敬」、有「德」而能「保民」之人君能之，而應說是民情要去彰顯出「天命」。

因爲民情無一定準則，所以〈召誥〉云「用顧畏于民碞」，「碞」者險阻，對於民情之險阻當時時競戰爲念，並分其美善去其惡行，故勉「王不敢後」。而這背後的原因，亦來自「天命」的支持。假若「受天命」者乃循「天」之意，使上下之人均能勤勉於其所司職之處，那麼「天命」在周邦的時日必能如夏代般的久長，但絕不會比殷商的年祚來的更短。因之，「欲王以小民受天永命」之意，乃是國君「以」民情之險阻爲念，祈求眞正的「安民」之道，若此，對國祚而言，方能「受天永命」。順此而言，此亦無「把人民與天命看作處於同等的地位」之意。

再者，天、天命與民三者，亦未如徐氏所言之並稱，能將其隨意代換。如〈康誥〉之「亦惟助王宅天命，作新民」，依其文意，是周公勉康王助他實踐「天命」，使殷人能摒除惡習而「作新民」；又如〈召誥〉言「天亦哀於四方民，其眷用命懋，王其疾敬德」，此主辭爲「天」，受辭爲「王」，「疾敬

〔註182〕見周秉鈞，《尚書易解》，頁180。
〔註183〕《史記·殷本紀》亦言：「紂大醉樂戲於沙丘，以酒爲池，懸肉爲林，使男女裸相逐其間，爲長夜之飲。」是以使民無不傷痛。

德」爲王之敬「天」之「命」而行此之德的狀態，是以「天命」使「天」與
王二者能連通起來，但又說「天哀於四方民」，此何謂？乃因殷王紂無法彰
顯出「天命」之意，「天命」於是貿遷於周。以此二例觀之，徐氏所引之文，
實爲由上而下的條件因果句，但其均視之爲同位平列的肯定陳述句。基於上
述的探討，徐氏解消了《尚書》的主要意義：「書者，人君辭誥之典。」他
將人君的角色去除，而把人民的地位補於人君所空出之處，遂言「受命」即
「受民」。以「民主」觀點審視其說，自有可取之處；可是這並非《尚書》
之意。由是之故，徐氏所以爲「人民的志向成爲天命的代言人」之說，有必
要予以凍結不論。

　　對於侯外廬將民視之爲「奴隸」，或是徐復觀將民意等同於「天命」的
論述，依據上述的探究，均無法滿全整部《尚書》的精神，因此我們對於其
說都有必要保留。那麼，《尚書》對「小人」的具體地位的主張究竟爲何呢？
首先，我們必需確定《尚書》是告誡爲政治民之謀事者要「知人」以「安民」，
所以「安民」爲人君爲政的終極目標，而這人事之應爲的表顯，在《尚書》
中無時無刻不被提出以警示一番，如要「知小人之依」、「聞小人之勞」（〈無
逸〉），強調「無或刑人殺人」的慎罰（〈康誥〉）等，顯現出對於一般人民的
權利逐步受到保障；且又要求人君應知民情以成就「天命」，或言「人無於
水監，當於民監」（〈酒誥〉），可知民情力量之強大。然「民之所欲」並不一
定是「天必從之」，因爲民情往往侷限於自身的利益當中，是以身爲謀事者
有必要予以導正，此在〈盤庚〉一文已言之甚詳。然則，人君並非全能，故
當其遇有疑難時，除有「謀及乃心，謀及卿士」之說外，還有「謀及庶人」
的說法，探究此說之因，無非期盼國君要有「恫瘝乃身」（〈康誥〉）的感受；
更進一步來說，「謀及庶人」更在「謀及卜筮」之前（見〈洪範〉），可知《尚
書》已發揚了「先人而後卜」的人道思想。由此觀之，《尚書》對「人」的
見解，雖有因「親親」之意起而建立的封建秩序雖使人有不同的身分階級，
但對「人」之共同因子似已稍有探究。「惟人萬物之靈」（《偽古文尚書・泰
誓》）的抽象思維，在《今文尚書》中顯然未見，但是對於「人」這種普遍
性意涵的意義已在慢慢建立。而當原始的封建秩序逐漸不振，貴族階層墮落
崩壞，加上諸侯彼此征伐，所謂的「周公理想」於焉消逝，也正由此因緣，
「天下大亂，聖賢不明，道德不一，天下多得一察焉以自好」（《莊子・天下》），
故「九家之術，蜂出並作，各引一端，崇其所善，以此馳說，取合諸侯」（《漢

書‧藝文志》）之諸子百家的年代，注定「道術將爲天下裂」（《莊子‧天下》）了！生之怨憤，試問謀事者是滿全他們抑或開導他們？是以此處之「厥命罔顯于民祇」之意，乃是說商紂未將其所承受的「天命」好好表顯出來。

結　論

一、《今文尚書》的哲學體系

　　《今文尚書》，作為一個哲學的探究對象，步履是十分艱困的，艱困的原因主要有二：一是《尚書》文字「佶屈聱牙」，且又有今古文爭議的史料考證問題；一是一般有關「中國哲學史」的界定，先輩們大都認為起於孔子，這個設定，一言蔽之就是以「有系統的私人著作」作為標準。對於「佶屈聱牙」之見，我們唯有藉助熟讀經文並綜合古人之說以力求融通；對於史料考證的問題，我們則界定於今文的二十八篇（或云二十九篇），因為這二十八篇最接近上古《尚書》的原文，此已是當今學界之共見；但對於「中國哲學史」源起之設定上，諸先賢自囿於西哲之思而限定於私人著述，此則令後學疑異！可是，欲推翻此種論述，筆者仍得順著諸先賢所立下的判定，即在探究「尚書哲學」的路途上，首先就需要明證《尚書》的史料中究竟有什麼系統；其次，若能明證《尚書》為一有系統之著作，那麼所謂的「有系統的私人著作」乃為「中國哲學史」之源起的定義，我們便可提出一強有力的反證，而能將「中國哲學史」之信史更往前推溯。誠然，倘以時間因果的思維著想，凡事必有因與果、始與終，可是其因、其始之論據理當令人信服方成。基於這種挑戰，筆者作了如上的探討。於此，茲將《今文尚書》的哲學體系呈顯如下。

　　孔穎達之《尚書正義‧序》中提及：

　　　夫書者，人君辭誥之典，右史記言之策。古之王（原作「正」，據阮
　　　元校勘改）者，事總萬機，發號令出，義非一揆。或設教以馭下，
　　　或展禮以事上，或宣威以肅震曜，或敷和而散風雨，得之則百度惟

> 貞，失之則千里斯謬。樞機之發，榮辱之生，絲綸之動，不可不愼。
>
> 所以辭不苟出，君舉必書，欲其昭法，誠愼言行也。……

這指出了《尚書》乃在教導人君如何眞正成爲一國之君的書；換言之，《尚書》是一部爲政治民的政書。然「爲政治民」者不止限於人君一人，因天下至廣非一人所能獨治，故人君勢必得任命衆官百吏以共治天下，對此共治天下者，本文統稱之爲「謀事者」。然欲使衆謀事者均能共治天下，人君就必需有套政治理路，以指引衆謀事者行爲政治民之事，我們稱此爲《尚書》的「政治哲學」。而據《今文尚書》中諸篇史料分析，《今文尚書》依循的從唐堯、虞舜、夏禹、商湯、周文、周武以至周公一脈而下，記載著人君如何爲政，因何治民，最後必然論及其爲政治民的根本依據爲何。就此言之，《今文尚書》的「政治哲學」背後確有一堅實的信念爲人們所信服，這個信念即是「天命」。探究這個「天命」的部分，我們稱爲《尚書》的「天命觀」。本文即依此二大方向分別論述。

首先，「天命觀」的意義則立基於「天命」的變革之上。「天命」之變化，乃因人們對政權遞嬗的無奈所產生之投射。大體言之，古人認爲人間一切的名物度數均來自於「天」，「人」則於人間世上實踐出「天」之完滿與美善，所謂的「惟時亮天工」（〈堯典〉）、「天工，人其代之」（〈皋陶謨〉）便是此意；同時，人們又認定「天」是公理正義最後的裁斷者，故有「天命有德」、「天討有罪」（同上）之思維。然而，「天」之本身爲何則不可得知，我們所能知曉的，僅是「天」有著至高無上的意志以及其不可侵犯之性格。在歷史更迭的現象中，人們驚覺到「天之意志」會隨著政權之良窳而有所轉化，即「天命」由甲之謀事者變動到乙之謀事者，例如商湯代夏桀而立。商湯之所以能取而代之的理由是「有夏多罪，天命殛之」（〈湯誥〉），這爲後人稱頌是「順乎天、應乎人」的「革命」（《周易·革卦·彖傳》）。事實上，這是將所謂的「人事之應然」藉由「天命」的威儀予以展現出來；易言之，謀事者之作爲憑藉因「天命」而合理化。此箇中因緣在於「天」是公理正義，是以「天」之所「命」亦當爲公理正義，所以「人事之應爲」亦當符合公理正義之要求。盤庚遷都，以「予迓續乃命于天」（〈盤庚〉）自許，意即在此。另姬周代殷商而立，則更深化了這層思維，他們除了思索「天」、「天命」以至於「人事之應爲」的這條進路外，更從歷史的反思中，自心靈深處發出「天命靡常」的憂患傷懷。「靡常」所指的是朝代的鼎新革故，而此變換之因緣，則在於人之

「自助」得當與否。殷末的〈西伯戡黎〉與〈微子〉二篇文獻，祖伊、微子啓、父師等在勸戒商紂莫淫游棄法時，便已透顯出謀事者之爲政治民若未得當，「天」則會將其「命」降至能使爲政治民得當之人的身上，因此，商紂自負「我生不有命在天」（〈西伯戡黎〉）一語，在這意義下即顯出其對「天命」之無知。然與此無知相較，周人伐殷而立，則另作了一個反向的思索，亦即假若人事之應爲眞能作到得當，「天命」將會永續於己，《詩經》的「永言配命，自求多福」（〈大雅・文王〉）即此之謂。然既言「自求多福」，必當尋覓某一依歸，因此人間的具體典型出現了，譬如文王，故強調「無念爾祖，聿脩厥德」（同上）的耳提面命，替代了面對歷史更迭所產生的憂患傷懷，於是人事之應爲實則成爲「天命」之公理正義之所以能長存的根本原因。武王的「偃武修文」、「居安思危」（見《逸周書》），訪求「彜倫攸敘」之「洪範九疇」（〈洪範〉），周公的救亂伐殷，大行封建，制禮作樂，以及爾後的「復子明辟」（〈洛誥〉）歸政成王等，他們的理論憑藉即在於此。是以「天命觀」之意義，在人們心中有著對「天命」堅實的信念，此在人們面對人世政權之無可奈何地更迭之交互影響下，「人事之應爲」的自持便凸顯出來了。接此，周人提出兩種新的概念，一爲「配天」（〈君奭〉），二是「天惟時求民主」（〈多方〉）。「配天」乃是要求人君，其爲政治民應符合「天」之完滿與美善的要求，若此，其逝後必爲人們所追念，此即如人對「天」之敬崇一般。而「天惟時求民主」，是爲天下之共主找尋一理論上的根本理由；換言之，「天」既爲公理正義，故其所尋之天下共主，必當能踐行公理正義之事。總之，這二者概念之界定，無非是希冀人君自求多福，亦即先求「自助」，方能獲致「天助」。

其次，由「天命」變革下所生發之「人事之應爲」的自覺，探其內涵，即是所謂的「尙書政治哲學」。《尙書》的政治理念，可以「敬」、「德」二字作爲主幹，「保民」則爲其理念之目的。蓋「敬」原指內心之眞實感受，爲一兢戰的態度，爾後則強調與外在事物吻合，遂轉化爲一形式但尙未外顯的「形式行爲之要求」。與「敬」相對則爲「德」，初始，其義是指具體的外在行爲，不具任何的價值判斷，後與人心自覺相合，於自省自悟下遂有「吉德」、「凶德」之異，故倡言「明德」。但大體上說來，「敬」與「德」乃屬個人私域，強調的是自我要求，「保民」則不同，其是一種相對應的治理關係。「保民」之綱要爲「知人」以「安民」（〈皋陶謨〉），所謂的「知人則哲」、「安民則惠」（同上），即爲謀事者爲政治民的一種理想推測，爲達此種理想，在其背後則

有一套思維作爲其論基，此即是由「親親」、「尊尊」而「賢賢」所構築出的封建社會。然值得辯駁的是，《尚書》中謀事者與平民大眾之「小人」間的關係，並非是一種階級對立的問題，而是謀事者有其現實的考量，因爲所謂「民爲邦本，本固邦寧」(《僞古文尚書・五子之歌》)的認知，人民是一個邦國立國不可或缺的因子，因此治理的技巧就值得深究。所以，在謀事者與平民百姓的互動中，我們發現人君並未直接統治眾民，而是透過設官任人之建制來從事統治人民的工作；簡言之，人君作「知人」之工以達「安民」之效。而被人君任命爲官者，當以身作則，故《尚書》特別強調「立政之道」(〈立政〉)，「勤德」之功(〈呂刑〉)；但人君則更當有「萬方有罪，罪在朕恭」、「百姓有過，在予一人」(《論語・堯曰》)的氣魄。於此種政治哲學的進路下，一種普遍性的「人」之涵義於焉逐漸形成。此之普遍義，乃指爲政治民之謀事者當有「恫瘝乃身」(〈康誥〉)的人同此心、心同此理的感受，如「知小人之依」、「聞小人之勞」(〈無逸〉)；又因對「愼罰」(〈康誥〉)的注重，則保障了人民的基本權利；「謀及庶人」(〈洪範〉)，則肯定了一般人的智識……。諸此種種，一個普遍性意涵的抽象之「人」已經逐漸地形成了！

　　由上綜述，《尚書》的哲學系統已然呈顯：首先，我們當把握「人君」這個中介概念，其之上有個公理正義之「天」，「天」所降下之「命」則爲「人君」所承受，並將「天」意欲的完滿與美善實踐於人世；在「人君」之下，則當先求「知人」，此人當爲「明德」之人，命其爲官以「安民」，以建構一和諧、秩序和負責的社會。依此，我們即有理由宣稱，《今文尚書》爲一有系統的哲學著作，同時，中國哲學史之系統則能更往前推溯。

二、由《尚書》哲學所引申出的問題

　　我們雖然可以宣稱《今文尚書》實爲一有系統的哲學著作，然探究其意涵時所衍生之問題，我們亦不可視而不見。

　　在本文中，個人提及數個較爲具有討論性的問題：

　　一、「天」的本身不可知；

　　二、「天」與「帝」(或謂「上帝」)不同；

　　三、「敬」與「德」之意涵的區判；

　　四、疑論「民之所欲天恐未必從之」；

　　五、明析「人」和「民」之指謂；

六、嘗試由《尚書》來瞭解封建社會之精神；

七、《尚書》哲學絕非「統治者」與「被統治者」的對立，亦無「民主政
　　治」之意涵；

所以，個人質疑如馮友蘭以爲《尚書》中之「天」即是「帝」，言其爲至上神
的宗教思維之論述；又如徐復觀、勞思光等人以爲《尚書》中有所謂的「民
意」即「天意」之表述；任繼愈等人以「統治者」與「被統治者」的絕對二
分來論說《尚書》的政治思想；以及侯外廬等將《尚書》中之「人」視爲貴
族，把「民」當爲奴隸等等說法。基本上，依上述的論述，筆者自負當能達
到「持之有故」之要求，然「言之成理」與否，恐需再參究其他史料，並作
進一步的理論深化。

　　就史料而言，譬如《左傳・僖公二十七年》曾載，晉欲「作三軍，謀元
帥」，晉之趙衰曰：「郤縠可。臣亟聞其言矣，說禮樂而敦詩書。詩書，義之
府也；禮樂，德之則也。德義，利之本也。夏書曰：賦納以言，明試以功，
車服以庸。君其試之！」此標顯出趙衰曾聞郤縠言《詩》、《書》、《禮》、《樂》，
並定《詩》、《書》乃「義之府」，《禮》、《樂》爲「德之則」。按：「義」謂「己
之威義（儀）」（《說文解字注》第十二篇下・頁 43 右），故《詩》、《書》是指
修養己身儀度的府庫。而「德」所指爲「行爲」，故《禮》、《樂》是言行爲的
標準。因此，若欲言「利」，當先行作到「德義」，是以言「德義，利之本也」。
而《尚書》既爲「義之府」中之一類，也就是屬於修養己身儀度的一類，這
點實則正表顯在趙衰所引的〈夏書〉之語中。蓋其所引之「賦納以言，明試
以功，車服以庸」乃出自《今文尚書》之〈皋陶謨〉（按：「賦納以言」，《今
文尚書》作「敷納以言」），其意乃在期盼爲政者能採納賢人之建議，考度其
事，並報其勞苦之心。基本上，這是要身爲人君者培養其恢弘的氣度，因爲
古人認定「光天之下，至于海隅蒼生，萬邦黎獻，共惟帝臣」（同上）。而此，
顯然牽涉到《詩經》、「三禮」（《周禮》、《儀禮》及《禮記》）及《春秋》史料
（如「春秋三傳」，《左傳》、《公羊傳》、《穀梁傳》）的掌握，亦牽涉到「制禮
作樂」的歷史背景及其精神，然此絕非本文所能兼顧。不過，筆者仍嘗試透
過「敬」與「德」這兩個概念，以期能推論出封建社會的基本精神──「禮」。
但就整個文獻的掌握而言，這是未來研究當予以努力之處。

　　在理論深化方面，例如「天」與「帝」的思維，可能是不同氏族的信念。
在本文的探究中，絕無疑義之處是：「帝」起先爲殷商所信奉的祖先神，而後

轉變爲眾神中的至上神，這是因爲殷人有「人死爲鬼」的信念，此由殷商卜
辭可獲致明證，在《尚書》中亦能得出一些訊息；而「天」則似乎是所有氏
族的共同信念，關於這點，若是《今文尚書》的史料年代眞是春秋前之作品
可以獲得佐證的話，那本文的推論當能立住腳跟。「天」與「帝」這兩個概念，
在周人的運用中則出現「混淆」，筆者所據乃依〈康誥〉、〈酒誥〉、〈梓材〉、〈洛
誥〉、〈召誥〉、〈多士〉、〈無逸〉、〈君奭〉、〈多方〉與〈立政〉等文獻而提出
的，這種「混淆」事實上是一種懷柔的手段，也就是爲了安撫殷之「頑民」。
有趣的是，在周之後，「天」的神聖性與神秘性一直保留在數千年的歷史之中，
而「帝」自秦始皇起則爲人間共主的稱號了。然則，此中令人困惑的是，就
現有可靠的資料觀之，最早提出「上帝即天」的說法，則是西漢伏生的《尚
書大傳・洪範》中，倘若聯想起秦皇焚書、項羽火燒咸陽，六經付之一炬的
災禍時，我們便有理由提出一個質疑：現今所存的先秦典籍有極大的可能是
經過漢人的整理與過濾並加以注釋而來的。譬如《尚書》，《今文尚書》是伏
生所傳或是其口述爲其弟子所記錄的，《古文尚書》卻是東晉之人所僞作的。
當然，在這質疑之下，我們不能完全排除這種辭語的互換在先秦中便已視爲
當然的事實之可能性。但就《尚書》本身的資料來分析，於其中可以發現「天」
與「帝」之異別，在於「天」是人間政權移轉的動力之源，但論及「帝」時
則沒有這層意義。基於這個因由，筆者認爲「天」與「帝」是兩個不同信念
的辯證，當可「言之成理」。然若要進一步地說服他人，在資料當需更多的佐
證與分析，於論述上當作更精密的探求。這亦是筆者未來研究應更予以深入
的方向。

　　若純就這篇文章的本身來看，則有個無法令人完滿解決的問題，這個問
題是「天」與「人」之間的複雜關係。按：「天」當爲人思維所構思出來的意
識，其公理正義之性格當是對人間世上無此滿全的之象的一種反射，是以「天」
成了人們理想中的存在，所以在「天命」的設計上，「天」能抉擇誰爲人間世
的共主。於是，這就會產生一個疑義：即「某人」設定「天」來引領人間世
的走向，但「天」是否能反過來限定此設計之人呢？較爲圓滿的解釋是，在
人之外就本然存在了「某種理則」，而此理則共同規範了世上的萬事萬物，只
是爲某些智者聖賢所知曉了某個部分，於是才有這種設計。萬章問孟子之堯
有天下，究竟是「天與之」還是「人與之」，他的困惑也許就在這裏。但對於
這個疑義，到目前爲止，筆者並無法在《今文尚書》的文脈中得出，恐怕此

得在其他文獻中才能發現。蓋《尚書》對於「天」、「天命」與「人」之間的關係，一是從堯、舜、夏、商、周以降的傳統認知，認爲「天」或「天命」引導著政權的興衰；另一進路則是來自殷末、周武與周公之後，突顯「人事之應爲」的自覺才是導引政權可否長存的主因，是以此時的「天」或「天命」僅是對行「人事之應爲」得當與否之政權作一背書而已。顯然的，這兩者的思維進路並不一致。其中最爲人們所困擾的，周公在〈大誥〉中又言「天命不易」、「天命不僭」，這不但肯定了「天」的永恒性，同時也肯定了「天命」的公義性，那麼行「人事之應爲」的「人」與「天」或「天命」的關連爲何呢？是否說「天」與「人」都有一個共同的趨向？換言之，「天」或「天命」並非是「某人」的設計，而是「某人」所發現的宇宙間一個共同的原理原則，人亦當遵循之呢？可是，宇宙爲何又會有此理則呢？這亦是未來當繼續深究的論題。

三、《尚書》哲學對中國哲學的影響

誠然，《尚書》的「天命觀」一直成爲中國歷代朝代鼎革的理論基礎，這奇妙的思維應作一系統式的研究，方能顯出其意義。在此同時，《尚書》之「政治哲學」亦深深地指引著中國的政治思維，《周書・帝紀二・文帝紀》所載的宇文泰之詔書，則是最爲典型的代表。至今，臺灣的政治氛圍，偶然地亦會引述《尚書》中之數語來表述從政者對於民心的關注。〔註1〕

實則，早在春秋年代，引《尚書》證事似已成爲從政者的慣例。《左傳》一書，引《尚書》之文可考者即有六十八例之多；至戰國，《墨子》引文察有四十

〔註1〕 民國83年年底之省市長選舉，省長候選人朱高正誓師時即宣讀《僞古文尚書・泰誓》一文，宣稱欲效周武伐紂（見《聯合晚報》，民國84年11月9日第一、三版），此爲臺灣政治上首見引《尚書》之文表述從政者對爲人民的心聲。爾後，李登輝總統訪美，在康乃爾大學歐林講座中發表一篇名爲「民之所欲，長在我心」之文，其間引《尚書》一語爲「民之所欲，天地從之」（《聯合報》，民國84年6月10日第四版；《中國時報》，民國84年6月10日第二版），遂成爲政客們爭相引用之語。然則，此亦引自〈泰誓〉，且其引文甚至引出錯誤，原文乃爲「民之所欲，天必從之」（對此，筆者曾於本文第三章第一節中作過探討，並質疑此爲一肯定語句，因爲此之「欲」恐非是永恆的公理正義之追求），然此等錯誤竟出於政府文誥之中，豈不令人飴笑乎？可怪的是，亦無人起而駁之，而不明者亦想當然爾地引用，豈不令人悲慟乎？二天後，方有《聯合報》作出更正（第六版），6月28日《聯合晚報》（第十五版）才有傅佩榮之「民之所欲，天必從之」之文駁之。

四例，《孟子》亦有三十五例，《荀子》也見及二十餘次，屬於雜家的代表作《呂氏春秋》，亦可見及二十四例；〔註2〕又如《韓非子》、《莊子》，似亦能見引《尚書》證事的痕跡。〔註3〕基於這些著作引《尚書》之文的頻率之高，是以我們不當等閒視之。但《尚書》所影響的主要範域仍限於儒、墨兩家，〔註4〕這可能是文獻不足之故。以下即對《尚書》所影響的儒、墨兩家稍作一陳述。

就儒家而言，《論語・述而》記載：「子所雅言，詩書執禮，皆雅言也。」《史記・孔子世家》謂孔子「以詩書禮樂教」，可知《尚書》已是孔子用來教育子弟的範本。但《論語》所引的《尚書》之文多爲逸文，《孟子》亦然。〔註5〕不過，其中仍有對研讀《今文尚書》有所助益之處。譬如《論語・堯曰》記載著一條語錄，即可作爲孔子（也許言「孔門」較爲精確）對先秦時的《尚書》的一個總結。〈堯曰〉云：

> 堯曰：咨！爾舜，天之歷數在爾躬，允執其中。四海困窮，天錄永終。舜亦以命焉。（商湯）曰：予小子履，敢用玄牝，敢昭告于皇皇后帝，有罪不敢赦，帝臣不蔽，簡在帝心。朕躬有罪，無以萬方；萬方有罪，罪在朕躬。周有大賚，善人是富，唯有周親，不如仁人。百姓有過，在予一人。謹權量，審法度，修廢官，四方之政行焉；興滅國，繼絕世，舉逸民，天下之民歸心焉。所重，民食、喪祭。寬則得眾，信則民任焉，敏則有功，公則說。

「天之歷數在爾躬」，是言「天命」傳承的因緣所在，「允執其中」則指出爲政治民的施政原則，假若這個原則能窮極四海，「天命」當不止續於此，而能永世傳承，故語「天錄永終」。對此，雖見於《僞古文尚書・大禹謨》，但《今文尚書》之〈堯典〉與〈洪範〉兩篇，當爲其理論之源。在此，作者更言，此施政原則自堯以降，傳舜、傳禹，並無間斷。至商湯，其處在夏桀之時，身爲臣子，依「禮」不可以下犯上，但湯對於桀之作爲似已無法可忍，故對「帝」言「帝臣不蔽，簡在帝心」（《僞古文尚書・湯誥》），因而推論出爲政

〔註2〕此請見許錟輝之〈先秦典籍引尚書考〉（臺北：國立臺灣師範大學國文研究所博士論文）。然劉起釪之《尚書學史》的統計則略有出入。其云《左傳》引八十六次，《墨子》四十七次，《孟子》三十八次，見頁49；而《呂氏春秋》僅見十四次，見頁50。

〔註3〕請見劉起釪，《尚書學史》，第二章「《尚書》在先秦時的流傳情況」。

〔註4〕劉起釪言：「先秦諸子都運用《書》篇來稱道古史，以宣揚自己的學說。儒墨兩家在這方面做得尤爲出色。」見《尚書學史》，頁65。

〔註5〕同註3。

治民者當有「朕躬有罪，無以萬方；萬方有罪，罪在朕躬」的負責氣魄。此語亦未見於《今文尚書》，但確實是《今文尚書》政治理念中不可或缺的一項原則。至周，其繼承了商湯的爲政氣魄，言「百姓有過，在予一人」（同上、〈泰誓〉），更指明「周有大賚，善人是富」（同上、〈武成〉）、「雖有周親，不如仁人」（同上、〈泰誓〉），標舉出「知人」之要，「安民」之任。此實爲《今文尚書・皋陶謨》的精神再現。接此而後所言的，一方面是言施政之方，一方面是語安民之要，這有兩個原則，一是「寬」，一是「信」；不過，爲政者當時時地勤「敏」，以作到「大公無私」，這可以說是「洪範九疇」的濃縮法則。是以由〈堯曰〉此文可以得知，《論語》本身顯然頗爲重視《尚書》的哲學精神。這個精神，由韓愈自稱承孟子之論起，後爲宋明理學諸子引申爲聖人的「道統之傳」，主要意義就在於把握了「帝臣不蔽，簡在帝心」一語，此亦是《論語》繼承《尚書》精神所產生的影響。

　　其次，在《孟子》中，孟子本人對《尚書》的記載，抱持著「盡信書，不如無書」（〈盡心下〉）的態度，基本上這種懷疑精神是可取的；但對於史實之眞僞，其竟以「仁人無敵於天下，以至仁伐不仁，而何其血之流杵也」（同上）的價值認定，而後予以否定了武王伐紂所產生的慘烈，對於這種推究，我們則有必要予以保留。然而，就孟子的歷史精神論之，他樂觀地說道，「五百年必有王者興，其間必有名士者」（〈公孫丑下〉），不時舉出歷史中的人物典型以爲佐證，如〈滕文公上〉談到的堯、舜、禹、稷等，對於百姓遇難，不但助其解之，同時教民育民，此在《今文尚書》的〈堯典〉、〈禹貢〉中亦能獲致相同的意義；又如在〈萬章上〉中答萬章問「堯以天下與舜」的詰難時，強調「天與之」的道理，並引〈泰誓〉之「天視自我民視，天聽自我民聽」爲證，而此之論據，在《今文尚書》中亦能找到理論的根源（請見本文第二章「天命變革的意義」）。但可惜的是，孟子引《尚書》之文，大都是屬於逸文部分，故而難以找到直接證據予以明證。但就逸文的內容分析，孟子強調「天降下民，作之君，作之師」（〈梁惠王下〉引《書》曰）的「天」之意志，明「天作孽猶可違，自作孽不可活」（〈公孫丑上〉引〈太甲〉）之爲政治民者的自惕等，據此，我們方能大膽地說，孟子透過對歷史脈流的整全省察，明曉於人的意志之外，存有一客觀的公理的「天」之意志，藉此明示爲政治民之謀事者應兢戰爲之，否則即會產生「順乎天而應乎人」的「革命」。諸此種種，亦爲《今文尚書》的精神再發揮。

荀子則正式定位《尚書》之義，言「書者，政事之紀也」（《荀子‧勸學》）、
「書言是其事也」（〈儒效〉）。所謂的「事」即是「政事」，其記載廣博，但「故
而不切」（指記載的都是過去的事，是以不切合當世之景，見〈勸學〉）。此鄙
《尚書》之論，乃基於荀子自身的理論之故。其謂「不道禮、憲，以詩、書
爲之，譬之猶以指測河也，以戈舂黍也，以錐餐壺也，不可以得之矣」（同上）。
因此，荀子引述有關《今文尚書》之文時，即偏重於其所謂的「禮」、「憲」
之義。譬如：

　　書曰：無有作好，遵王之道；無有作惡，遵王之路。（〈修身〉、〈天
　　論〉／〈洪範〉）

　　書曰：維齊非齊。（〈王制〉／〈呂刑〉）

　　康誥曰：弘覆于天，若德裕乃身。（〈富國〉／〈康誥〉）

　　書曰：乃大明服，惟民其力懋，和而有疾。（〈富國〉／〈康誥〉）

　　書曰：惟文王敬忌，一人以揮。（〈君道〉／〈康誥〉）

　　書曰：克明明德。（〈正論〉／〈康誥〉）

　　書曰：刑罰世轉世重。（〈正論〉／〈呂刑〉）

　　書曰：凡人自得罪。（〈君子〉／〈呂刑〉）

　　書曰：義刑義殺，勿庸以即。予維曰：未有順事。（〈宥坐〉／〈康
　　誥〉）

這顯示出荀子對於《尚書》哲學，僅著重在以「法」維持綱紀的必要手段之
上。由此，我們或能得知，對於從荀子學的韓非與李斯，爲何會轉向法家的
思想脈絡。

　　對於《墨子》一書所引的《尚書》之文，大體上亦是逸書。但由《墨子》
中見墨翟所倡言的「天志」，則不得不令人聯想他是受到《尚書》「天命觀」
的影響。《墨子‧天志中》說：「……又以先王之書馴天明不解之道也，知之
曰：明哲惟天，臨君下土。」基本上，墨子把「命」視爲統治者的一種手段，
他說：「執有者之言曰，命富則富，命貧則貧，命眾則眾，命治則治，命亂則
亂，命壽則壽，命夭則夭。」（〈天志上〉）所以他認爲：「自古以及今，生民
以來者，亦嘗見命之物、聞命之聲乎？則未嘗有也。」（〈天命中〉）因此他講
「非命」，並以「天志」代替「天命」。是以墨翟對《尚書》的「天命觀」可
能作了一番改造。而《墨子》所引之《尚書》文，於今可見者，三見於〈呂

刑〉，一見於〈甘誓〉，依序出自〈尚賢中〉、〈尚賢下〉、〈尚同中〉與〈明鬼下〉。〈呂刑〉所言的，乃是刑法政治之必要，旨在求國家天下之安定；〈甘誓〉則言夏朝國君征討有扈氏，旨在明人君不可「威侮五行，怠棄三正」（〈甘誓〉），否則會遭致「天」的討伐，並對於聽人君承「天之命」者「賞于祖」，不聽人君承「天之命」者「戮于社」（同上）。此與《墨子》之義相較，墨子所主張的「尚賢」與「尚同」之旨，即與〈呂刑〉之教相似；又「明鬼」之說，即謂「賞于祖者何也？言分命之均也。僇于社者何也？言聽獄之事也」，其後結論說道：「故古聖王必以鬼神，爲賞賢而罰惡。」（〈明鬼下〉）由是觀之，墨子之說實受《尚書》影響頗鉅。

　　《尚書》對先秦諸子的影響之史料，清人即作了部分的整理，﹝註6﹞今人立基於此基礎上亦有可觀的考證成績，﹝註7﹞可惜尚無針對思想辯證之探討的專著出現。然則，自秦漢以降，《尚書》在兩漢哲學的地位可謂達到高峰。﹝註8﹞大陸學界對兩漢哲學有所謂的「神學目的論」之稱呼，就其指涉而言，乃是指自戰國末年鄒衍所提倡的「陰陽五德說」、加之民間方士的「五行說」所混合的一種新思潮，因而使這「神學目的論」有了理論的基礎，其中的代表人物即是後世備受爭議的董仲舒。﹝註9﹞《尚書》注解亦受此風潮的影響，伏生的《尚書大傳》便是顯明的例子；尤其是〈洪範五行傳〉，「牽強附會地把自然現象、社會現象和歷史現象，都說成是受五行支配」。﹝註10﹞《漢書・五行傳》可說是這種思潮的集成品。劉起釪的《尚書學史》對此總結說道：「以後各史相承，都必有〈五行志〉，從〈洪範〉中衍生出了中國歷史哲學中支配人們頭腦二千多年的完整地宣稱天人感應的神學目的論的神

﹝註6﹞　譬如惠棟的《古文尚書考》，其云：「左氏春秋內傳引詩者一百五十六，引逸詩者十：引書者二十一，引逸書者三十三。外傳引詩者二十三，引逸詩者一，引書者四，引逸書者十。……」

﹝註7﹞　例如陳夢家之《尚書通論》，第一章「先秦引書篇」；屈萬里之《尚書釋義》，附錄一「尚書逸文」；劉起釪之《尚書學史》，第二章「《尚書》在先秦時的流傳情況」；許錟輝之博士論文〈先秦典籍引尚書考〉等。

﹝註8﹞　東漢末年大儒鄭康成（玄），其所注解的《尚書》之注文，即可作爲《尚書》在兩漢哲學中之高峰地位的代表。鄭玄曰：「尚者上也，尊而重之，若天書然，故曰尚書。」（見《尚書正義》之〈尚書序〉注引）孔穎達對此則解之爲：「鄭玄溺於書緯之說，何有人言而須繫於天乎？」由是可知，《尚書》能取得兩漢哲學的首要地位，必與整個漢代思想氛圍有著密切的關聯。

﹝註9﹞　見《尚書學史》，頁75。

﹝註10﹞　同上，頁76。

學史觀，經學就此完全成為神學『侍婢』了。」〔註11〕然則，將兩漢哲學解釋為「神學目的論」縱然可言之成理，但我們不應忽視漢人透過經學來行「經世致用」之旨，尤其又以《尚書》的引用為最。譬如王莽，藉著五行相生、五德終始以解釋災異與讖緯之說，以便實踐周公之教，他仿〈大誥〉所作的〈莽誥〉，即是一例，〔註12〕儘管歷史上對其評價不高，但由其身則明顯地可以看出「經世致用」的這層意義。

除此之外，自漢武帝立五經博士以來，《尚書》即立於學官（《漢書‧儒林傳》），歷來皆承之，並無改異。但由此引發出今古文之爭與師法家法之別，則影響了千餘年的中國學術。事實上，今古文之爭與師法家法之別乃是在「經世致用」的認知下所引發出的。師法與家法之嚴，實受到政府的保護與民間講學的共識之提倡，〔註13〕這則促使章句之學的興起，旨雖在求研經論說時能達致縝密，辯證之刻不為對方所乘；然其劣處卻在於此方後來逐漸轉為煩瑣之學，不知不覺中陷入了空疏之門，《漢書‧夏侯勝本傳》即載，傳《尚書》的夏侯勝譏評亦傳《尚書》的小夏侯（建）為「章句小儒，破碎大道」，而建之弟子張山拊，對「曰若稽古」四字，竟「恭增師法至百萬言」（《漢書‧儒林傳》）。此種風氣，引起宗古文的劉歆不滿，他在〈移書讓太常博士〉中，痛斥今文經者「保殘守缺，挾恐見破私意，而無從善服義之公心」，遂開啟千餘年的今古文之爭。

綜觀兩漢的經學發展，今文經學為政府所欽定之學，見西漢宣帝時的「石渠閣之議」與東漢章帝時的「白虎觀之議」，我們即能證之。〔註14〕今文經學

〔註11〕同上。
〔註12〕同上，頁78～81。
〔註13〕同上，頁84～85。
〔註14〕《漢書‧施讎傳》謂：「甘露中與五經諸儒雜論同異於石渠閣。」而石渠閣之議的議決，《漢書‧宣帝紀》甘露三年曾載：「詔諸儒講五經異同，太子太傅蕭望之等平奏其議，上親稱制臨決焉，乃立梁丘易、大小夏侯尚書、穀梁春秋博士。」均為今文。而白虎觀之議，《後漢書‧章帝紀》建初四年則載：「孝宣皇帝以為去聖久遠，學不厭博，故遂立大、小夏侯尚書，後又立京氏易。至建武中，復置顏氏、顏氏春秋，大、小戴禮博士。此皆所以扶進微學，尊廣道藝也。中元元年詔書，五經章句煩多，議欲減省。至永平元年，長水校尉儵奏言，先帝大業，當以時施行。欲使諸儒共正經義，頗令學者得以自助。……於是下太常、將、大夫、博士、議郎及諸生諸儒會白虎觀，講議五經同異，使五官中郎將魏應承制問，侍中淳于恭奏，帝親稱制臨決，如孝宣甘露石渠故事，作白虎議奏。」是時所決議列入學官者，亦皆為今文經學。《後漢書‧范昇傳》曰：「近

雖受政府的肯定，但亦因東漢國君篤信讖緯之說，遂使在解讀經書之義時必得雜揉此等之論，〔註15〕所謂「傳以讖記，援緯授經」之象，《白虎通德論》一書即爲此象之代表。《尚書》的詮釋在這種環境下亦無法擺脫此風氣的感染，連兼今古文注經的大儒鄭玄，竟亦是篤信讖緯之說。〔註16〕在讖緯的氛圍下，加上今文經學本身的衰落，王充、桓譚、鄭興、陸遜等接續起而反對讖緯、反對迷信的議論，當時雖然無法撼動此風，但他們的努力最終還是使得今古文之爭的形勢異位了。〔註17〕就《尚書》層面而言，《僞古文尚書》與《僞孔傳》則取得了正統地位。《僞古文尚書》與《僞孔傳》的學術意義，「總

有司請置京氏易博士，群下執事莫能據正。京氏既立，費氏怨望，左氏春秋復以此類，又有騶、夾。如令左氏、費氏得置博士，高氏、騶、夾五經奇異，並復求立，各有所執，乖戾紛爭，從之則失道，不從之則失人。……」由是可知，兩漢經學的官方態度，大都是承認今文排斥古文。

〔註15〕東漢國君篤信讖緯之說，可參考鍾肇鵬之《讖緯論略》，第六章「讖緯與政治」。而漢代解《尚書》參雜了讖緯之說，據《四庫全書提要》所云：《書》緯計有《尚書‧考靈曜》、《尚書‧帝命驗》、《尚書‧五行傳》、《尚書‧璇璣鈐》、《尚書‧刑德放》、《尚書‧運期授》、《尚書‧帝驗期》、《尚書中侯》、《中侯‧握河紀》、《中侯‧考河命》、《中侯‧摘落戒》等十一種，另有《中侯雜篇》。然《尚書‧五行傳》乃是取自伏生之《尚書大傳‧洪範五行傳》，故《提要》駁之爲「杜撰」。又《中侯‧握河紀》、《中侯‧考河命》、《中侯‧摘落戒》以及《中侯雜篇》乃《尚書中侯》十八篇中之文字，是以《書》緯實僅存七種。見《讖緯論略》，頁 49～52 及頁 247。

〔註16〕《後漢書‧鄭玄傳》曾言：「（漢獻帝）五年春，（鄭玄）夢孔子告之曰：起！起！今年歲在辰，來年歲在巳。既寤，以讖合之，知命當終，有頃寢疾。」又孔穎達的《尚書正義》曾提「鄭玄溺於書緯之說」（〈尚書序〉注），故知鄭玄篤信讖緯。

〔註17〕今文經學本身的沒落，《後漢書‧儒林傳》即載說：「自安帝攬政，薄於藝文，博士倚席不講，朋徒相視怠散，學舍頹敗，鞠爲園蔬，……順帝感翟酺之言，乃更修黌宇，……游學增盛至三萬餘生，然章句漸疏，而多以浮華相尚，儒者之風蓋衰矣！」
另對反讖緯、反迷信之議論，王充在《論衡‧正說》中云：「或說曰孔子更選二十九篇，二十九篇獨有法也，蓋俗儒之說也。」以「俗儒」之名駁今文經學者迷信說。又《後漢書‧桓譚傳》載桓譚曾上疏光武帝，疏曰：「觀先王之所記述，咸以仁義正道爲本，非有奇怪虛誕之事。……今諸巧慧小才伎數之人，損益圖、書，矯稱讖記，以欺惑貪邪，詿誤人主。……陛下宜垂明聽，發聖慮，屏群小之曲說，述五經之正義。」《後漢書‧鄭興傳》亦有反讖之語。而《後漢書‧張衡傳》中載賈逵曾在漢順帝時，摘錄出讖文中彼此矛盾處有三十餘事，張衡本身亦是反對讖緯，他認爲讖緯「此皆欺世罔俗，以昧勢位，情僞較然。……宜收藏圖讖一禁絕之，則朱紫無所眩，典籍無瑕玷矣」。然則，他們都遭到不同程度的壓迫。

結和承襲了漢代經學的全部成就，益以魏和西晉以來各種經說，著重把古文家所推崇的聖道王功貫串在全書經文和傳注中，同時加進了自己時代所需要的東西」，〔註18〕孔穎達並稱其為「其辭富而備，其義弘而雅，故復而不厭，久而愈量」（《尚書正義‧序》），此道出了《偽古文尚書》與《偽孔傳》之體係的完備和義理的晰明，無怪乎一直為歷代智識分子所樂於接受。唐代的《尚書正義》之撰成，則宣示了國家對此的正式認可。

到了宋明理學的興起，其取自《偽古文尚書‧大禹謨》的「十六字心傳」，區分了「人心」與「道心」之別，並與《禮記‧樂記》中所言的「人欲」和「天理」結合，以此宣揚聖聖相傳的「道統」，因而建立起理學的恢弘系統。在《尚書》的研究成果上，以理學集大成的朱熹之弟子蔡沈的《書經集傳》為代表。爾後，此書成為科舉時文中「五經」的定本之一，影響極大。邁入清代的《尚書》學，功在考證，明析今古文之別，否定宋明理學「十六字心傳」的歷史根基；過則在於引入了「微言大義」、「非常可怪之論」的今文經學的「春秋公羊學的精神」來解《尚書》，此雖有以通經致用的精神來面對國難，旨在求救亡圖存之悲壯情懷，但雜燴眾家之說，未能成一圓融的體系，則顯出其理論的牽強附會與學說托古改制的膚淺，此可以「公羊春秋學派」的康有為為其代表。〔註19〕

綜上觀之，《尚書》對於中國哲學發展的影響是普遍而廣泛的。先秦儒、墨二家，所著重的《尚書》精神雖然各異，但發揮了《尚書》中對典型的渴望，對法治的重視，且認為冥冥之中有所謂的「理則」存在，只是在儒家稱為「天命」，墨家言為「天志」。接續的兩漢哲學、宋明理學與清代哲學，分別對《尚書》之論加入了五德終始說與讖緯之說，依《偽古文尚書》建立起來的理論體系，以及因考據而起的「新」今文經學的經世致用之精神。兩漢的《尚書》學，引導著政治走向在歷代中最為明顯，同時，儒生的經世以致用的情懷亦是歷代之冠；綿延七百年的宋明理學，因《尚書》之見而闡發出天理人欲之辨以及希賢希聖希天的人生追求，則令人欽羨不已；清初哲學面對宋明理學的空疏餘波，身受國破家亡之痛，因之而起並提出批判與反省，同時亦因清政府強烈的思想控制，遂使智識分子走入故紙堆中，考據學因之而起，新的今文經學乘勢而起，亦如兩漢經世致用的儒生一般。至於魏晉南

〔註18〕見《尚書學史》，頁 197～199。
〔註19〕同上，頁 407～421。此外，湯志鈞的《近代經學與政治》一書亦可參考。

北朝與隋唐，則爲《僞古文尙書》建立起恢弘的體系，是以僞文亦有學術上
的價值。由是之故，作爲「中國哲學史」源頭之一的《尙書》，實有必要作一
整體的檢視，本文即因之而作了一個初步的工夫。

參考書目

一、經　部

1. 《尚書》，晉‧僞孔傳、唐‧孔穎達疏，阮元刻十三經注疏版，臺北：藍燈文化事業有限公司。

2. 《周易》，魏‧王弼注、晉‧韓康伯注、唐‧孔穎達疏，阮元刻十三經注疏版，臺北：藍燈文化事業有限公司。

3. 《詩經》，漢‧毛亨傳、漢‧鄭玄箋、唐‧賈公彥疏，阮元刻十三經注疏版，臺北：藍燈文化事業有限公司。

4. 《周禮》，漢‧鄭玄注、唐‧賈公彥疏，阮元刻十三經注疏版，臺北：藍燈文化事業有限公司。

5. 《儀禮》，漢‧鄭玄注、唐‧賈公彥疏，阮元刻十三經注疏版，臺北：藍燈文化事業有限公司。

6. 《禮記》，漢‧鄭玄注、唐‧孔穎達疏，阮元刻十三經注疏版，臺北：藍燈文化事業有限公司。

7. 《左傳》，晉‧杜預注、唐‧孔穎達疏，阮元刻十三經注疏版，臺北：藍燈文化事業有限公司。

8. 《公羊傳》，漢‧公羊壽傳、漢‧何休解詁、唐‧徐彥疏，阮元刻十三經注疏版，臺北：藍燈文化事業有限公司。

9. 《穀梁傳》，晉‧范甯集解、唐‧楊士勛疏，阮元刻十三經注疏版，臺北：藍燈文化事業有限公司。

10. 《論語》，魏‧何晏注、宋‧邢昺疏，阮元刻十三經注疏版，臺北：藍燈文化事業有限公司。

11. 《爾雅》，晉‧郭璞注、宋‧邢昺疏，阮元刻十三經注疏版，臺北：藍燈

文化事業有限公司。

12. 《孟子》，漢·趙岐注、宋·孫奭疏，阮元刻十三經注疏版，臺北：藍燈文化事業有限公司。

13. 《尚書大傳輯校》，清·陳壽祺輯校，收錄於「續皇清經解」，臺北：藝文印書館。

14. 《書經集註》，宋·蔡沈撰，臺北：新陸書局，民國75年12月。

15. 《尚書表注》，元·金履祥著，收錄於「通志堂經解」，臺北：藝文印書館。

16. 《尚書考異》，明·梅鷟著，收錄於北京圖書館「古籍珍本叢刊」。

17. 《尚書後案》，清·王鳴盛著，收錄於「皇清經解」，臺北：藝文印書館。

18. 《古文尚書考》，清·惠棟著，收錄於「皇清經解」，臺北：藝文印書館。

19. 《尚書集註音疏》，清·江聲著，收錄於「皇清經解」，臺北：藝文印書館。

20. 《尚書今古文疏證》，清·孫星衍著，臺北：臺灣商務印書館，民國65年10月臺三版。

21. 《尚書古文注疏》，清·閻若璩注，收錄於「續皇清經解」，臺北：藝文印書館。

22. 《尚書餘說》，清·丁晏著，收錄於「續皇清經解」，臺北：藝文印書館。

23. 《尚書古注便讀》，清·朱駿聲撰，收錄於「尚書類聚初集」（三），臺北：新文豐出版公司。

24. 《尚書駢枝》，清·孫詒讓著，收錄於北京圖書館「古籍珍本叢刊」。

25. 《尚書大義》，清·吳汝綸纂，臺北：臺灣中華書局，民國59年3月臺一版。

26. 《尚書集註述疏》，清·簡朝亮撰，收錄於「尚書類聚初集」（三），臺北：新文豐出版公司。

27. 《尚書舊疏考證》，清·劉毓松撰，收錄於北京圖書館「古籍珍本叢刊」。

28. 《今文尚書考證》，清·皮錫瑞撰，北京：中華書局，1989年12月第一版。

29. 《尚書覈詁》，現代·楊筠如著，收錄於「尚書類聚初集」五，臺北：新文豐出版公司。

30. 《尚書引論》，現代·張西堂著，臺北：崧高書社，民國74年9月。

31. 《尚書正讀》，現代·曾運乾著，臺北：華正書局，民國71年5月初版。

32. 《雙劍誃尚書新證》，現代·于省吾著，臺北：崧高書社，民國74年4月。

33. 《尚書通論》，現代·陳夢家著，臺北：仰哲出版社，民國76年11月。

34. 《尚書易解》，現代·周秉鈞著，衡陽：岳麓書社，1984年11月第一版。

35. 《尚書釋義》，現代·屈萬里著，臺北：中國文化大學出版部，民國73年

11 月。

36. 《尚書今註今譯》，現代・屈萬里註譯，臺北：臺灣商務印書館，民國 82 年 2 月初版。

37. 《閻毛古文尚書公案》，現代・戴君仁著，臺北：中華叢書委員會印行，民國 52 年 3 月。

38. 《尚書研究》，現代・朱延獻著，臺北：臺灣商務印書館，民國 76 年 1 月一版。

39. 《尚書研究論集》，現代・劉德漢等著，臺北：黎明文化事業公司，民國 70 年 7 月初版。

40. 《尚書學述》，現代・李振興著，臺北：東大圖書公司，民國 83 年 5 月初版。

41. 《逸周書集訓校釋》，清・朱右曾著，臺北：臺灣商務印書館，民國 60 年 11 月臺一版。

42. 《周書斠補》，清・孫詒讓著，臺北：臺灣商務印書館，民國 66 年 2 月臺一版。

43. 《春秋繁露義證》，清・蘇輿注，臺北：河洛圖書出版社，民國 64 年 3 月臺再版。

44. 《白虎通疏證》，清・陳立疏證，收錄於「中國子學名著集成」，臺北：中國子學名著集成編印基金會。

45. 《禮記集說》，元・陳澔撰，臺北：世界書局，民國 79 年 9 月六版。

46. 《禮記集解》，清・孫希旦撰，臺北：文史哲出版社，民國 77 年 10 月三版。

47. 《大戴禮今註今譯》，漢・戴德編撰、現代・高明譯註，臺北：臺灣商務印書館，民國 75 年 3 月修訂初版。

48. 《說文解字注》，漢・許慎著、清・段玉裁注，臺北：藝文印書館版。

49. 《經典釋文》，唐・陸德明著、現代・黃坤堯、鄧仕樑校定，臺北：學海出版社，民國 76 年 6 月臺初版。

50. 《經義述聞》，清・王引之著，臺北：臺灣商務印書館，民國 68 年 1 月臺一版。

51. 《經傳釋詞／補／再補》，清・王引之撰、清・孫經世補，臺北：漢京文化事業公司，民國 72 年 4 月初版。

52. 《經學歷史》，清・皮錫瑞著，臺北：臺灣商務印書館，民國 73 年 2 月臺四版。

53. 《讀經示要》，現代・熊十力著，臺北：明文書局，民國 73 年 7 月初版。

54. 《中國經學史的基礎》，現代・徐復觀著，臺北：臺灣學生書局，民國 71

年 5 月初版。

55. 《西漢經學源流》，現代・王葆玹著，臺北：東大圖書公司，民國 83 年 6 月初版。

56. 《近代經學與政治》，現代・湯志鈞著，北京：中華書局，1989 年 8 月一版。

57. 《積微居金文說》，現代・楊樹達著，臺北：大通書局，民國 63 年 3 月再版。

二、史　部

1. 《尚書學史》，現代・劉起釪著，北京：中華書局，1989 年 6 月一版。

2. 《尚書源流及傳本考》，現代・劉起釪著，瀋陽：遼寧大學出版社，1987 年 8 月一版。

3. 《中國古代哲學史》，現代・胡適著，臺北：臺灣商務印書館，民國 68 年 11 月臺三版。

4. 《中國哲學史》，現代・馮友蘭著，臺北：藍燈文化事業公司，民國 80 年 12 月初版。

5. 《中國哲學史新編》（1964），現代・馮友蘭著，北京：人民出版社，1964 年 9 月第二版。

6. 《中國哲學史新編》（1983），現代・馮友蘭著，臺北：藍燈文化事業公司，民國 78 年 10 月初版。

7. 《中國哲學原論・原道篇》，現代・唐君毅著，香港：新亞研究所，民國 62 年 5 月。

8. 《中國思想通史》，現代・侯外盧主編，北京：人民出版社，1957 年 3 月第一版。

9. 《中國哲學史》，現代・任繼愈主編，北京：人民出版社，1979 年 3 月第三版。

10. 《中國哲學史》，現代・蕭萐父、李錦全主編，北京：人民出版社，1982 年 12 月第一版。

11. 《新編中國哲學史》，現代・勞思光著，臺北：三民書局，民國 77 年 11 月增訂四版。

12. 《中國哲學範疇發展史（天道篇）》，現代・張立文著，北京：中國人民大學出版社，1988 年 1 月第一版。

13. 《中國人性論史・先秦篇》，現代・徐復觀著，臺北：臺灣商務印書館，民國 79 年 12 月十版。

14. 《易學哲學史》（上、中），現代・朱伯崑著，北京：北京大學出版社，1986

年 11 月第一版。

15. 《中國政治思想史》，現代・蕭公權著，臺北：華岡出版公司，民國 66 年 2 月六版。

16. 《中國古代社會史論》，現代・侯外廬著，臺北：時英出版社，影印本。

17. 《先秦政治思想史》，現代・梁啓超著，臺北：臺灣中華書局，民國 51 年 6 月臺三版。

18. 《國史大綱》，現代・錢穆著，臺北：臺灣商務印書館，民國 77 年 12 月修訂十六版。

19. 《國史論衡》（第一冊），現代・鄺士元著，臺北：里仁書局，民國 81 年 1 月。

20. 《歷代帝王年表》，與《歷代帝王廟諡年諱譜》合訂／清・陸費墀撰），清・齊召南撰，臺北：臺灣中華書局，民國 68 年 11 月臺三版。

21. 《古本竹書紀年釋輯證》，現代・方詩銘、王修齡輯證，臺北：華世出版社，民國 72 年 2 月。

22. 《國語》，上海師範大學古籍整理組校點，臺北：里仁書局，民國 70 年 12 月。

23. 《史記》，漢・司馬遷撰，廿五史，臺北：鼎文書局。

24. 《漢書》，漢・班固等撰，廿五史，臺北：鼎文書局。

25. 《三國誌》，晉・陳壽撰，廿五史，臺北：鼎文書局。

26. 《（北）周書》，唐・令狐德等撰，廿五史，臺北：鼎文書局。

27. 《隋書》，唐・魏徵等撰，廿五史，臺北：鼎文書局。

28. 《舊唐書》，後晉・劉等撰，廿五史，臺北：鼎文書局。

29. 《宋史》，宋・脫脫等撰，廿五史，臺北：鼎文書局。

30. 《中國文化史》，現代・柳詒徵編著，上海：中國大百科全書出版社，1998 年 3 月第一版。

31. 《中國文明的開始》，現代・李濟著、現代・萬家保譯，臺北：臺灣商務印書館，民國 69 年 1 月二版。

32. 《中國文明的起源》，現代・夏鼐著，臺北：滄浪出版社，民國 75 年 9 月初版。

33. 《青銅時代》，現代・郭沫若著，重慶：文治出版社，民國 34 年 3 月初版。

34. 《殷墟卜辭綜述》，現代・陳夢家著，北京：中華書局，1988 年 1 月第一版。

35. 《周代城邦》，現代・杜正勝著，臺北：聯經出版事業公司，民國 74 年 8 月初版三印。

36. 《秦漢文化史》，現代・韓養民著，板橋：駱駝出版社，民國 76 年 8 月。

37. 《兩漢思想史》卷一，現代·徐復觀著，臺北：臺灣學生書局，民國 79 年 2 月七版二刷。

38. 《兩漢思想史》卷二，現代·徐復觀著，臺北：臺灣學生書局，民國 74 年 3 月三版。

39. 《讖緯略論》，現代·鍾肇鵬著，瀋陽：遼寧出版社，1991 年 11 月一版。

40. 《伊洛淵源錄新增》，明·楊廉編，臺北：中文出版社，民國 61 年 1 月初版。

41. 《浙東學術史》，現代·管敏義主編，上海：華東師範大學出版社，1993 年 12 月一版。

42. 《清代學術概論》，現代·梁啓超著，臺北：臺灣中華書局，民國 78 年 6 月十一版。

43. 《當代中國哲學》，現代·賀麟著，嘉義：西部出版社，民國 60 年 3 月。

44. 《古史辨》，現代·顧頡剛編，臺北：明倫出版社，民國 59 年 3 月臺初版。

45. 《古史新探》，現代·楊寬著，北京：中華書局，1965 年 10 月第一版。

46. 《中國史籍校讀法》，現代·張舜徽著，北京：中華書局，1963 年 4 月第一版第四刷。

47. 《西洋哲學史》（一），現代·Frederick Copleston 著、傅佩榮譯，臺北：黎明文化事業公司，民國 78 年 3 月三再版。

48. 《現代西方哲學主要派流》，現代·鄭杭生主編，北京：中國人民大學出版社，1990 年 3 月一版。

三、子 部

1. 《四書集註》，宋·朱熹注，臺北：世界書局，民國 79 年 8 月三十一版。

2. 《四書釋地又續》，清·閻若璩著，收錄於「皇清經解」，臺北：藝文印書館。

3. 《論語正義》，清·劉寶楠注，臺北：世界書局，民國 81 年 11 月八版。

4. 《荀子新注》，北大哲學系注釋，臺北：里仁出版社，民國 72 年 11 月。

5. 《墨子閒詁》，先秦·墨翟著、清·孫詒讓撰，臺北：世界書局，民國 75 年 10 月十一版。

6. 《莊子集解》，先秦·莊周著、清·王先謙集解，臺北：三民書局，民國 74 年 9 月三版。

7. 《管子今註今譯》，現代·李勉註譯，臺北：臺灣商務印書館，民國 79 年 9 月二版。

8. 《韓非子》，先秦·韓非著，臺北：臺灣中華書局，民國 76 年 1 月臺五版。

9. 《呂氏春秋》,先秦・呂不偉編撰,臺北:臺灣中華書局,民國 71 年 4 月臺五版。

10. 《論衡》,漢・王充撰,臺北:臺灣中華書局,民國 65 年 9 月臺三版。

11. 《潛夫論箋》,漢・王符撰、清・王繼培箋,臺北:漢京文化事業公司,民國 73 年 5 月初版。

12. 《近思錄集注》,宋・朱熹、呂祖謙撰、清・江永集注,臺北:臺灣中華書局,民國 76 年 7 月臺五版。

13. 《困學紀聞》,宋・宋應麟撰,臺北:臺灣中華書局,民國 55 年 3 月臺一版。

14. 《朱子語類》,宋・朱熹撰、宋・黎德靖編,臺北:文津出版社,民國 75 年 12 月。

15. 《傳習錄》,明・王陽明撰,臺北:金楓出版公司,1987 年 3 月初版。

16. 《日知錄》,明・顧炎武著,臺北:明倫出版社,民國 59 年 10 月三版。

17. 《四存編》,清・顏元著,臺北:廣文書局,民國 80 年 6 月再版。

18. 《習齋記餘》,清・顏元著,臺北:廣文書局,民國 60 年 8 月初版。

19. 《漢學商兌》,清・方東樹著,臺北:臺灣商務印書館,民國 67 年 6 月臺一版。

20. 《述學內外篇》,清・汪中著,臺北:臺灣中華書局,民國 70 年 9 月臺三版。

21. 《東塾讀書記》,清・陳澧著,收錄於「續皇清經解」,臺北:藝文印書館。

22. 《讀子巵言》,清・江瑔著,收錄於「續皇清經解」,臺北:藝文印書館。

23. 《文史通義校注》(與《校讎通義》合刊),清・章學誠著、現代・葉瑛校注(臺北:里仁書局,民國 73 年 9 月。

24. 《原始儒家道家哲學》,現代・方東美著,臺北:黎明文化事業公司,民國 74 年 11 月再版。

25. 《中國哲學之精神及其發展》(上冊),現代・方東美著、孫智燊譯(臺北:成均出版社,民國 78 年 4 月初版。

26. 《儒道天論發微》,現代・傅佩榮著,臺北:臺灣學生書局,民國 74 年 10 月初版。

27. 《中國現代學術論衡》,現代・錢穆著,臺北:東大圖書公司,民國 73 年 12 月初版。

28. 《十批判書》,現代・郭沫若著,出版地不詳,群益出版社,民國 37 年 2 月。

29. 《儒家政治思想與民主自由人權》,現代・徐復觀著、蕭欣義編,臺北:臺灣學生書局,民國 77 年 9 月增訂再版。

四、集　部

1. 《四庫全書提要分纂稿》，清・邵晉涵著，臺北：成文出版社，民國 67 年。
2. 《文選》，梁・蕭統編、唐・李善注，臺北：藝文印書館，民國 80 年 12 月十二版。
3. 《韓昌黎集》唐・韓愈撰，臺北：河洛圖書出版社，民國 64 年 3 月臺景初版。
4. 《柳宗元集》唐・柳宗元著，北京：中華書局，1979 年 10 月第一版。
5. 《二程集》，宋・二程子撰，臺北：漢京文化事業公司，民國 72 年 9 月初版。
6. 《張子全書》宋・張載撰、宋・朱熹注，臺北：臺灣商務印書館，民國 68 年 1 月臺一版。
7. 《經韻樓文集》，清・段玉裁著，收錄於《段玉裁遺書》，臺北：大化書局，民國 55 年 5 月景印初版。
8. 《曝書亭集》清・朱彝尊著，收錄於「續皇清經解」，臺北：藝文印書館。
9. 《揅經室集》清・阮元撰，收錄於「續皇清經解」，臺北：藝文印書館。
10. 《群經平議》清・俞樾著，收錄於《春在堂全書》，臺北：中國文獻出版社，民國 57 年 9 月初版。
11. 《觀堂集林》，現代・王國維著，北京：中華書局，1959 年 6 月第一版。
12. 《積微居讀書記》現代・楊樹達著，北京：中華書局，1962 年 9 月第一版。
13. 《傅斯年全集》，現代・傅斯年撰，臺北：聯經出版事業公司，民國 69 年初版。
14. 《國學大綱》，現代・章太炎著，臺北：河洛圖書出版社，民國 63 年 12 月臺景印初版），
15. 《國學發微》，現代・劉師培著，臺北：廣文書局，民國 75 年 1 月再版。
16. 《古籍導讀》，現代・屈萬里著，臺北：臺灣開明書局，民國 80 年 1 月二十一版。
17. 《偽書通考》，現代・張心澂著，上海：上海商務印書館，1954 年 12 月初版重印。

五、其他部分──期刊及外文

1. 〈尚書研究〉高明著，臺北：《孔孟月刊》第二十二卷，第十二期，民國 73 年 8 月。
2. 〈說《古文尚書經傳》之流傳〉程元敏著，臺北：《漢學研究》，第十一卷

第二期，民國 82 年。

3. 〈詩、書中的「人」──兼駁侯外盧「人」指統治階層說〉，侯家駒著，臺北：《漢學雜誌》，第六卷第二期，民國 71 年。

4. 〈古書中的避諱問題〉王叔岷著，臺北：《文史哲學報》，第三十七期，民國 78 年。

5. 〈先秦典籍引尚書考〉許錟輝著，臺北：國立師範大學國文研究所博士論文。

6. 〈矢段銘考釋〉胡厚宣著，北京：《考古學報》，1956 年，第一期。

7. 〈殷卜辭中的上帝與天帝〉胡厚宣著，北京：《歷史研究》，第九～十期，1959 年。

8. 〈古文字上之天帝象義溯源〉黎正甫著，臺北：《大陸雜誌》，第二期，1965 年。

9. 〈兩漢經學時期「儒學法家化」之探析〉詹哲裕著，臺北：《復興崗學報》，第五十四期，民國 84 年。

10. 〈儒家思想的時代課題及其解決線索〉傅偉勳著，臺北：《哲學與文化月刊》，第十三卷、第二期，革新號第一四一期，民國 75 年。

11. 〈評論胡適著《中國古代哲學史》〉譚宇權著，臺北：《哲學與文化》，第廿二期、第七～八期，總號第二五四～二五五期，民國 84 年。

12. Schwartz, Benjamin I., *The World of Thought in Ancient China*. Harvard University Press, 1985.